한반도 분단과 통일 전망

러시아의 시각

루벤 카자리안 지음·라승도 옮김

Проблема раскола Кореи и Россия (2022)

Рубен Казарьян

* 이 책의 한국어 번역은 러시아 과학아카데미 동방학연구소(ИВ РАН)와 저자의 허락을 받아 출판되었다.

한반도 분단과 통일 전망

러시아의 시각

루벤 카자리안 지음
라승도 옮김

HU:iNE

추천사

이 책의 저자를 소개하는 말로 의심의 여지 없이 그가 받아야 마땅할 찬사를 몇 마디 전할 수 있어 진정으로 기쁘다. 루벤 카자리안을 만나서 벌써 오랫동안 계속해서 그와 함께 일하는 것이 정말 다행이라고 말할 수 있어 기쁘다.

카자리안은 내가 러시아 과학아카데미 동방학연구소 한국·몽골과를 이끄는 동안 여기서 벌써 20년 이상 일하고 있다. 나는 카자리안이 동방학에 관한 최고 교육을 정통으로 받았다는 사실을 밝히는 것이 중요하다고 생각한다. 그는 1999년 모스크바국립대학교 아시아·아프리카연구소 역사학과 석사과정을 졸업하고 곧바로 우리 동방학연구소 대학원 정규과정에 입학했다(동방학연구소는 1818년에 설립됐으며 전통적으로 러시아 동방학 연구의 선도 기관으로 평가된다). 2003년에는 고등연구인력 양성 과정을 마치면서 1960~1990년대 한국 거대자본과 정치체제의 상호관계에 관한 박사 학위 논문 심사를 성공적으로 통과했다. 이후 카자리안은 우리 연구소에서 한국학 분야를 맡아 연구하면서 현재까지 러시아 국내외에서 남북한 관계와 통일 문제, 남북한 정치·경제 협력, 한국 정치체제 형성과 변화 역사, 거대자본의 역할과 위치 등 현대 한국 사회·정치사의 다양한 양상에 관한 학술논문 40여 편을 발표했다.

'한반도 문제'의 다면적 양상들에 관한 카자리안의 진지한 연구 활동은 예상대로 한반도 분단이라는 핵심 문제에 깊은 관심을 쏟을 필요가 있다는 생각으로 발전했다. 시간이 흐르면서 현대의 폭넓은 문제들을 다루면서도 카자리안은 과거에 단일 국가였던 한반도의 분단 상황이 한반도 삶의 거의 모든 영역에 미쳤던 커다란 영향을 항상 예의주시했다. 그는 이 세계적인 문제에 점점 더 깊은 관심을 기울였다. 이 과정에서 자연스럽게 나온 귀결점으로 얼마 전 카자리안은 한반도 분단 형성과 전개, 극복 노력을 둘러싼 역사와 당시 소련과 러시아연방이 담당한 역할에 관한 연구 결과를 내놓았다.

나는 카자리안이 자신의 관심 분야를 계속해서 심화시키고 학술자료를 면밀하게 연구하는 데 성실하게 매진하고 선행 연구자들의 저술과 성과에 관심을 기울이는 모습을 지켜볼 수 있어서 정말 기뻤다. 이 책에서 그는 소련과 러시아 학자들만 아니라 외국 학자들도 20세기 중반 한반도 분단 순간부터 현재까지 이 문제를 어떻게 바라봤는지를 목적의식을 가지고 추적하면서 남북 관계 상황의 발전 과정을 결정지었던 중대한 순간들에 주의를 기울이고 있다.

카자리안이 현재 남북 관계 상황이 이전부터 전개되어왔던 과정의 결과물이라는 정당한 이해에서 출발하여 현대 한반도 상황과 분단 문제를 역사적 맥락에서 검토하고 있다는 점을 지적하는 것이 중요하다고 생각한다. 이 책에서 도출하고 있는 핵심 결론 가운데 한 가지는 두 개의 대립 진영으로 나뉜 단일 국가의 분단이 두 개의 대립적 사회구성 체제의 세계적 대치가 낳은 결과일 뿐만 아니라 한민족 내부 분열이 낳은 결과이기도 하다는 것이다.

이 책의 장점 중 하나는 카자리안이 이 주제에 대한 소련과 러시아 한국학 연구자들의 연구 성과를 종합하여 더 심화시켰다는 것이고 이는 러시아 밖에서도 많은 사람에게 큰 관심을 불러일으킬 만하다. 이 책의 토대를 형성하는 저술의 상당 부분은 소련에서, 그다음에는 러시아에서 출판되었지만, 외국어로 번역되지는 않았다.

이 책은 러시아 한국학의 가장 대표적인 연구자들, 그중에서 특히 유리 바닌과 같은 원로 학자들의 경험과 지식에서 큰 도움을 받았다. 바닌은 우리 한국·몽골과에서 한반도 분단의 기원 문제를 수십 년간 연구했다. 이제 한국 독자들도 접할 수 있는 이 학술서를 통해 세대 계승과 우리 과 연구원들의 발전 성과를 볼 수 있게 되어 정말 다행이다.

나는 러시아와 한국 학계, 전문가 집단 사이에서 이런 교류와 접촉을 앞으로 더 발전시키고 한반도 분단이라는 매우 복잡한 문제에 대한 공동 학술토론과 해법 모색의 전통을 계속 이어나갈 필요가 있다고 확신한다. 이 책이 한국 독자들을 만나서 양국 학계를 이어주는 가교가 되고 그들이 한반도에 중요한 역사적 순간들에 책임 있는 결정을 내렸던 소련과 러시아 지도자들의 사고 논리와 동기를 이해하는 데 도움이 되리라고 믿는다.

이 책 출판과 관련하여 한국 측의 노고에 대해 동방학연구소 이상민 객원연구원과 라승도 교수, 한국외국어대학교 지식출판콘텐츠원에 이 기회를 빌려서 진심 어린 감사의 말을 전한다.

알렉산드르 보론초프

역사학 박사, 한국·몽골과 과장

러시아 과학아카데미 동방학연구소

저자의 말

이 책을 한국 독자들에게 소개할 수 있어 정말 기쁘다. 아쉽게도 러시아 한국학 연구자들의 책은 한국 서점가에서 그렇게 자주 보이지 않는다. 이 경험이 여기서 끝나지 않고 양국 학계를 이어주는 가교가 되길 바란다.

우리는 복잡한 시대에 살고 있고 세계는 변하고 있다. 세계화 시대는 점점 더 커지는 탈통합 경향들로 바뀌고 있다. 분쟁지대들도 전 세계에서 증가하고 있다. 지금은 가능한 한 모든 수준과 분야에서 교류와 상호관계를 유지하는 것이 훨씬 더 중요하다. 나의 졸저가 이 중요한 일에 쓸모가 있으면 좋겠다.

나는 누구인가?

나는 1992년에 모스크바국립대학교 아시아·아프리카연구소 역사학과에 입학하여 한국어반에 들어갔다. 나는 어렸을 때부터 동양에 관심이 많았지만, 내가 가장 동경한 곳은 바로 극동이었다. 왜 나는 다름 아닌 한국을 선택했을까? 당시 우리나라에서는 일본과 중국에 관해 많이 이야기했다. 소련은 자국 역사상 상당 시간 동안 한국을 인정하지 않았다. 이 짜증 나는 실수는 소련이 사라지기 직전에야 비로소 시정되었다. 우리는 거의 미지의 나라였던 한국을 이제 막 알아가기 시작했다. 한국은 더 많이 알수록 굉장히 흥미로웠다. '고요한 아침의 나라'라는 별명에 담긴 아름다움에 매료됐던 것도 기억난다!

나는 1995년에 한국에 가서 고려대학교에서 어학연수를 받았다. 이것이 내 생애 최초의 러시아 출국이어서 내가 한국이라는 나라에, 한국 사람들에게 반했다는 것이 놀랍지는 않았다. 당시 판문점에도 가서 한민족 비극의 현장을 처음으로 마주했다. 아마도 바로 그때 '왜 이렇게 됐을까?'라는 의문이 내 의식 속에서 생겼던 것 같다.

모스크바대학교를 졸업하고 나서 나는 한국 역사를 공부하겠다고 굳게 다짐했고 러시아 과학아카데미 동방학연구소 대학원에 입학했다. 박사학위 논문 심사를 통과한 2003년부터 나는 동방학연구소에서 계속해서 일했지만, 내가 한반도 분단이라는 복잡한 주제를 연구하기로 마음먹기까지는 적잖은 시간이 흘렀다.

지난 세월 나는 한국을 여러 차례 방문했고 판문점 등 북한에도 가봤는데, 이때 판문점은 북쪽에서 들어갔다. 휴전선 양쪽에서 남북한 사람들을 바라보면서 앞서 말한 것과 똑같이 '왜 이렇게 됐을까?'라고 계속해서 자문했다. 하지만 이제는 '이걸 바꿀 수 있을까?'라는 의문이 생겼다.

동방학연구소에서 많은 세월 일하면서 나는 한국의 현대사와 정치체제, 현대화 문제를 둘러싼 다양한 양상, 정치·경제적 특징 등을 연구했다. 그리고 매번 변함없이 나는 과거 단일 국가였던 나라의 분단, 피비린내 나는 전쟁과 장기간 대치의 힘겨운 결과가 남북한 삶의 모든 영역을 둘러싼 상황을 결정지었고 계속해서 결정지으리라는 결론에 도달했다.

나의 이런 생각은 내 박사학위 논문 지도교수로 평생 한국 연구에 전념해온 연륜 깊은 동방학 연구자이자 한국학 연구자인 유리 바실리예비치 바닌이 주의 깊게 들어주었다. 그와 나눈 대화에서 나는 1940년대 한반도에 닥친 위기의 원인을 깊이 이해할 수 있었다. 바닌 자신도 이 주제를 오랫동안 열심히 연구해왔지만, 마무리하지 못한 채 2017년에 세상을 떠났다. 그때 나는 이 작업을 내가 계속하여 마무리해야 한다는 것을 깨달았다.

이 책을 왜 썼는가?

내가 무슨 일을 하는지 사람들이 물으면 나는 한국학 연구자로서 한반도를 연구하고 있다고 대답한다. 그러면 사람들은 어김없이 더 자세히 캐묻는다. 어떤 한반도를 연구하세요? 북한인가요? 남한인가요? 나는 항상 우리 학자들에게는 "한반도는 하나입니다!"라고 대답한다. 실제로, 내가 모스크바대학교에서 공부하기 시작한 첫날부터 선생님들은 남북한 두 나라가 지금도 서로 전혀 비슷하지 않음에도 우리에게 한반도를 하나로 바라보고 인식하라고 가르쳤다.

한반도에 오랫동안 하나 이상의 국가가 존재했던 분단의 시대들이 한국 역사에 있었다. 그러나 현재의 분단은 훨씬 더 심각해 보인다. 이것이 세계적 분열과 일치했기 때문이다. 역사상 여러 번 있었듯이, 사회적 변화의 역사적 과정은 새로운 사회구성 형식을 창조하려는 시도에서 이전의 생활방식을 거부하는 데로 나아갔다. 만약 세계사를 형성이론의 관점에서 바라본다면, 우리가 새로운 무엇인가로 들어가는 문턱에 서 있음이 분명해진다. 훨씬 더 확실한 점이 있다. 바로 낡은 생활방식은 항상 위기로 귀결된다는 것이다. 이 말은 낡은 생활방식이 변화할 수밖에 없음을 뒷받침해 준다. 이런 역사적 순간들의 특징은 내적 통합과 조화의 부재에 있다. 오늘날 한국 사회는 통합된 사회일까? 최근 선거 결과는 통합의 부재를 보여준다. 1945년 이후에 그랬던 것과 아주 똑같이 오늘날 한국에는 장래 국가 발전 노선을 두고 통합된 견해가 존재하지 않는다. 통일을 바라보는 한국 사람들의 태도는 말할 것도 없다.

남한과 북한을 지금 통일시킬 수는 없다. 그렇게 하기에는 두 국가가 독자적 발전 노선을 따라 너무 멀리 나아가버렸다. 간단히 말하면, 어느 한쪽이 다른 한쪽을 흡수하는 독일식 통일은 매우 심각하고 예측 불가능한 결과들로 가득하다. 독일 통일이 성공적이었다고 말할 수 있을까? 진정한 한반도 통일은 다른 방법으로 이뤄져야 할 것이다. 한민족은 통일되어야 하지만, 상대방을 흡수하거나 정복하는 식으로 통일되어야 하는 것은 아니다. 휴전선 양쪽의 한민족은 자신들의 길을 고수할 수 있는 능력, 복잡한 과제들을 해결하고 가장 선도적인 분야들에서 돌파구를 마련할 수 있는 능력을 전 세계에 보여주었다. 다시 말해 한민족은 시대의 흐름에 앞서 나가면서 새로운 사회구성 형식을 창조할 수 있다. 2000년대 초에 남북한은 오랜 세월에 걸친 불신과 적대를 극복해낼 수 있었고 독자적으로 합의에 이를 수 있고 아주 복잡한 과제도 공동으로 해결할 수 있음을 보여주었다. 그러나 이런 노력만으로는 부족했다. 외부 요인이 등장했기 때문이다. 이것은 오늘날 한반도와 주변 지역 전체 상황에서 장애물이었고 앞으로도 장애물이 될 것이다. 주요 강대국들은 미래의 한반도 통일 가능성에 대해 일치된 의견을 갖고 있지 않다. 게다가, 오늘날 강대국들의 이해관계는 한반도를 둘로 쪼개놓고 있다. 이런 일이 역사에서 이미 일어났었다. 이런 대립을 해소하는 방법으로 유일하게 받아들일 수 있는 것은 오직 대화뿐이다. 대화가 없으면 무슨 일이 벌어지는지를 역사는 이미 보여주었다. 따라서 우리는 1950~53년의 끔찍한 사건들이 다시 되풀이되지 않도록 각고의 노력을 기울여야만 한다.

현재 우리는 모두 대변화의 문턱에 서 있다. 이것은 어려운 순간이지만, 항상 기회의 창이 열려 있음을 의미한다. 기회를 어디서 어떻게 찾을 수 있는지는 역사적 경험이 말해줄 것이다.

역사는 현대성이 어떻게 형성됐는지를 연구하는 학문이다. 따라서 우리는 당면 문제들에 대한 답변을 과거를 면밀하게 분석하지 않고서는 찾지 못할 것이다. 바로 이런 이유에서 나는 문제의 근원으로 돌아가서 문제 발생 역사와 해결 방법을 추적해 보았다.

러시아는 한반도 분열에 가장 직접적인 관계가 있다. 바로 소련군이 한반도에서 일본군을 무찌르고 한민족에게 해방을 가져다주었기 때문이다. 이는 러시아가 '한반도 문제' 해결에 관계가 있고 역사적 정의의 회복에 가장 적극적으로 참여해야 함을 의미한다. 시간은 한민족 통일에 역으로 작용한다. 어느 한쪽이 자신의 발전 방향에서 더 멀리 가면 갈수록 통일 과제는 그만큼 더 어려워진다. 바로 그렇기 때문에 한반도와 세계에서 탈통합 과정을 중지시킬 필요가 있고 교류를 확립할 방법과 기회를 찾아야만 한다.

한반도 문제는 남북한 내부에서만 아니라 역내 주요 국가들 사이에서도 폭넓은 의견 일치 없이는 해결할 수 없다. 나는 학계가 연구 작업을 계속하여 과거에 한반도를 단일한 천으로 엮어주었던 잃어버린 실 줄기들을 되찾을 수 있도록 도와야만 한다고 생각한다.

이 책의 핵심 내용 중 하나는 통일은 누구보다도 바로 휴전선 양쪽의 남북한 사람들 자신에게 필요하다는 것이다. 지금은 통일이 여러 가지 이유에서 가능해 보이지 않을지라도 민족적 이해관계, 다시 말해 한민족 전체의 이해관계에 대한 공감대를 형성하는 작업을 계속해서 진행할 필요가 있다. 1972년 7월 4일 남북공동성명은 민족대단결이라는 말을 담아냈다. 공동성명이 이 원칙의 필요성에 대한 이해를 남북한 양국 대표들에게 심어줬다는 점은 주목할 만하다. 이런 통일성의 상실은 곧 절대 돌이킬 수 없는 분단을 의미할 것이다.

그러나 통일이 한민족에게 위업과 엄청난 성과를 달성할 수 있도록 영감을 불어 넣어준 사례들도 역사에 존재한다. 말하자면, 한민족은 이렇게 어려운 과제도 해결할 힘이 있다. 물론, 이것은 장기적, 단계적인 상호 변화의 과정이다. 내가 보기에 통일된 한반도는 현재의 남한과도, 현재의 북한과도 비슷하지 않을 것이다. 확신컨대, 한민족은 민족적 특성과 현재의 모든 차이점, 현 상황의 복잡성을 고려하면서 단일 국가 체제의 새로운 형식을 독자적으로 만들어낼 힘이 있다. 러시아도 이 일을 지원할 준비가 되어 있다고 나는 믿는다.

한국은 역사상 상당 기간에 걸쳐 강대국 가운데 하나에 꽤 종속되어 있었고 이 나라가 약화되면서 비극적인 사건들이 불가피하게도 한민족에게 영향을 끼쳤다. 따라서 내가 볼 때는 어떤 통일 계획도 국제사회와 특히 역내 핵심 국가들이 지지하고 보장하는 한반도의 중립국 구상을 중심으로 마련되어야만 한다. 이 책에서 나는 통일이 어떻게 일어나야 하는지를 보여주려고 하지 않는다. 이 문제는 한민족 자신이 해결해야 한다. 나는 그저 분단의 기원과 극복 시도, 실수와 성공, 경험을 추적해 보고 있을 뿐이며 통일의 난제 해결에서 러시아의 역할이 있는지도 살펴본다.

나는 한국 독자들이 한반도에서 일어난 분단 극복의 역사와 이 어려운 과제에서 러시아가 담당한 역할을 분석해 보려는 나의 시도를 이해하고 평가해주길 바란다. 나는 진정한 한민족 통일 구상에 전념할 것이며 남북 대화와 협력, 통합 과정과 이 어려운 과제 해결에 러시아가 참여하는 일에 조력하기 위해 학술연구를 계속할 것이다.

이 책의 출판에 도움을 준 동방학연구소 이상민 객원연구원과 번역을 맡은 라승도 교수에게 진심으로 감사 말씀을 전한다.

서문

과거 단일 국가였던 한반도 분단이 21세기 현재까지 벌써 수십 년째 이어지면서 역내 긴장의 항구적 원천이 되고 있다. 지금도 여전히 한반도는 경제적 토대와 정치·사회 체제, 이념적 지향이 다르고 많은 점에서 대립하는 두 국가, 즉 조선민주주의인민공화국과 대한민국으로 나뉘어 있다.

20세기 한반도 역사는 드라마로 가득 차 있다. 한반도는 20세기 초에 주권을 빼앗기고 40년 가까이 일본 식민주의 체제의 억압을 받았다. 1945년 히틀러의 독일군이 섬멸되자 반파시즘 연합국들은 일본 군국주의마저 일망타진하면서 한반도에 학수고대하던 자유를 선사했다. 한반도 해방에는 소련군도 직접 참여했다. 그러나 소련과 미국은 한반도 주둔 일본군 항복과 무장해제를 공동으로 받아내기로 했다. 이로 인해 한반도는 38선을 따라 두 부분으로 나뉘었다. 이는 한반도 운명에 결정적인 사건이었다.

소련과 미국은 자국이 대표하는 두 세계 체제 사이에 국제적 대립이 급격히 고조되는 가운데 한반도 독립 국가의 미래에 대해 의견일치를 볼 수 없었다. 이와 마찬가지로 권력 투쟁에 빠져 있던 한반도 내부의 정치 세력들도 한반도에서 새롭게 탄생할 국가의 발전 방향을 두고 의견이 갈렸다. 이런 요인들이 결국 점점 고조되던 분열 상황을 심화시켰다.

냉전 시대가 열렸다. 자본주의와 사회주의 진영의 대립은 미국과 소련 군정이 각각 임시 통제하고 있던 남북 양쪽 지역의 정책에 곧바로 반영되었다. 이로 인해 근본적으로 다른 생산 수단이 점차 구축되었고 서로 다른 사회·정치적, 사회·경제적 체제가 확립됐으며 결국 서로 대립하는 두 개의 개별 국가가 탄생했다.

곧이어 양국 간 내전이 발발했고 외부의 많은 국가가 가담한 대규모 분쟁으로 급속히 비화했다. 이 전쟁은 어느 쪽도 승리하지 못한 채 한반도 분단을 결정적으로 고착화했다. 1950년에서 1953년까지 이어진 한국 전쟁은 공식적으로는 끝나지 않았다. 양측은 정전 협정에만 서명했을 뿐이다. 게다가 남한 대표들은 정전 협정에 서명하길 거부했다.

남한과 북한은 상대방의 존재를 오랫동안 인정하지 않았고 격심한 대치 상태에 있었다. 양국은 현재까지 공식 외교 관계를 맺지 않고 있다. 양국 주민은 국경을 넘어갈 권리가 없다. 각 측은 완전한 합법성과 한반도 전체를 대표할 권리가 자신에게 있다고 주장했다. 상대방은 타도되어야 하는 '불법 국가 조직' 같은 것으로 간주됐고 상대방 영토는 수복되어야 할 대상이었다. 양측은 바로 자신의 모델이 유일하게 올바르고 민족의 열망에도 부응하는 것임을 확증하려 시도했고 상대방 정권이 각자의 동맹국인 미국과 소련의 꼭두각시라고 선언했다.

현재 시장 자본주의 선진 민주국가인 대한민국은 과거에 군부의 권위주의 통치를 오랫동안 겪었지만, 급속한 경제도약을 이룩하여 마침내 민주주의 체제로 변화했다. 조선민주주의인민공화국에서는 소련식 사회주의 체제가 수립되었지만, 나중에 가서 오랫동안 외부 압박을 받던 끝에 자신만의 독특한 조선식 사회주의 모델로 바뀌었다.

그러나 분단 시기 내내 적대와 불신이 팽배했고 사회·경제적, 정치적 발전 방향이 완전히 달랐지만, 양측은 통일 문제 해결을 위해 대화에 나서고자 했다. 한반도 통일 필요성은 남북한의 헌법 조항(북한은 제9조, 남한은 제4조)에서 국가 최우선 목표 가운데 하나로 명문화되어 있다. 이와 함께 양측은 바로 자주·평화 통일을 강조한다. 북한과 남한은 통일 관련 정부기관(각각 조국평화통일위원회와 통일부)을 두고 있다. 이는 통일이 양측의 대외정책 노선이자 일종의 장기 전략과제임을 확인해 준다. 양국의 운명은 각기 다르게 형성됐으며 지금까지 양측은 각자 자신만의 길을 계속해서 걸어왔다. 때로 가깝기도 했지만, 전반적으로 방향이 달랐다. 한반도는 민족 분단을 극복하지 못했다. 앞으로 점점 가까워지고 더 나아가 통일도 이루리라는 전망이 불확실한 가운데 이견과 대립이 시간이 흐르면서 더 커지고 있다.

전통적으로 한반도는 러시아의 대외정책에서 중요한 위치를 차지한다. 한반도와 러시아는 거의 한 세기 반에 걸쳐 상호교류와 협력, 선린우호 관계, 공통 국경, 역내 안정 유지에 대한 관심사로 밀접하게 연결되어 있다. 소련은 한반도가 수십 년에 걸친 일제 식민 지배로부터 해방됐을 때만 아니라 한반도 분단이 발생했을 때도 직접 관련되었다. 조선민주주의인민공화국은 출범과 함께 힘겨운 전쟁을 치른 뒤 전후 복구와 재건을 거쳐 산업을 일궈냈고 주로 소련의 원조 덕분에 많은 분야에서 새로운 기술과 숙련된 전문가들을 얻을 수 있었다. 전통적으로 러시아는 한반도에 커다란 경제적, 정치적 이해관계를 갖고 있으며 러시아 극동의 안보와 번영은 이 지역의 군사·정치 상황에 직접 영향을 받고 있다. 극동 국경지대의 긴장 완화는 어느 역사 시기에도 러시아의 주요 관심사였다.

러시아의 역내 입지는 남북 양국과 안정된 관계를 수립한 이후에 상당히 강화되었다. 다시 말해 한반도 평화·안정 유지에서 러시아의 역할이 커졌다. 이 점이 특별히 중요한 이유는 역내 상황이 정상화되지 않고 주요국 사이에 선린우호 관계가 존재하지 않으면 한반도 문제 해소와 분단 극복, 민족 통일 같은 거대 과제들을 해결할 수 없기 때문이다. 이 모든 것은 한반도 문제 해결에서 러시아의 참여가 불가피하다는 점을 뒷받침해준다.

이 책은 소련 시대와 현대 러시아 한국학 연구자들의 연구 성과에 상당 부분 의지하고 있다. 저자는 한반도 분단 문제에 대해 숙고하고 두 시대의 러시아 학자들이 제시한 접근법들을 견주어보면서 객관성과 타당성 있는 결론을 나름대로 도출하고 있다.

한반도 문제를 역사적으로 개관하는 제1장에서는 한반도 분단 발생을 둘러싼 역사와 분단의 대내외 요인, 분단 상황을 심화시키는 데 어느 정도 영향을 끼친 국제관계를 살펴본다. 제2장에서는 남북 간 대화 발전과 분단 문제 해결 방안 모색을 둘러싼 역사에 관해 이야기한다. 제3장은 20~21세기 사이에 김대중 대통령의 주도로 시작되어 남북 화해의 절정을 맞이한 현 단계의 남북 관계를 다룬다.

2000년대 말에 집권한 보수 세력은 한국의 대외정책 방향을 바꿔놓았다. 이러한 변화는 사실상 현재까지도 계속되고 있는 남북 관계 급랭을 낳았다. 제4장은 한반도 분단 문제를 둘러싼 소련과 러시아연방의 입장을 다룬다. 이와 함께 러시아와 남북한 관계, 현대 정치, 러시아가 참여하는 한반도 문제 해결 전망을 둘러싼 역사의 몇 가지 양상도 살펴본다. 제5장은 역내 전체의 안보 문제와 직결되는 한반도 긴장 상황 해소에서 가장 복잡한 양상 가운데 한 가지로 북한 핵 프로그램 문제를 다룬다.

이 책은 한반도 분단 문제와 이 문제의 해결 전망에서 러시아가 보여줄 수 있는 잠재력을 복합적으로 다루는 연구에 다가서는 첫걸음일 뿐이다. 한반도 문제를 둘러싼 모든 양상은 앞으로 더 심층적인 연구가 필요하다. 이 책은 러시아 과학아카데미 동방학연구소 한국·몽골과에서 이곳 동료들과 다른 한국학센터 연구원들의 참여와 도움으로 출판되었다. 이 책 출판에 직·간접적으로 참여한 모든 사람과 이 책의 토대가 된 수많은 저작의 저자들에게 깊은 감사의 마음을 전한다.

차례

제1장

한반도 분단: 역사의 시작

한반도 문제의 역사

한반도 문제는 학계와 전문가 집단, 대중매체, 사회의식 속에 일반화된 용어로, 1945년 제2차 세계대전 종전과 함께 독립한 이후 한반도 통일 국가에서 일어난 분단을 극복하려는 시도와 관련된 굉장히 복합적인 문제들을 의미한다. 1910년 한일합방과 함께 일본 식민지가 된 한반도는 소련군과 미군이 일본 군국주의를 괴멸한 이후 마침내 해방됐지만, 곧이어 연합국의 일본군 항복 접수에 필요한 두 개의 점령지로 임시 분할되었다. 이 분할이 수십 년간 오래 유지되고 한반도에서만 아니라 주변 지역과 세계 전체에서도 국제적 긴장의 원천이 되리라고 예상할 수 있었던 사람은 당시에 많지 않았다.

한반도 문제 해결의 국제적 양상들과 남북한 관계 정상화 문제들, 한반도의 대치 문제를 둘러싼 전체 스펙트럼은 소련 시대와 그 이후 러시아의 한국학 연구에서 꽤 넓게 조명되었다. 소련 시대 한국학 연구자 대다수는 한반도 해방과 적대적인 두 국가의 수립, 한국전쟁과 그 이후 남북한 대치를 지켜보며 살았던 동시대인들이었다. 이들의 저술은 역사 지식의 큰 부분을 형성했다. 이 부분을 빼놓고는 오늘날 한국학을 상상할 수 없다. 그래서 오늘날 러시아 전문가들의 저술을 살펴보면 이제는 고전이 된 소련 학자들의 저작을 인용하고 있는 것을 꼭 보게 된다.

현재 러시아 한국학계에서는 역사학자와 정치학자, 경제학자 등 상당수의 학자와 전문가가 한반도 주변 상황의 긴장 해소 문제들을 연구하고 있고 가장 복잡한 한반도 문제 해결을 위한 방안들을 찾으려고 시도하고 있다. 이 주제를 둘러싼 다양한 양상을 다룬 저술들이 러시아 과학아카데미 산하의 극동연구소(IDV)와 세계경제·국제관계연구소(IMEMO), 동방학연구소(IVRAN), 모스크바국립국제관계대학교(MGIMO), 극동연방대학교(DVFU), 고등경제대학교, 노보시비르스크국립대학교(NGU) 등 러시아의 우수 학문기관들에 있는 한국학센터에서 정기적으로 발간되고 있다. 이 문제를 다루는 학술연구에서는 A. V. 토로쿠노프, G. D. 톨로라야, V. I. 데니소프, Iu. V. 바닌, V. L. 티호미로프, A. V. 보론초프, A. Z. 제빈, 김영웅, K. V. 아스몰로프, V. V. 미헤예프, A. N. 페도롭스키, L. V. 자브롭스카야 같은 중견 학자들이 크게 이바지해 왔다. 오늘날 한국학 연구에는 젊은 세대의 러시아 학자들(N. N. 김, L. V. 자하로바, I. V. 디야치코프, A. I. 샤라페트디노바)도 포함되어 있어 다행이다. 이들은 기존 연구 성과를 보충해주고 있을 뿐 아니라 한국 관련 지식의 공백을 메꿔주기도 하는 진지한 저작을 발표하고 있다. 이는 러시아의 한국학이 앞으로도 활발하게 발전하면서 한반도에 관한 세계 지식 창고를 채워주고 더욱 중요하게는 한반도 분단과 한민족 통일처럼 간단치 않은 문제의 해결 모색에 이바지하리라는 확신을 심어준다.

소련은 일본 압제로부터 한반도 해방과 남북한 국가 수립 역사에 직접적으로 관련되어 있다. 남북 대립은 지금도 심각한 역내 긴장 원인이며, 이는 커다란 국제분쟁으로 다시금 비화할 위험이 있다. 한반도 분단은 국제적으로 대립하는 두 개의 사회·정치체제, 즉 자본주의와 사회주의 체제의 형성이 낳은 당연한 결과였고 이러한 대립은 나중에 가서 한반도 사회 내부에 그대로 투영되었다. 따라서 통일 문제는 두 개의 적대적인 사회질서 체제 사이의 투쟁과 어떻게든 결부된다.

그러나 한반도 분단 문제는 외부 요인들에서만 기인하지는 않았다. 지역주의와 당파싸움, "지도자들과 그 측근들이 전 민족적 목표를 위해 개인과 족벌, 집단, 지역 등의 이해관계를 초월할 수 있어야 하는데 그렇게 할 수도 없었고 그런 의지도 없었다는 점, 타협 정신도 없었고 상대방의 말을 경청하고 이해하려는 노력도 부족했다는 점, 서로 받아들일 수 있는 양보를 통해 해법을 달성해야 하는데 그럴 용의가 없었다는 점 등등"[1]이 한반도의 정치 문화 속에 수 세기 동안 뿌리 깊게 이어져 왔다. 한반도 사회의 내분에는 식민지 시기도 커다란 흔적을 남겼다. 즉, 국민 중 소수만이 합병에 반대하고 독립투쟁의 길에 나설 수 있었고 다수는 살아남기 위해서 새로운 질서에 순응하고 적응해야만 했고 국민 상당수가 일본 당국에 협력했으며 일부는 출세로 꽤 성공했다. 2004년 한국에서 나온 공식 평가에 따르면, 1990년까지 한국 엘리트 중 90% 이상이 일본 당국과 이런저런 식으로 관련되어 있었거나 직접적인 일제 협력자 가정 출신들이었다.[2]

이런 모순들이 다른 많은 내적 모순과 함께 두 개의 적대적 사회질서 체제 사이에서 벌어진 세계적 투쟁과 맞물려서 1940년대 후반에 일어난 믿기 어려운 사건들의 소용돌이 속에 휘말려 들었고 한반도 사회의 결정적인 양극화와 더 나아가서는 한반도 분단을 낳았다. 향후 통일 달성을 위한 실질적인 해결 방안을 마련하려면 1940~50년대에 한반도에서 무슨 일이 일어났는지를 학문적으로 진지하게 연구하는 작업이 필요하다. 이때 한반도를 분할하고 남북한을 이념 대립 지역으로 만드는 데 직접적으로 관여한 소련과 미국 간의 냉전이 영향을 끼쳤다. 따라서 한반도 문제는 국제관계 속에 발생했으므로 이 문제의 해결은 국제사회의 합의된 노력이 필요하다. 그러나 사회주의와 자본주의 체제 사이의 정치·이념적 대립은 국제적 차원에서 한반도 문제의 해결을 방해했을 뿐 아니라 이 문제의 연구에서 학문적 접근법을 마련하는 데 필요한 매우 구체적인 이념적 지향성을 결정해주기도 했다. 자신의 발전 모델이 우수하다고 주장한 프로파간다가 학문에도 파고들었고 여기서 한민족 통일을 위한 유일하게 올바른 방법이 무엇인지를 놓고 진짜 투쟁이 벌어졌다.

마르크스 이론에 따라 유물론적 역사 이해에서 출발한 소련의 한국학은 제국주의적 외부 압력 속에 일어난 계급투쟁의 프리즘을 통해 한반도 내부 분열 과정을 고찰했다. 한반도가 일본 식민지 압제에서 해방됐다고 해서 일본인들에게 협력한 지주와 거대 사업가, 귀족 출신 등 소수파 착취자들의 계급적 억압에서 벗어나기 위한 한민족의 광범위한 대중 투쟁이 중단된 것은 아니었다. 소련 역사학자들은 사회주의적 사회 개조가 평등과 인간에 의한 인간 착취의 소멸에 기반한 더 정의로운 사회복지 분배를 보장해줬기 때문에 부르주아 민주주의보다 더 진보적인 사회·경제 조직 형태를 노동자 대다수에게 가져다줬다고 확신했다. 그래서 한반도에서 일본의 식민주의 체제도, 미국의 부르주아 민주주의 국가 수립 정책도 소련 학자들의 관점에서 보면 한민족의 이해관계에 맞지 않게 역행하고 퇴행하는 것이었다.

한반도가 해방될 무렵 세계에서는 온 세상에 진보성과 지속가능성을 보여준 새로운 사회질서 모델이 이미 수립되어 확고히 자리 잡았으며 이 모델을 구현한 소련의 권위가 급성장했다. 그래서 해방 이후 한반도가 소련군과 미군에 의해 분할 점령되지 않았다면, "공산당을 앞세운 좌익 세력이 권력을 잡았을지도 모른다"[3]는 관점이 전문가 사이에 널리 유포되었다.

그러나 반작용도 있었다. 다시 말해 새로운 형태의 사회질서 확산에 맞선 저항이 일어났다. 구세계의 지배계급 대표자들이 결집하여 사회관계 조직 체계 재편을 허용하지 않았다. 이 투쟁의 선두에는 사회주의 발전 노선에 나선 국가들의 진영 확대를 적극적으로 가로막은 미국이 버티고 서 있었다. 바로 이런 이유에서 미국은 자국의 한반도 정책에서 권력이 다수의 손아귀에 들어가고 재산이 이들에게 유리하게 재분배되는 것을 절대 원하지 않은 반동적 사회 계층과 계급에 의지했다.

이러한 견해가 한반도에서 일어난 사건들의 실제 성격과 많은 점에서 일치했다는 것과 이러한 논리가 분단의 본질과 그 내적 내용, 외적 영향의 양상도 충분히 설명해줬다는 것을 지적해둘 필요가 있다. 소련 시대 이후 러시아 학자들의 저술이 보여주고 있는 것처럼, 이러한 관점은 한국전쟁 이전과 이후 시기 남한 내부의 정치적, 사회·경제적 상황이 뒷받침해주었다.

모종의 이념적 배경이 깔려 있긴 했어도 이 주제와 관련한 소련 시대 한국학 학자들의 연구는 매우 높은 전문적 수준에서 진행됐으며 당시 이들의 저작에 담긴 입장과 결론은 오늘날에도 계속해서 타당성이 있다.

이 장에서는 한반도 분단 형성과 고착 배경을 살펴보고 그와 함께 분단을 극복할 방법의 탐색도 고찰한다. 다시 말해 한민족 자신들의 한반도 통일 전망을 고찰한다. 이러한 탐색과 전망은 바로 소련과 러시아 한국학 연구자들의 핵심 저술에 잘 반영되어 있다.

소련 역사학과 한반도 문제

러시아 한국학에서 한반도 운명을 결정지은 사건들에 대한 해석 작업은 한국전쟁이 거의 끝나자마자 나오기 시작했다.

소련 역사학에서 한반도 분단 발생과 고착 문제는 논문집인 『조선민주주의인민공화국』(모스크바: 소련 과학아카데미, 1954)에서 처음으로 다뤘다.

이 논문집 제2부는 1945~50년 시기를 다루고 있고 어떤 식으로든 한반도 문제와 관련된 다양한 양상을 언급하고 있다. N. K. 바인츠바이크, B. V. 셰티닌, F. I. 샵시나, V. V. 레지나, G. F. 김의 논문들에서는 전체적으로 볼 때 이 시기와 그 이후 시기 한반도에서 일어난 사건들에 대한 러시아 역사학계의 접근법에 향후 토대가 되는 문제를 바라보는 견해가 드러나 있다. 예를 들면, 소련 시대 러시아의 저명한 경제학자이자 동양학 연구자인 니콜라이 바인츠바이크는 독일-일본 파시스트 진영의 괴멸과 한반도 해방에 관한 자신의 논문에서 이렇게 쓰고 있다. "소련과 미국의 한반도 정책상 차이점은 전적으로 이 두 나라의 사회 체제상 차이점에서 기인하며 바로 이것이 남북한의 사회·경제 발전 성격까지도 규정했다."[4]

남북한 국가 형성 과정에서 작용한 외적 요인의 역할이 결정적이었던 것으로 인정됐지만, 반동 세력과 민족주의 운동의 역할 같은 내부 요인에도 상당한 관심이 할애되었다. 예를 들면, 같은 논문집에 실린 또 다른 논문의 저자로, 앞서 언급한 파냐 샵시나는 해방 이후 시기의 남한에서 미군정의 사회적 지지 성격을 규정하면서 이렇게 지적했다. "과거 '민주주의' 정당의 지도부 인사들은 예외 없이 모두가 제국주의자들의 공모자들이자 극렬 반동주의자들이었다. 그들은 모두 조선의 보수적 협력자 계층이었다."[5] 이처럼 한반도 분단의 원인은 소련과 미국의 외적 영향 속에 격화된 내부 계급투쟁이 낳은 결과로 보였으며 양국의 정책은 계급적 이해관계를 반영했다.

이러한 입장은 나중에 가서 자료집 형태의 역사 개론서인 『현대 한국』

(모스크바: 나우카, 1971)과 기본서인 『한국사(고대부터 현재까지)』(모스크바: 나우카, 1974)에서 구체적으로 서술된다. 전체적으로 볼 때 한반도 문제 관련 저술이 적지 않은데도 바로 한반도 분단 극복과 통일 문제 관련 전문서는 상대적으로 적다. 한반도 통일 문제의 군사적 해결 시도가 낳은 끔찍한 결과를 극명하게 보여준 동족상잔의 한국전쟁 경험은 무엇보다도 학계에서 이 문제의 평화적 해결 모색을 위한 근거가 되었다.

그러나 한반도에서 일어난 군사 행위가 중단된 직후 남북한 두 국가의 통일은 이제 어려워 보였다. 그러므로 통일 문제는 오랜 기간에 걸쳐 국제관계 문제의 일부로서 또는 더 중요하고 일차적인 과제인 남북 관계 정상화, 즉 대화와 협력 조성의 결과로서 고찰되었다. 사실, 전후 시기에는 통일을 논할 필요가 없었다. 남북한과 양측 동맹국들의 이념 및 문제 접근방식이 첨예하게 대립했기 때문이다. 실제로 이후 수십 년간 한반도는 극단적 긴장 상황 속에 놓였고 따라서 기본 과제는 남북한 사이의 새로운 전쟁 방지, 깨지기 쉬운 평화와 안정 유지, 교류 채널의 점진적 확보에 있었다.

소련 동방학 연구는 한민족 전체를 위한 사회주의식 발전 모델을 발전시킬 필요가 있다는 생각을 고수했고 남한 관련 저술들은 남한에 존재하는 군사독재의 반민족적 사회·경제 질서와 정치체제에 대한 비판을 핵심 주제로 삼았다.

북한 비판은 금기시되었다. 그러나 다양한 종류의 '특별 회보'로 발간된 '내부용' 저술들에서 소련 학자들은 북한에서 일어난 일에 대해 상당히 객관적인 설명을 제시했고 상부에서 주도해 내놓은 테제와 결론들의 오류성에 대해 학문적 근거를 제시하며 북한 동료 학자들과 함께 토론했다.[6]

1980년대 후반이 시작될 무렵 남한의 경제 성장과 북한의 분명한 침체 속에서 러시아 한국학 연구자들 사이에서는 남북한 두 국가에 대한 일방적인 접근법에 한계가 있다는 공감대가 형성되었다. 다시 말해 한국을 인정하지 않는 것은 한반도를 둘러싼 실제 상황에 맞지 않았고 아시아 안보 확보와 긴장 완화 계획 등 러시아의 역내 이해관계와 과제에도 부합하지 못했다.[7] 소련의 한국 관련 정책 재고는 바로 학계의 주도로 이뤄졌음을 지적할 필요가 있다.[8]

1980년대 말에는 이 문제에 관한 논의가 소련 언론의 지면에 등장했다. 가장 대표적인 사례는 1989년 9월 1일 일간지 이즈베스티아에 실린 샵시나의 유명한 기고문「한반도 매듭을 풀 수 있을까? 소련 학자의 견해」를 들 수 있다. 여기서 샵시나는 "북한과 한민족 전체의 이해관계 및 요구, 역내 평화와 안보 문제, 우리의 국익을 고려하는 한반도 문제에 대한 다른 대책과 접근법"을 마련해야 할 필요성의 근거를 제시하면서 소련이 한국을 인정하지 않는 것은 무의미한 짓이라고 지적했다.[9]

소련과 사회주의 진영의 붕괴 이후 세계가 중대한 구조적 변혁기에 진입하자 많은 사람이 북한에서도 곧바로 정권이 붕괴하리라고 예상했다. 독일 통일 과정에서 일어난 것처럼, 남한의 북한 흡수를 통한 한반도 통일이 가까운 장래에 일어날 듯했다. 이러한 전망은 해당 문제에 관한 일부 학술 저술에서도 드러났다.[10] 역사는 그런 일이 일어나지 않았음을 보여줬다. 이것은 물론 해당 문제를 다룬 다수의 연구에서 북한에 대한 일반적 관심이 증대했다는 점에 잘 나타나 있다. 이미 1980년대 말부터 소련의 내부 변화와 이전의 교리에 대한 거부 추세가 심해짐에 따라 학술 저술에서도 한반도 상황에 대한 객관적인 정보가 더 많이 등장하기 시작했다.

그러나 소련 시대 한국학 연구자들의 저술을 객관적이지 않고 일방주의적이라고 간주하는 것은 온당치 않다. 지난 30년간 특히 한반도 분단과 통일 전망에 관한 저작 중 상당 부분은 한반도 주변의 긴장이 다시금 인위적으로 고조되고 있고 한반도 문제가 강대국 간 이해관계 충돌의 중심에 놓여 있는 오늘날도 여전히 타당성이 있기 때문이다.

가령, 많은 전문가는 1940년대 후반 미국의 한반도 정책을 비판적으로 평가하면서, 미국이 한국이 사회주의식 사회 발전 모델 국가로 바뀔까 봐 우려하여 한민족 스스로 자신들의 운명을 독자적으로 결정하지 못하도록 막았다고 지적한다. 다시 말해 미군이 진주하기 훨씬 전에 한국인들에 의해 창설된 현지 자치 기관들이 해산됐고 임시정부도 인정받지 못했으며 국내 친미 정치 세력이 득세했던 반면 공산주의 진영은 탄압을 받았다.[11]

현재 러시아 한국학도 미국이 굉장히 과장된 북핵 위협이나 북한 정권의 전체주의적 성격을 빌미로 삼아 남북한의 화해를 방해하고 있고 한반도를 군사·정치적, 경제적으로 성장하는 중국을 견제할 발판으로 점차 탈바꿈시키고 있다고 지적한다.[12] 이 모든 판단은 한반도 문제 해결과 통일 전망에 대해 숙고한 소련의 한국학 연구자들의 저술에서도 찾아볼 수 있다. 소련 시대에 활동한 연구자들의 학술 성과 중 많은 부분은 한반도 분단의 원인 문제와 한반도 통일 및 그 주변의 안전 보장 문제에서도 타당성을 잃지 않고 있다.

소련의 한국학 연구자들이 한반도 분단의 원인과 직결된 것으로 내놓은 주장 중에서 가장 중요한 것은 1940년대 후반에 근본적으로 다른 두 개의 국가 토대, 즉 남북한의 사회복지 생산·분배 모델이 형성됐다는 것이다. 오늘날 한민족 통일 문제를 떠받치고 있는 토대 가운데 하나도 여기서 찾을 수 있고 한민족 전체(또는 한민족의 특정 구성층)의 진정한 이해관계를 둘러싼 공감대도 여기서 나온다. 남북한 지도부의 국가정책과 발전 전략, 이들의 해결될 수 없는 모순과 대립의 모든 원천도 바로 여기에서 연유한다. 소련 시대 한국학 연구자들의 일부 저작을 중심으로 바로 이 주장에 관해 살펴보도록 하자.

한반도 분단 요인 – 소련 연구자들의 시각

앞서 지적했듯이, 소련의 많은 동방학 연구자는 한반도 분단이 이뤄지고 점차 고착되던 시대를 살았던 동시대인들이었다. 그중에서 앞서 언급한 파냐 샵시나(쿨리코바)의 운명과 연구에 관해 이야기해 보고자 한다. 1930년대 말부터 1940년대 중반까지 한반도에 체류했던 샵시나는 식민지 치하의 한반도에서 일어난 사건들을 직접 목격했다. 그녀는 한반도가 일제 식민지에서 해방되고 나서 한국인들이 사회질서를 유지하고 통치

기관을 수립하기 위해 독자적으로 보여준 초기의 행동과 미국 점령군이 한반도에 진주하여 많은 점에서 한반도 운명을 예정한 가장 최초의 행보를 생생하게 지켜봤다.

나중에 샵시나는 자신이 본 사건들을 일기로 기록한 회고록을 준비하여『1945~46년 남한. 목격자의 수기』(모스크바: 나우카, 1974)라는 제목으로 출판했다. 멋지고 생생한 언어로 쓰인 이 회고록은 한국사를 잘 모르는 독자에게도 유용하고 흥미로운 자료를 보여주는 좋은 사례이며 한반도 분단의 원인을 이해하는 데서도 매우 중요한 의미가 있다. 샵시나는 소련인으로서 그에 상응하는 이념과 세계관을 견지하며 마르크스-레닌주의 역사관을 고수했음에도 그녀의 묘사는 일제 치하 마지막 시기와 해방 이후 초창기 한반도에서 일어난 사건들을 상당히 다채롭게 묘사하고 있다. 저자는 자신들의 통제 지역에서 권력을 완전히 장악한 미군정이 보여준 행동에 특별히 주목했다. 그녀는 한반도 체류 기간 중 대부분을 서울에서 보냈고 평양에서는 1946년 중 일부만 보냈을 뿐이다. 하지만 그녀는 소련군정과 미군정의 정책이 한반도 북쪽과 남쪽에서 얼마나 많이 달랐는지를, 또 이것이 한민족에게 어떻게 인식되었고 더 중요하게는 각 정책이 남북한 국내 정치 과정의 형성과 발전에 어떤 영향을 끼쳤는지를 두 눈으로 똑똑히 지켜볼 수 있었다.

한반도 분단의 근저에 내부 원인이 존재했고 여기에 더해서 어떤 식으로든 분단에 연루된 소련과 미국의 영향이 있었을지라도, 샵시나의 견해에 따르면, 사실은 다름 아닌 미군정의 정책이 대다수 주민의 이해관계를 고려하지 않고 새로운 질서를 인위적으로 수립시킴으로써 38선 이남에 사는 한민족의 열망에 역행했다. "무엇보다도 먼저, 미국은 부르주아-지주계급으로 이뤄진 한국 사회 상층부와 일제 식민지 통치기구 관리들에 의지했다. [...] 이들의 연합은 미군의 남한 상륙 일자인 1945년 9월 9일에 창당한 한민당이 이끌었다."[13] 미군정은 공산주의자들의 영향을 무력화하고 국민 요구에 부응하는 변화를 실행하지 않고 부르주아 국가의 토대를 구축하기 위해 남한에서 우익과 반동 세력에 의지하여 일부러 새로운 정치 권력을 수립했다.

샵시나는 미국의 정책에 담긴 계급적 성격이 한국 사회 안에서 점증하는 내분을 사실상 심화시켰다고 지적한다. 그녀는 미군정이 넓은 범위에 걸친 대중이 아니라 매우 구체적인 이해관계를 갖고 있던 한국 사회의 특정 부분에 처음부터 의지했다고 강조한다. "한국 사회의 모든 반민족·반민주 세력, 무엇보다도 얼마 전까지 일본 식민주의자들의 앞잡이 노릇을 했던 거대한 부르주아·지주계급과 식민통치 기구 관리들이 혼탁한 반동 물결 속으로 빨려 들어갔다. [...] 일본 군국주의가 파멸한 상황에서 이들은 외부로부터의 지원을 받지 않고는 권력을 넘볼 수 없었다. 이들은 새로운 제국주의 보스와의 연합에서 자신의 미래를 발견했다. 북쪽에서 내려온 사람들과 특히 대기업가와 상인, 지주, 관리들이 사악하고 매우 적극적인 반혁명 일당을 형성했다."[14] 샵시나는 나중에 무력 통일 시나리오를 공개적으로 옹호하게 되고 그럼으로써 고조되는 내분을 더욱 부채질하게 되는 한국 내 정치 세력에 미군정이 일부러 의지했다는 것도 지적하고 있다.

샵시나의 연구에는 한민족의 내분 발생과 그 원인, 향후 내분의 심화와 내전으로의 비화를 이해하는 데서 매우 중요하면서 간단치 않은 이 시기의 한국사에 관한 저술이 많이 포함되어 있다. 이와 관련하여 1958년에 출판되었다가 나중에 더 넓은 역사 범위까지 포괄하여 재간된『최신 한국사 개관: 1945~53년』도 언급할 필요가 있다. 여기서 저자는 역사적 맥락 안에서 한국 상황을 살펴보고 이 상황이 한국전쟁 종전 이후의 분단된 한반도 역사에 어떻게 반영됐는지를 보여준다.

오늘날 역사학에서는 한국전쟁이 바로 북한에 의해 도발됐다는 관점이 지배하고 있지만, 어떤 사람들은 이 주장에 도전하고자 한다. 이 점에 관한 논의는 이 책의 범위를 벗어나지만, 한반도 내분이 불가피하게도 내전으로 비화할 수밖에 없었다는 점을 당시 현실이 뒷받침해줬음을 고려하는 것이 훨씬 더 중요하다는 점을 지적할 필요가 있다. 남북한 양쪽 모두 전쟁을 준비했다는 점에 대해 역사학자들이 진지하게 이야기하고 있고 문서를 포함한 상당수의 증거도 이 점을 지적하고 있다.[15] 모든 객관적 역사 운동에 대한 이해와 마찬가지로 한국전쟁의 원인을 이해하려면 누가 먼저 발포했느냐를 따지지 않는 것이 중요하다. 게다가 1940년대 말 분계선 주변에서 군사적 충돌은 흔한 현상이었다. 따라서 남북한 간 전쟁이 특정 시점에서 불가피해졌다는 것을 이해하는 일이 중요하다.

샵시나의 저술은 그러한 사태가 발생한 내적 원인만 아니라 외적 원인도 이해하는 데서 오늘날에도 매우 시의적절하다. 소련과 미국 사이에서 지구적 차원의 정치·이념적 대치가 고조되고 냉전이 한창인 상황에서 각 측은 한반도 문제의 외교적 중재 실패와 전쟁 발발에 대한 모든 책임을 서로 떠넘기려고만 했다. 이처럼 중대한 고려사항은 소련 역사학자들의 학술 저술에만 아니라 외국 역사학자들의 저술에도 잘 반영되어 있다.

오늘날 러시아 한국학 연구는 '이념적 지향'의 압박을 전혀 받지 않고 있고 학자들은 새로운 자료에 접근할 수 있고 다른 관점들을 보여주는 저술들도 많이 나오고 있다. 그 덕분에 과거 소련 역사학자들의 저술을 더 균형감 있게 바라볼 수 있게 되었다.

하지만 소련 한국학 연구자들이 당시 내린 일련의 결론이 많은 점에서 온당했고 사회·역사적 과정들의 성격을 객관적으로 반영했음을 오늘날에도 지적하지 않을 수 없다. 특히, 이 점은 미국과 소련의 행동이 양측의 한반도 통제 지역에 걸쳐 한민족의 운명에서 담당했던 역할에도 그대로 해당된다. 소련 학자들이 내린 결론 가운데 한 가지는 한반도 북쪽의 임시 점령지에서 소련군의 행동이 종종 무력을 동원하면서 다른 질서를 확립했던 미군정의 정책과는 다르게 북쪽 주민의 압도적 다수가 보여준 이해관계에 상당히 부합했다는 것이다. 미군정이 보인 행동은 한국 사회의 내분만 심화시켰을 뿐 내적인 정치 합의를 촉진하지 못했고 이는 필연적으로 내부 부채질을 통한 충돌을 낳을 수밖에 없었음을 지적하지 않을 수 없다. 미리 앞서 한 마디 덧붙여 말하자면, 새로운 문서고 자료에 기반한 저술 등 러시아 한국학 연구자들의 최신 저술에서도 소련 학자들이 내린 많은 결론의 타당성이 입증되고 있다.

샵시나는 앞서 소개한 저술 외에 식민지 시대 이후의 한국사를 주제로 한 다수의 논문을 발표했다. 이 논문들은 해당 시기의 한국사 연구에 깊은 관심을 드러내 보여준다. 1974년에 소련 한국학 연구자들이 내놓은 두 권으로 된 기본서인 『한국사(고대부터 현재까지)』에 이바지한 샵시나의 공로를 당연히 언급하지 않을 수 없다. 샵시나는 (당시 기준으로) 최신 한국사에 관한 논문을 이 책에 다수 실었고 제2권의 서문을 쓰기도 했다. 제2권에서도 그녀는 1917년에서 1945년까지 시기의 한국사에 관한 논문을 몇 편 더 실었다.

한반도 내분의 다양한 양상과 특히 내분 과정에서 외부로부터 나온 인위적 압박을 다룬 소련 시대 한국학에서 가장 중요한 저술은 또 한 명의 뛰어난 러시아 한국학 연구자인 빅토르 마주로프가 집필한 책 『한국의 반민족 정권(1945~50년)』(모스크바: 동양문학, 1963)이다. 이 책은 이전에 저자가 해방 이후 시기 남한의 국내 정치 상황에 대해서부터 시작하여 한국의 4·19혁명 전야에 출판한 연구의 후속작이다. 마주로프는 미군정의 조치로 촉발된 한국 사회의 내분 요인이 부르주아 사회의 토대 구축에서 핵심이었다고 평가한다. 이 사회의 선두에는 친소 사회 체제를 구축한 북한과의 통합에 관심이 없고 남한에 있는 다수 대중의 이해관계를 반영하지 않은 세력이 서 있었을지 모른다. "제2차 세계대전 이후 형성된 한국의 구체적 역사 상황에서 민족 부르주아 계급 일부가 [...] 민중에 맞서 제국주의와 결탁했다. 이들의 선택이 남한에서 반동적 국가 수립의 중대한 원인 중 하나가 되었다."[16]

1959년에는 여러 저자가 참여한 단행본인 『한국. 경제·정치 상황

(1945~58)』이 나왔다. 마주로프가 샵시나와 공동으로 쓴 이 책의 제9장 "한국의 민주주의 해방 운동"은 이승만 정권 전복으로 이어진 사건 전개를 많은 점에서 예고했는데, 이는 해당 논문의 높은 학문 수준을 뒷받침해준다.[17] 마주로프는 수년간에 걸친 한국의 경제 발전 문제를 연구했으며 이 시기에 관한 그의 저술 역시 38선 이남에서 발생한 사회·경제적, 정치적 과정의 성격을 이해하는 데서 굉장히 중요한 의미가 있다. 남한 정권에 대한 비판 경향이 분명하게 나타나 있지만(책 제목에 이미 드러나 있지만), 마주로프의 저술은 사실에 입각한 많은 자료와 진지한 학문적 분석을 담고 있고 그가 내린 결론들의 타당성은 한국에서 이후 일어난 사건들에서 입증되었다.

한반도 내분 형성과 심화라는 문제의 연구 맥락 안에서 미군정이 해방된 남한에서 시행한 정책의 성격을 이해하려면 소련 시대의 러시아 한국학 연구자이자 외교관이었던 발레리 데니소프가 출간한 저서『한국 문제: 해결 방안. 70~80년대』(모스크바: 국제관계, 1988)도 소개할 필요가 있다. 이 책에서 저자는 1946~48년 시기도 다루고 있기 때문이다. 해당 시기 한국에서 미국이 시행한 정책의 역할에 대해 데니소프가 내린 결론은 앞에서 소개한 내용과 대체로 일치한다. 데니소프는 고의적인 한반도 대치 상황 고조 정책에 관해 쓰면서 다음과 같이 직접적으로 지적한다. "미군은 한국의 민주주의 독립 국가 수립을 도모하기 위해서가 아니라 이곳에서 정치적·경제적 지배권을 확립하여 한국을 '세계 공산주의'에 맞선 투쟁을 위한 극동 내 미국의 군사적 교두보로 삼을 목적으로 한국에 진주했다."[18]

한반도 분단 문제-러시아 학자들의 견해

한국에서 보여준 미국의 행동에 제국주의적 성격이 담겨 있다고 한 소련 한국학 연구자들의 주장을 뒷받침해주면서 현대 러시아 역사학자들의 저술 역시 한반도 문제에서 미국의 정책이 이미 포츠담회담(1945년 7월) 개최 당시에 앞으로 충돌이 벌어지도록 의도적으로 바뀌었음을 보여준다. 예를 들면, 이 시기 소련-미국 관계의 특수성에 관한 데니스 사다코프의 논문은 다음과 같이 직접적으로 밝히고 있다. "소련 접근법의 특수성은 해리 투르먼이 미국 대통령직을 차지한 이후 정치적 음모를 위한 여지를 미국인들에게 크게 열어주었다. [...] 포츠담회담을 준비하는 과정에서 미국인들은 한반도에서 힘의 공백을 피할 수 있게 할 한반도에 대한 행정관리를 조직하고자 하는 의향을 밝혔다. [...] 게다가 워싱턴은 한반도에서 새로운 국가를 건설할 때 '소련은 그저 명목상의 목소리에 그치기만 할 뿐'이길 바랐다."[19]

새로운 행정부가 권력을 차지하고 특히 '트루먼 독트린'과 '봉쇄정책'이 선포되고 나서 미국에서 소련에 대한 태도와 사회주의 국가 진영에 대한 정책이 급변했다.[20] 이러한 변화는 1945년 2월 얄타회담 당시 미국과 영국, 소련 측이 사전에 합의한 한반도 문제 해결과 한반도 신탁통치 문제(자세한 내용은 곧이어 다룬다)에 그대로 반영되었다.

미국의 한국 정책에 담긴 이러한 특성은 앞서 언급한 저술들에 다양하게 반영된 또 한 가지 중요한 주장을 시사한다. 소련의 도움을 받고 소련식 사례에 따라 확립된 사회 체제의 모델이 광범한 대중의 열망에 상당히 부합했던 북한과 달리 지금까지 남한에 존재하는 국가적, 사회적, 경제적 질서 체제는 한국인 자신들의 자유로운 선택이었다기보다는 한국 민중에게 강제된 것이었다. 이러한 견해는 소련 이후 시기에 나온 역사학자들의 저술에서도 뒷받침되고 있다. 예를 들면, 안드레이 란코프는 『북한의 어제와 오늘』에서 이렇게 쓰고 있다. "하지만 대체로 새로운 정권은 (남한 선전가들의 주장과 다르게) 심각한 저항을 받지 않았다. [...] 남한에서는 수백만은 아니더라도 수십만 명이 항의 시위에 참여했고 수많은 사람이 산으로 들어가서 공산주의 빨치산 부대에 합류했다. 북한에서는 그런 일이 벌어지지 않았다. [...] 특히 북한 정권의 인기는 실제로 존재했다. 북한 정권은 (당시 실제로) 남한 정권보다 훨씬 더 효율적이었고 훨씬 덜 부패했다."[21]

한민족이 당시 그렇게 복잡한 상황에서 자신들의 정치적 내분을 독자적으로 극복하고 외부의 간섭을 받지 않고 새로운 국가를 수립할 수 있었느냐를 두고 오늘날 한마디로 단정하여 말할 수는 없다. 그러나 한반도 분단이 두 개의 사회질서 구조 사이에 벌어진 세계적 투쟁의 부산물이었던 동시에 자체의 내부 원인을 갖고 있었다는 점은 의심의 여지가 없다.

38선의 탄생

소련 역사학계에는 한반도에 남북 분계선을 그어 양측에서 일본군의 항복을 받고 곧이어 두 지역을 각각 나누어 점령한다는 연합국의 결정을 다룬 연구물이 드물지만, 어쨌든 한반도 지도에서 38선의 등장은 단일 국가의 분단으로 가는 첫걸음이었다. 이 공식 분계선 설정이 한민족 전체의 운명을 결정지으리라고 예상할 수 있었던 사람은 당시에 거의 없었다.

특히 제2차 세계대전 종전 이후 평화 재건에서 반히틀러 연합국의 상호관계를 둘러싼 문제들은 학계에서 대체로 상당히 잘 밝혀져 있다. 동부전선에서 히틀러 군대가 당한 두 번의 참패(1942~43년 스탈린그라드 전투와 쿠르스크 전투) 이후에 대조국전쟁이 대전환을 맞이하고 전략적 주도권이 결정적으로 소련 붉은군대에 넘어가면서 독일 패전이 시간문제임이 분명해졌다.

나치 독일 괴멸을 위한 공동 행동을 조율하고 전후 평화 체제를 논의하기 위해서 소련과 미국, 영국 지도자들은 전시에 두 번의 회담(1943년 11~12월 테헤란회담과 1945년 2월 얄타회담)과 전후에 한 번의 회담(1945년 7~8월 포츠담회담)을 열었다. 얄타회담에서 소련은 히틀러의 독일을 괴멸시키고 나서 3개월 뒤에 일본에 맞선 전쟁에 돌입하는 것을 의무조항으로 확정했다.[22] 이 의무조항에 따라 1945년 8월 8일 소련은 대일 전쟁에 돌입했다.

연합국 회담에서 한반도 문제가 다뤄졌고 특히 포츠담회담에서는 연합국 군대의 한반도 공동 점령에 관한 합의가 이뤄졌지만, 최종 문서에서 회담 당사자들은 한반도의 미래를 두고 어떤 의무조항도 명시하지 않았다. 소련이 일본과 전쟁에 돌입한 이후 군사 행동 범위의 한계 설정과 관련한 문제들이 해당 군사 기관 차원에서 합의되었고 각자 책임질 지역도 지정되었다. 예컨대, 1945년 중반에 미군은 한반도에서 상당히 떨어진 곳에서 작전을 수행하고 있어서 미군의 한반도 상륙 가능성은 크지 않아 보였다. 붉은군대가 훨씬 더 빠르게 한반도 국경선까지 도달할 수 있다는 것이 분명했으며, 일본 관동군 섬멸을 위한 기본적인 군사 행동이 만주에서 펼쳐질 것으로 예정되어 있었어도 이 군사작전은 중요한 일본군 거점을 파괴하고 보급선을 차단하는 등의 목적으로 소련군 부대의 한반도 항구 상륙을 포함하고 있었다.

많은 역사학자의 견해에 따르면, 대략 이 시점에 소련이 동북아 지역과 특히 한반도를 두고 원대한 계획을 수립해 놓았을지 모른다는 우려가 미국 지도부에서 나오기 시작했다.[23] 이런 우려는 소련이 일본과 전쟁에 돌입하고 곧이어 일본이 패배하고 항복하고 나자 점점 더 커져만 갔다. 그리고 소련군이 한반도 부근에서 전투를 벌이자 이제 미국은 38선을 따라 분계선을 긋고 한반도를 공동 점령하자는 계획을 마련하여 소련 지도부에 제시했다.

미국은 1945년 말쯤에야 전쟁을 끝낼 계획이었는데, 사태가 아주 빠르게 전개되면서 한반도의 미래 등 여러 가지 공동 결정을 신속하게 입안해야 할 필요가 있었다. 미군 지휘부는 스탈린과 루스벨트의 잠정 합의('일반 명령 제1호')에 기초하여 일본군 항복 접수를 위한 한반도 공동 점령 계획안을 마련했다. 이 문서는 그에 대해 어떤 반박도 표출하지 않은 소련과 중국 지도부(장제스 정부)를 겨냥한 것이었다.[24] 1945년 8월 16일에는 스탈린이 일본군 항복의 세부 사항 문제에 관한 트루먼 대통령의 '일반 명령 제1호'를 승인했다. 이 문서는 일본군 항복 접수 시 38선을 기준으로 한 미국과 소련의 책임 지역 분할을 이미 언급하고 있었다.[25]

소련이 '일반 명령 제1호'에 동의했기 때문에, 비록 개별 부대들이 이미 분계선 너머로 더 나아갔을지라도, 소련군은 38선을 넘어가지 말고 이북 지역에 머물러 있어야 한다는 지시가 내려왔다. 나는 다행히도 당시 작전에 직접 참여했던 사람이 그때 사건에 관해 들려준 이야기를 개인적 대담에서 들을 수 있었다. 이 사람은 러시아 과학아카데미 동방학연구소 연구원으로 제2차 세계대전 참전용사이며 소련 시대와 그 이후 러시아의 유명한 동방학 연구자이자 인문학자, 아랍 연구자인 블라디미르 샤갈(1925~2015)이었다. 그의 소속 부대는 38선까지 진출했는데, 이때 상공의 항공기에서 전진을 중단하고 멈추라는 지휘부의 명령이 담긴 전단을 뿌렸다고 한다. 나중에 샤갈의 회고담은 러시아 과학아카데미 동방학연구소에서 제2차 세계대전 참전용사들로 이뤄진 연구원들의 인터뷰와 사진, 이야기들을 모아서 출판한 『전쟁과 기억』(모스크바, 2019) 속에 수록되었다.[26]

역사학자들은 미군이 한반도에 아직 진입하지도 않았고 일본군이 소련군과 전투를 계속하고 있었는데도 왜 한반도 남쪽 절반을 미국인들에게 넘겨주기로 결정됐느냐는 질문에 대한 답변을 내놓지 않았다.[27] 소련 지도부가 일본군 항복의 공동 접수를 위한 연합국 군대의 분할 배치를 그 시점에 필요한 임시 조치일 뿐인 것으로 생각하여 그에 대해 특별한 의미를 부여하지 않았다는 것이 가장 그럴듯한 답변이다. 한반도 분단은 바로 이런 식으로 시작되었다.[28]

미 · 소 공동 점령과 신탁통치

1945~48년에 일어난 사건들은 수십 년에 걸친 일본 식민 지배에서 해방된 한국 사회의 지배적인 대외정치 양상인 동시에 국내 갈등 상황이기도 한 한반도 분단 발생의 초기 과정을 이해하는 데서 굉장히 중요하다. 한반도의 내분 심화에서 가장 중요한 요인은 1945년 12월 소련과 미국, 영국 외무부 장관이 모인 회담에서 채택된 연합국의 한반도 신탁통치 시행 결의안이었다. 전후 한반도 미래의 문제는 미국과 영국, 중국의 참여로 열린 1943년 카이로회담에서 처음 논의됐다. 회담 참여국들은 해방 직후 한반도에 독립을 부여할 생각이 없었으며, 그 시점에 최대 식민지 본국 가운데 하나였던 영국이 다른 아시아 국가들에서 반식민주의 분위기가 고조될 것을 우려하여 한반도 독립을 반대했다는 점이 특기할 만하다.[29] 그러나 소련과 미국의 대외정책 노선은 옛 식민주의 제국들을 해체하고 과거 식민지들과 종속 지역들에 완전한 독립을 보장해주려고 했다는 점에서 서로 일치했다.

"전쟁 중 소·미 연합과 1945년 봄에 루스벨트 대통령이 사망할 때까지 그와 스탈린 사이에서 이어진 우호 관계 덕분에 미국에서 소련의 이미지가 긍정적이었고" 더 나아가 비록 이해관계가 자주 충돌했을지라도 일정한 협력 정신과 난제 해결을 위한 타협 달성 노력이 엿보였다는 사실에 소련 역사학계는 대체로 관심을 기울이지 않았다.[30] 그러나 루스벨트 대통령이 사망한 이후 집권한 해리 트루먼은 대통령이 되기도 전에 소련을 상당히 부정적으로 바라봤고, 오늘날 냉전으로 불리는 미국의 러시아 외교 정책은 바로 트루먼 집권기에 결정적으로 확립되었다.

한반도 임시 신탁통치 구상은 수십 년에 걸친 일본 식민 지배 이후 한민족이 새로운 독립 국가를 건설하도록 도와줄 필요가 있다고 판단한 루스벨트 대통령의 제안으로 나왔다. 많은 세월 동안 한민족은 자치 참여 권리를 박탈당했기 때문에 대중적인 자기 조직화 경험을 갖지도 잃지도 않았으며 국가 수립에 필요한 사회·정치 구조와 정당, 정부, 헌법, 입법·사법 기관 등이 없었다. 이런 상황을 고려하여 일정한 준비 기간에 한반도에서 신생 독립 국가 수립을 도와주기 위해 몇 개국(미국, 소련, 영국, 중국)이 신탁통치 또는 '보호제도'를 도입하기로 했다.

1945년 2월 얄타회담 당시 루스벨트 대통령이 이 구상을 스탈린에게 말하자 스탈린은 신탁통치가 보호령 형태를 띠지 않아야 한다는 조건 아래 동의했다. 루스벨트는 "소련 지도자가 신탁통치 기간을 최소한으로 줄일 것을 제안하자, 한국인들은 20~30년간 국정 운영 도움이 필요하다"[31] 라고 밝혔다. 그런 뒤에 영국은 전후 경제 문제로, 중국은 정치 위기로 말미암아 한국 문제 해결에 사실상 참여하지 않았다. 1945년 7월 포츠담회담에서 스탈린은 신탁통치에 관해 루스벨트와 맺은 구두 약속을 준수하겠다고 미국 신임 대통령 트루먼에게 확인해주었다. 그러나 당시 구두 약속의 세부 사항은 합의되지 않았다.

한반도 미래 문제에 관한 소련의 입장은 미국과 소련, 영국 외무부 장관의 런던회담(1945년 9월 11일~10월 2일)에서 사전에 제시되었다. 모스크바는 38선을 분계선으로 삼아 최대 2년간 한반도를 공동 점령하고 이 시간이 만료되고 나서 소련군과 미군이 동시에 철수한다는 구상을 준수한다고 재확인했다. 또한, 소련은 4대 열강의 한반도 신탁통치에 관한 이전 합의안도 확증해주었다. 이 합의안에는 다음과 같이 쓰여 있다. "한반도 신탁통치 목적은 국제연합(UN, 유엔) 제77조 1.B항에 의거해서 한민족이 정치적, 경제적, 사회적으로 재기할 수 있도록 도모하고 한민족이 독립으로 가는 길에서 진보적으로 발전하도록 도와줘야 하는 것이어야 한다."[32]

1945년 12월 16~25일에는 모스크바에서 소련과 미국, 영국 외무부 장관이 참여하는 회의가 열렸다. 이 회의에서 한반도 문제도 논의했는데, 예정된 신탁통치 조건들이 이때 구체적으로 마련되었다.

모스크바 삼상회의 결의안은 다음과 같이 4개 항으로 이뤄져 있다.

1. 한반도에서 민주주의 원칙에 입각한 독립 국가를 복원시킬 목적으로 임시민주정부를 수립한다.
2. 임시정부 수립을 도모하고 그에 관한 예비 조치를 마련하기 위해 남쪽의 미군 지휘부 대표와 북쪽의 소련군 지휘부 대표로 이뤄진 공동위원회를 설립한다. 위원회는 제안 사항 마련 시 한반도의 민주 정당·사회단체들과 협의해야 한다.
3. 임시민주정부가 참여하고 민주 단체들이 포함되는 공동위원회에서 한민족의 정치적, 경제적, 사회적 진보를 (신탁통치가) 지원하고 촉진하도록 하는 대책을 마련한다.

4. 긴급 현안을 논의하려면 미군과 소련군 지휘부 대표로 이뤄진 회의를 2주 안에 소집해야 한다.[33]

사실, 본질은 소·미 군사위원회 형성에 있었다. 군사위원회는 "민주 정당들과 사회단체들과 협의하여"[34] 임시정부 수립을 도모해야만 했고, 나중에 가서는 임시정부와 함께 신탁통치 안에서 구체적인 조치를 마련해야만 됐다.

위원회는 소련과 미국의 입장에서 꾸준히 고조된 갈등과 이견으로 말미암아 통일 정부 수립에 필요한 공통 원칙들조차도 마련할 수 없었다. 위원회 활동이 사실상 아무 성과도 내지 못하자, 미국 측은 유엔 총회로 가서 문제 해결을 논의하자고 제안했다. 소련의 입장은 한반도 문제 해결이 전후 세계 질서를 두고 승전국들이 도달한 합의 사항의 일부이지 유엔의 권한은 아니라는 것이었다. 이와 함께 소련은 유엔 회원국들이 제2차 세계대전 과정에서 적국들을 상대로 얻어낸 합의안의 법적 효력을 유엔이 무효화할 수 없다고 기술하고 있는 유엔 헌장 제107조를 인용하기도 했다.[35]

소·미 관계가 냉각되고 냉전이 차츰 고조되자, 남쪽에서는 우익 정당과 세력들, 그중에서도 특히 이승만이 곧바로 이 기회를 잡았다. 투철한 반공주의자인 이승만은 1946년 여름에 공개적으로 밝힌 바 있는 남한 단독 정부 수립을 곧바로 찬성하고 나섰다.[36]

비슷한 상황이 북한에서도 벌어졌다. 북쪽에서는 공산주의 사상 지지자 숫자가 한반도에서 소련이 보여준 권위와 소련의 행동에 대한 지지 덕분에 꾸준하게 증가하고 있었고 북쪽 상황의 통제는 소련군 지휘부가 얼마 전 북한 대중에 소개한 젊은 김일성이 사실상 좌지우지했다.

한반도 분단은 1947년부터 분명해졌다. 소·미 대결이 고조되고 국내 정치 투쟁이 격화하면서 상황은 분열을 향해, 다시 말해 '두 개의 권력' 수립을 향해 급진전되고 있었다.

한반도 신탁통치 시행 문제는 소련 한국학 연구자들의 저술에서 꽤 폭넓게 조명되었다. 그러나 나중에 해당 주제를 다룬 몇몇 연구의 저자들이 직접 인정했듯이 그러한 조명은 바로 이념적 지향성 때문에 한쪽으로 너무 치우쳐 있었다. 소련 시절 유명한 러시아 한국학 연구자인 유리 바닌의 표현에 따르면, 많은 "주제가 전반적으로 소련 학자들에게 '닫혀' 있었다."[37]

1945년 말, 35년에 걸친 일제 식민 지배에서 막 해방된 한반도 현실에서 다른 국가들에 의한 신탁통치(일부 경우에 이 용어는 한국어로 잘못 번역되어서 1905년 을사늑약 당시 일본의 '보호국' 같은 말처럼 들렸다) 시행 뉴스는 대다수 주민에게 매우 조심스럽게, 대체로 부정적으로 받아들여졌다. 이런 가운데 소련 역사학계는 소련 정치 지도부의 의중에 맞춰 당시 사건들을 조명했다. 1974년에 출판되어 소련의 한국학 연구에서 한국사 고전으로 통하는 두 권짜리 저작은 신탁통치 시행 소식을 다음과 같이 기술하고 있다. "한민족은 모스크바에서 열린 한반도 관련 회의 결정을 환영하며 희망을 품고 지지를 표했다. 여러 도시와 농촌에서 수많은 사람이 모여 집회를 열고 이번 결정에 지지를 보냈다. 남북한의 민주 정당과 사회단체들도 모스크바 삼상회의에 지지 성명을 발표했다."[38] 몇 년 전 출판된 한국 관련 도서도 한반도 문제에 대한 모호한 결정이 어떻게 받아들였는지를 다음과 같이 묘사하고 있다. "소련의 계획과 부합하여 채택된 모스크바 삼상회의의 결정은 민주적 독립 국가 수립으로 가는 실질적인 길을 열었고 이에 대해 한민족도 큰 만족감을 드러냈다."[39]

당시 사건들을 되돌아본 책에서 샵시나는 그때 상황을 다음과 같이 묘사했다. "1945년 12월 28일 한국의 주요 신문들이 모두 모스크바 삼상회의 결정을 보도했다. 나는 지금 서울에서 이 소식을 어떻게 받아들였는지를 기억 속에서 끄집어내어 더 정확하게 재현하고자 한다. 처음에는 대중의 환희가 있었다. 그런 다음에 갑자기 먹구름이 짙어졌다. '새로운 예속'에 관한 불길한 소문들이 여기저기 문틈에서 새어 나오고 뒷골목에서 들려오기 시작했다. 라디오에서는 '신탁통치'라는 말이 '보호국화'라는 뜻으로 보도되기 시작했다. 우익 이념 기계의 수많은 장치가 작동을 개시했다. 12월 29일 이른바 신탁통치 반대 국민위원회가 결성되었다. 위원회는 곧바로 모스크바 삼상회의 결정에 반대하는 투쟁을 위해 수많은 단체를 규합하는 활동을 격렬하게 펼쳤다. 이와 동시에 '대중 시위'를 주도하기 시작했다."[40]

실제로, 1945년 12월에 열린 모스크바 삼상회의의 한반도 신탁통치 결정은 한반도에서 매우 엇갈리는 반응을 일으켰다. 신탁통치를 둘러싼 주요 정치 세력들의 대조적인 태도는 정치 세력 내부의 심각한 위기와 더 나아가서는 국가 내분으로 이어졌다. 한반도 남북 양쪽에서 좌익도 우익도 처음에는 신탁통치를 반대했다. 그러나 나중에 북쪽의 공산주의자들은 모스크바 삼상회의의 결정을 지지하는 성명을 발표했고 남쪽의 좌익들도 이에 합류했다. 부르주아 민주주의 체제를 수립하고 조만식이 있는 민족주의 진영 등 모든 정치 세력과 협력한다는 북한 진주 소련군의 초기 전략에도 불구하고 신탁통치 결정은 우익 세력과의 협력에 종지부를 찍었고 김일성이 이끄는 공산주의자들의 전면 부상으로 이어졌다. 이런 식으로 북쪽의 공산주의자들과 소련군 지도부는 단일 전선을 형성하고 신탁통치를 지지했다. 남쪽에서는 신탁통치 구상을 잔뜩 경계하는 일반 대중의 태도를 등에 업고 이 구상을 지지하는 좌익 세력을 심하게 비판했고 소련과 미국에 한반도 독립을 즉각 보장하라고 촉구했다. 중도파(여운형, 김규식)가 좌익과 우익 세력을 중재하려고 시도했으나 실패하고 오히려 좌우 양측에서 공격을 받았다.[41] 신탁통치 구상을 적극적으로 추진했고 이 구상의 실현을 반대한 시도를 억누른 소련의 정책도 부정적인 역할을 했다. 한편 신탁통치안을 입안했던 미국은 모스크바 삼상회의 결정을 반대한 사람들에게 더 유연한 입장을 보였다. 이런 식으로 신탁통치 시행 구상에 따라 한반도는 38선 이남과 이북 두 진영으로 결정적으로 분할됐다.

두 권짜리 『한국사』 저자 중 한 명인 유리 바닌이 나중에 모스크바 삼상회의 결정을 다르게 평가한 것은 주목할 만하다. 그는 모스크바 회의 결정에 대해 '심각한 오류'라고 말하면서 이 결정이 복잡한 역사적 시점에 한반도를 둘로 쪼개놓은 요인 가운데 하나였다고 직접 주장했다. "소련과 미국이 주관적으로는 한반도 해방 이후 한민족에게 해를 끼치려고는 하지 않았지만, 이들의 사려 깊지 않은 행동은 단일 국가를 둘로 쪼개놓는 해를 입혔다."[42]

소련과 미국의 관계가 급격히 악화하고 냉전이 차츰 고조되는 상황에서 정반대의 정치적, 사회·경제적 발전 노선을 지향하는 두 적대 국가가 한반도 단일 정부 수립을 도모한다는 구상은 긍정적인 성과를 거의 기대할 수 없었다. 한반도 신탁통치 시행안은 국내 사회정치 세력 사이에 심각한 분열만 심화시킬 뿐이었다. 단일 국가의 미래를 결정해야 할 단계에 국외 행위자들도 국내 정치 세력들도 점점 더 고조되는 갈등 속에 빠지자 협상의 여지가 사라지면서 분단 상황으로 가는 사태 전개가 불가피해졌다.

38선 이남

한반도 분단을 낳은 대내외 원인에 관한 러시아 역사학의 입장은 앞서 언급한 '폐쇄된' 저술을 제외하면 대체로 소련 시절 전체에 걸쳐 중대한 변화를 보이지 않았다. 그런 저술은 북한의 한반도 통일 정책에 대한 비판도 담고 있었고 "그 문제들(몇몇 역사 문제)은 간섭을 불허하는 조선로동당의 배타적 권한에 포함된다는 엄격한 방침을"[43] 따르지도 않았다.

이런 점에서 볼 때 1945~48년 시기를 다룬 러시아 역사학자들의 최신 저술이 매우 흥미롭다. 이들의 저술은 해당 시기의 한반도와 그 주변에서 벌어진 국내외 정치 사건 중에서 이전에 알려지지 않았거나 특별히 강조되지 않았던 양상들을 다각적으로 조명하고 있다.

2015년과 2016년 러시아 과학아카데미 동방학연구소에서는 한반도에서 두 국가가 출현하기 전에 양쪽에서 벌어진 사건들을 다룬 두 권의 책이 출판되었다. 이들은 해당 주제를 다룬 선행 연구를 보충해주고 이전에 접근할 수 없었던 문서고 사료 등 새로운 자료를 토대로 한반도 분열 문제를 내부에서 바라볼 수 있게 해준다.

해당 시기의 남한 정치사를 고찰하는 첫 번째 저작은 『1945~48년 남한 정치사』(모스크바, 2015)로 동방학연구소 한국·몽골과 연구원인 나탈리야 김이 준비하여 출판했다. 이 책은 남한의 국내 정치사를 다루고 있기는 해도 한반도 내분 과정과 통일 방안 탐색을 뒷받침해주는 실증 자료와 확실한 사례들을 많이 포함하고 있다. 해방된 한반도의 미래 체제에 대한 '3개국'(소련, 미국, 영국)의 예비 구상안에 담긴 몇몇 양상, 한반도 신탁통치 문제, 한반도의 국가 체제 복원을 둘러싼 소·미 양측의 상호관계와 한반도 분할선 등장, 한반도 남북 지역의 전통적 경제 관계 단절에 관련된 최초의 난관 발생 등의 문제들도 이 책에서 다루고 있다.

이 책은 남한 경제 모델의 형성과 그에 따른 사회경제 체제의 수립, 이 과정에서 미군정의 정책이 담당한 역할을 둘러싼 역사를 살펴본다는 점에서 매우 흥미롭다. 또한, 이 책은 1940년대 후반 남한에서 일어난 사건들의 분석을 통해 미국과 소련이 각각 남한과 북한에서 보여준 대외정책 노선상 접근방식의 차이점들이 존재했다는 주장을 뒷받침해주고 있어 더욱더 중요하다. 그러한 주장은 소련 역사학계에서도 나온 바 있다.

이 책의 저자는 불가피했던 한반도 분단에서는 외부 영향 외에도 앞서 이미 언급한 것처럼 한반도 내부 요인도 중요한 역할을 담당했다는 결론에 도달하고 있다. 1940년대 후반 남한의 역사를 고찰하면서 저자는 남한의 서로 다른 정치 조직들이 권력과 영향력 쟁취 투쟁 과정에서 부도덕하고 때로는 폭력적인 수단에 다양하게 의지했음을 보여주는 무수한 사례를 인용한다. 책 서두에서 저자는 "남한에서 미국이 행사한 상당한 영향을 인정하면서도 우리는 그런 영향이 독립한 한반도의 정치적 미래 결정에서 매우 중요했다는 점을 잘 믿으려 하지 않는다고 지적한다."[44] 한국의 사회적 갈등은 한반도를 정면으로 대치하는 두 부분으로 나눠놓은 두 개의 적대적 발전 모델 사이에서 고조된 대립에 의해서 더 깊어졌다.

이러한 결론은 한반도 분열이 전적으로 외부 행위자들인 미국과 소련 간 대결의 결과였다는 수많은 주장을 고려하면 특히 중요하다.

해방 무렵 한반도에는 좌우익에 걸쳐 다양한 사회정치 운동의 지지자들과 공산주의와 민족주의자들, 여러 종파와 종교 운동의 수많은 추종자가 이미 존재하고 있었다. 물론, 이들 대다수는 일본 식민 지배 타도와 독립 쟁취라는 공통의 목표가 있었다. 정반대의 사회·정치 세력들이 해방 이후 소련과 미국 당국 주위로 결집했고 그래서 두 나라 당국이 아주 다양한 문제에 걸쳐 좌익이든 우익이든 성향이 가까운 세력과 협력하는 일이 꽤 수월했던 것도 매우 자연스러운 현상이었다. 앞으로 38선 양쪽에서 일어날 사건들은 이 한 가지 상황만으로도 이미 상당 부분 결정되었다. 1946년 초엽에는 남북한에서 정반대의 이념 성향과 국가·경제 전략을 추구하는 매우 다른 정치 세력들이 전면에 부상했다.

앞서 이미 지적했듯이, 미국은 한반도 남쪽에 자국 군대를 상륙시킨 직후에 북쪽에서 소련군이 시행하는 정책과 근본적으로 다른 정책 실행에 착수했다. 일본의 모든 재산은 나중에 가서 처분할 때까지 미군 지휘부 관할권으로 들어갔으며, 미군정의 권력이 완전히 이양될 때까지 국내 질서 유지를 위해 많은 일본인과 한국인 협력자를 포함한 일본 식민 통치 기구 전체가 사실상 그대로 유지되었고, 현지 자치 조직들은 불법으로 선포되어 해산되었다. 점령 세력에 대한 저항이나 공공질서와 안정을 해칠 수 있는 어떤 행동도 엄격하게 처벌되었다.[45]

특히 북쪽의 소련군 행동에 관한 정보가 남쪽으로 조금씩 침투해 들어오자 많은 한국인 사이에서 미군정의 정책을 새로운 식민주의 팽창 정책으로 받아들였다는 것은 전혀 놀랍지 않다. 이를 뒷받침해주는 증거는 특히 앞서 살펴본 샤브시나의 저술을 포함한 해당 시기에 관한 연구자료에서 많이 찾아볼 수 있다.

나탈리야 김은 미국인들이 처음에 잘 알지 못하는 점령지에서 관리 체계를 확립하는 일을 제대로 하지 못해서 북쪽에서 소련군 지휘부가 거둔 성공이 지침으로 활용됐다고 지적한다. "미국인들은 남한에서 자신들의 관리 정책을 연구하거나 정정하면서 자꾸만 북쪽을 넘겨다보곤 했다. 소련은 미국의 남한 정책을 직접 간섭하지는 않았지만, 미군정의 국내 정책에서 구체적인 행보의 결정에 간접적으로나마 자주 영향을 미쳤다. 미국은 1946년 북한의 과도인민위원회가 가지고 있던 의미를 장래 남한과

도정부 수립에서 중요하게 고려하지 않을 수 없었다. 그래서 미국은 서둘러서 민주의원을 설립했다. 그러나 결과는 실패였다. 민주의원은 정치적 관점에서 대표성을 띠는 권력기관이 전혀 아니었고 북한의 과도인민위원회가 가지고 있던 의미와 비교될 수도 없었기 때문이다. 북한에서 러시아인들이 했던 것과 비슷한 남한 내 관리 체계의 현지화 필요성을 절감한 미국 국무부는 입법 기구 설립 구상을 지지했다."[46]

이와 함께 남한의 경제 활동을 개시하는 데서도 유사한 조치가 실행되었다. 그러나 어떤 정치체제에도 토대를 이루는 경제는 완전히는 아니더라도 상당 부분 상부구조를 결정짓는다. 나탈리야 김은 미군정에 가깝고 그들의 지원을 받는 정당과 사회단체들의 사회적 토대와 내적 기반의 문제도 고찰하고 있다.

미군정은 과거 일본인들의 재산과 더 중요하게는 국가 체제 수립과 향후 경제 기능 작동에서 중대한 의미가 있는 주요 생산 수단들을 어떻게 처리해야 할지 오랫동안 결정하지 못했다. 나탈리야 김의 견해에 따르면, 미국의 우유부단함은 재산권을 나중에 한반도 단일 정부에 이양하고자 한다는 의향에서 잘 나타났다. 하지만 시간이 흘러가면서, 또 북한에서는 일본인 재산 전체를 비교적 신속하게 국유화하기로 하자 남쪽에서 이 문제의 결정을 연기하는 것은 점점 더 어려워졌다. 과거 일본 재산, 특히 일본인 치하에서 한국인들이 획득한 재산을 둘러싼 불확실한 상황은 남한 주민 사이에서 깊은 불만을 샀다.

결국 매각 형태로 이뤄져 소수의 대지주 등장으로 이어진 농지개혁 문제 해결은 훨씬 더 많은 시간이 걸렸다. 해당 문제를 관리하는 미국 국무부와 마찬가지로 미군정 지도부도 분명한 정치적 판단에 따라 토지가 농민 소유로 이양된 북한 모델로는 토지개혁을 실행할 수 없었다.

남한에서 경제 구조를 둘러싼 매우 시급하고 중차대한 문제들이 해결되지 못하고 계속 지연되자 주민들의 불만이 속출했으며 북한의 긍정적 사례를 지적하는 현지 공산주의자들의 입지가 강화되었다. 1947년과 1948년에 이러한 불만은 남부지방과 제주도에서 수많은 대규모 민중 집회가 열리는 계기가 되었다.[47]

이런 식으로 남한에서 상이한 사회경제 관계 모델의 토대를 놓으면서 미군정은 사실상 그에 상응하는 국가·정치체제 형태와 상이한 사회 계급 구조를 만들어냈고 이는 한반도의 두 부분이 단일 경제 공간으로 통합되는 것을 어렵게 했다.

아래에서 확실하게 알 수 있듯이, 소련군 지휘부는 경제 조직과 새로운 관리 체계 수립을 둘러싼 문제들을 훨씬 더 신속하고 효과적으로 해결하여 현지 주민의 열망에 상당히 부응했다. 그러나 남과 북에서 완전히 다른 두 가지 경제 모델의 이식은 결국 서로 다른 정치체제와 미래 국가 조직의 형성으로 이어졌다.

제목에서 드러나듯이, 한국 정치사에 관한 나탈리야 김의 책은 어쩌면 한반도 남쪽에서 정치체제와 사회관계 형성과 다양한 세력 간 내부 정치 투쟁을 둘러싼 현실을 조명한 최신 저술이라는 점이 가장 큰 장점일 것이다. 이 책에서 저자는 1945년에서 1948년까지 기간에 있었던 한반도의 내부 분열 과정과 내적 통합 달성 방안을 둘러싼 필사적인 탐색 노력을 분명하고 면밀하게 추적하고 있다. 이와 동시에 이 책은 북한 경제 모델과 다른 경제 모델 형성과 이에 상응하는 사회·정치체제 형성을 둘러싼 역사의 관점에서도 흥미롭다. 이 과정은 미군정의 정책으로 개시됐지만, 이후 주도권은 차츰 한국인 자신들에게 넘어갔다. "남한에서 미국의 영향력이 상당했음을 인정하면서도 우리는 그런 영향력이 독립한 한반도의 정치적 미래 결정을 완전히 좌우했다는 것을 믿으려 들지 않는다"[48]라고 저자는 말한다.

나탈리야 김의 책은 미군정의 정책이 한국인들 사이에서 대중적 열광을 불러일으키지 못했고 무언의 반대나 심지어 노골적인 저항을 점점 더 자주 맞닥뜨리곤 했다는 사실을 보여준다. 그러나 소·미 대립 심화와 냉전 고조 상황에서 북한의 신속한 '소비에트화'가 이뤄짐에 따라 한반도에서 미국인들의 행동은 다른 성격과 방향을 띠었다. 나탈리야 김은 민군정의 행동이 수많은 주민의 이해관계에 역행했음을 보여주는 다수의 사례를 보여준다. 예를 들면, "정치적 차원보다는 사회경제적 차원을 띠었던 국민 내부의 대립에 담긴 특징들을 의식하지 못한 채 미국인들은 국민 요구에 정확히 부응하며 대중의 사회적 저항을 줄였을 수도 있는 정책을 남한에서 시행하지 못했다."[49] 미국은 한반도 독립 민주국가의 수립 촉진보다는 다른 이해관계를 추구했음이 분명하다. 북한의 상황은 완전히 달랐다. 이곳에서 소련군 지휘부는 주민들의 상당한 지지를 받는 가운데 제일 순위의 임무를 수행했다(이에 관한 내용은 아래에서 자세히 다룬다).

1940년대 후반에 일어난 한반도 분단에서 강대국들의 행동이 담당한 역할을 규정하면서 나탈리야 김은 결론적으로 소련도 미국도 남북한 각자의 국가 체제 형성에 비슷하게 영향을 미쳤다고 쓰고 있다. 정반대되는 적대적인 사회 발전 모델을 제시한 미국과 소련은 "자국의 점령 정책을 통해 서로 다른 정치 집단 사이의 투쟁 전개에 어떻게든 직접적으로 영향을 미쳤다."[50] 이러한 결론은 한반도가 일본 식민 지배로부터 해방되는 데 어쨌든 상당히 이바지한 소련과 미국이 일반인들 사이에서 커다란 권위를 발휘했고 그들에게 강력한 선진 독립국의 사례를 보여줬다는 의미에서 분명히 온당하다. 그러나 소련과 미국 군정의 행동이 남북한 주민들의 이해관계에 직접 부응했다는 점과 관련해서, 또 해방 이후 한반도에서 짧은 기간의 상호관계 속에 나타난 미국과 소련의 전략적 과제들과 관련해서는 저자의 결론은 논란의 여지가 있다.

38선 이북

우리의 연구에서 의심의 여지 없이 흥미로운 또 하나의 저술은 러시아 과학아카데미 동방학연구소에서 출판한 유리 바닌의 책『소련과 북한, 1945~48년』이다. 이 책은 이전에 접근할 수 없었던 새로운 문서고 자료를 토대로 하여, 해방 시점부터 조선민주주의인민공화국으로 선포되기 직전까지 소련군의 직접 통제 아래 놓인 한반도 북쪽에서 일어난 사건들의 발전 역사를 거의 최초로 자세히 서술하고 있다.

바닌은 생애 말년에도 활발하게 연구하면서 한반도 분단 발생과 배경, 심화에 관한 어려운 주제를 재평가하는 작업에 착수했다. 그의 견해에 따르면, "한반도 분단의 기저에는 소·미 대립 격화가 자리 잡고 있었다. 그러나 이것을 모든 문제의 원인으로 돌리고… 한반도 분단의 역사적 책임으로부터 현지 정치 세력들을 분리하는 것은 옳지 않다."[51]

한반도 분단의 내부 원인 분석에 관한 논문에서 바닌은 이렇게 쓰고 있다. "1945년 이후 한반도에서 무슨 일이 일어났는지를 더 잘 이해하려면, 한반도 내부의 전통적인 정치 문화에 나타난 몇 가지 특성을 기억해 보면 좋을 것이다. 그중 한 가지는 지도자들과 그 주변 사람들이 민족 공통의 목표를 위해 개인적, 파벌적, 집단적, 지역적 이해관계를 뛰어넘어 더 멀리 나아갈 수 있는 능력과 의지가 없었으며 이로 인해 정치 세력들이 분열하고 끊임없이 싸우면서 매우 심각한 결과를 낳았다는 것이다. 먼 과거에도 그랬고 1945년 이후에도 그랬다."[52]

바닌은 분파주의와 내분을 극복하지 못한 엘리트들의 무능력이 외부 위협을 직면했을 때 사회적 동원을 촉진하지 못하고 필요한 단결에 걸림돌이 되면서 결국 슬픈 결과를 맞았던 한국사의 다른 역사 과정들과 1945년 이후 상황을 비교한다. 바닌의 견해에 따르면, 예를 들면, 19세기 후반도 그런 과정이었다. 당시 급변하는 대외 정세는 사회와 국가의 내적 변화를 위해 단호한 행동을 요구했다. 그러나 당국은 위협을 정확히 인식하고 이러한 도전에 대응하는 단일한 접근법을 마련해야 했지만, 그렇게 하지 못하고 결국 식민 지배 아래 놓이게 되었다. 많은 점에서 볼 때 이런 결과는 사회 분열에서 기인했다. 당시 사회 일각에서는 시대의 흐름에 부응하여 개혁을 요구했지만, 다른 일각에는 전통적으로 보수적인 태도를 고집했고 외부세계에 등을 돌리는 '쇄국'을 촉구했다.

나와 개인적으로 나눈 대화에서 바닌은 1940년대 중반 상황에서도 대외 상황은 한반도 사회 내부의 오래된 모순을 악화시키기만 했을 뿐이었고 새로운 시대 정신으로 새로운 내용을 한반도 사회에 채워 넣었다고 여러 차례 주장했다.

바닌의 책은 북한 정부 수립 직전까지 소련 점령군의 영향 아래 있었던 38선 이북 지역과 소련의 상호관계 문제에 초점을 맞추고 있다. 러시아 한국학 연구에서 이 시기는 많이 조명되지 못했으며 주로 조선민주주의인민공화국 선포 이후 시기의 소련-북한 협력이 연구되었다. 따라서 바닌의 저서는 무엇보다도 전환기 북쪽 지역 내부의 정치적, 경제적 삶과 권력 기관들의 형성, 주민들의 자치 과정 참여를 둘러싼 다양한 양상과 함께 최초의 인민 위원회 등장 등을 다루고 있다는 점에서 가치가 있다.

이 책은 러시아 한국학 연구에서 이전에 다루지 않았거나 많이 조명되지 못한 문제들을 자세히 고찰하고 있다. 예를 들면, 한반도 북쪽에서 가동된 소련 통치 기관들의 체계, 이들과 현지에서 자생적으로 생겨난 민중 권력기관 사이의 상호작용, 소련군 진주와 관련한 다양한 문제, 소련의 일본 노획 재산 처리 등이 그런 문제들에 포함되었다.[53] 바닌의 연구는 이전에 접근할 수 없었던 폭넓은 문서고 자료를 바탕으로 하고 있고 식민지 시대 이후 북한 경제 복구와 현지 국가 권력기관 형성, 심지어는 문화·예술 발전 문제들에서까지 소련이 담당한 역할에 관한 역사적 지식 창고를 보강해준다.

앞서 지적했듯이, 소련 정책은 남쪽에서 미군정이 시행했던 정책과 근본적으로 달랐으며, 소련 연구자들의 견해에 따르면 소련은 북쪽 주민들의 독자적인 자체 국가 형성 과정에 아주 크게 이바지했다. 소련 붉은 군대에 의해 해방된 나라들에서 마치 강제적으로 '소비에트화'가 이뤄졌다거나 소비에트 체제가 이식됐다고 하는 주장을 아주 다양한 지면에서, 이따금 학술연구에서도 꽤 자주 접할 수 있다. 이런 점에서 바닌의 책에 실린 1945년 9월 20일 자 붉은군대 최고사령부 지령문은 시사하는 바가 매우 크다. 북한 지역에서 소련의 정책을 규정한 이 문서의 첫 대목은 해방된 지역에서 "소비에트 권력기관을 수립하지 말고 소비에트 질서를 도입하지 않도록" 지시하고 있다. 게다가, 이 지령문은 "한반도 북쪽에서 반일 민주 정당과 단체들의 폭넓은 진영을 기반으로 한 부르주아 민주주의 권력을 수립하는 데 이바지한다"[54]라고 직접 가리키고 있다. 바닌은 더 나아가 기존 자료와 문서고 자료를 토대로 이 지령문이 실제로 어떻게 실행에 옮겨졌는지, 또 일본 식민지 구조 철폐 이후 북쪽 지역 곳곳에 등장한 자치 기관들의 생성과 활동에 소련군(사실상 해방 당시 유일한 권력이었다)이 어떻게 이바지했는지를 보여주고 있다.

요컨대, 소련 군정이 채택한 조치들은 다음과 같은 결과로 이어졌다. 일본 식민지 권력의 축출 이후 모든 일본 재산은 한반도에 잔류하지 않는다고 선포한 소련 군정의 관할권에 놓였기 때문에 이 모든 재산을 조선인들에게 이양해주기 위한 국가기구들의 설립이 무엇보다도 필요했다. 소련군이 북쪽 지역에 주둔하기 시작할 때부터 제25군 지휘부 아래 산업과 교통, 토지와 임야, 재정, 통신, 무역 등을 관장하는 부서들이 설립되었다. 주목할 만한 점은 북한 사람들이 각 부서장을 맡았고 여기에 소련 고문관들이 배치되었다는 것이다. 이후 1946년 초에는 현지 인민 위원회 대표들이 참여한 가운데 북조선임시인민위원회가 수립되었고 같은 해 가을 무렵에는 소련군 지휘부가 모든 산업 기업, 은행, 수력발전소, 과거 일본인 소유였던 기타 시설물을 이 위원회 관할로 이양했다.

나중에는 모든 입법안이 임시위원회에서, 다시 말해 북한인들 자신에게서 나왔다. 물론, 이것은 소련 측과의 사전 협의와 합의를 배제하는 것이 아니었다. 1946년 3월에 임시위원회는 토지개혁법을 채택했고 이에 따라 과거 일본인 소유였던 토지만 아니라 현지 지주 소유였던 토지도 포함하여 모든 토지가 농민들에게 무상으로 분배되었다. 노동법과 여성 평등법, 산업과 교통, 은행 시스템의 국유화법도 뒤이어 나왔다.

국가적, 사회·경제적 성격을 띠는 분야에서 이어진 대다수 결정은 이미 북한인들 스스로 입안하고 채택했지만, "(소련군) 주둔 3년간 북한에서 현지 권력기관들의 주요 결정은 모두 반드시 소련군 지휘부 내 관련 기관들의 동의를 거쳐야 했다"라고 바닌은 지적한다. 하지만 이러한 접근법이 독자적인 권력기관과 국가기구들을 조직하는 데 이바지한다는 임무에 남한에서 미군정이 보여준 행동보다 훨씬 더 많이 부응했다는 점을 지적할 필요가 있다. 바닌의 중요한 결론은 북한 삶의 모든 분야에 걸친 권력 이양 과정은 남한의 미군정 정책과 다르게 소련 기관들에서 북한 기관들로 상당히 신속하게 이뤄져서 1948년에 이르러 완료됐다는 데 있다. 최초의 입법 행위들에서 잘 나타나 있듯이, 북한에서 형성되고 있었던 관리 모델은 처음에 예상했던 것과 달리 부르주아 민주주의 체제의 특징을 띠었던 것이 아니라 오히려 사회주의 체제의 특징을 띠었는데, 이는 많은 점에서 북한 사람들 스스로 주도한 것이었다.

국가 체제의 이런 방향성이 당시 한반도 전체에 걸쳐 국민 대중의 이해관계와 얼마나 부합했는지는 미군이 한반도에 진주하기 훨씬 전에 서울에서 유명한 대중 활동가인 여운형의 적극적인 주도로 조선인들 스스로 설립한 수많은 인민 위원회를 기반으로 세워진 조선인민공화국의 최초 선언문 가운데 하나에서 일본인과 지주 소유의 모든 토지를 몰수하여 농민들에게 무상으로 분배하고 대규모 산업체와 은행을 국유화한다는 우선 조치들이 공표되어 있었다는 사실이 잘 뒷받침해준다.

이러한 조치들은 부르주아 민주주의 모델보다는 사회주의 모델의 국가 체제에 더 가깝다. 주요 생산 수단의 사유권이 폐지되고 농업에서 소작농 계층이 광범위하게 출현하고 있기 때문이다. 미군이 이 모든 조치를 딱 잘라 거부했고 조선인민공화국도 인정하지 않았다는 점을 지적할 필요가 있다.

이와 동시에 위에 지적한 모든 개혁안이 소련군 당국이 아니라 북한 사람들 자신에 의해서 실행에 옮겨졌다. 이러한 조치는 비슷한 문제들이 남한에서 처리된 방식과 현저하게 대비되었다. 나탈리야 김의 저서도 상당 부분 이와 관련돼 있지만, 본서의 목적상 향후 한반도 분단 형성과 직접 관련된 것으로 바닌의 책에서도 다루고 있는 한 가지 중요한 상황만 지적하기로 한다. 한반도 공동 정부 수립을 위한 소·미 공동위원회 활동이 실패로 돌아갔다는 점 외에, 소련과 미국이 점령지 경계 확정에 합의하고 나서 초기 또는 과도기에 조선인들의 관리기관 조직을 도와주는 단일한 행동 계획을 마련하지 못한 점이 연합국 군대의 진주 지역에서 군정과 현지 주민 사이, 또는 임시기관들 사이의 관계가 매우 다르게 형성되는 데 직접적으로 영향을 끼친 요인 가운데 하나였음을 언급할 필요가 있다. 두 연합국은 각자 독자적으로, 각기 다르게 행동했다. 이렇게 해서, 앞서 언급된 문제들의 해결을 위한 소·미 위원회 설립에 관한 결정이 채택된 1945년 12월 모스크바 삼상회의가 열릴 즈음에 한반도 남북 양쪽에서는 서로 다른 사회·정치적, 사회·경제적 관계들이 형성되기 시작했고 이는 결국 각 측에 해당하는 미래 국가 체제의 발전 방향을 결정지었다.

1946년 초 소·미 위원회 첫 회의에서 이미 양측은 국가의 단일한 사회·경제적 메커니즘 조성을 위한 가장 핵심적인 문제 가운데 하나인 남북 간 경제 교류 단절 문제를 해결해 낼 수 없었다. 바닌은 이렇게 쓰고 있다. "몇 가지 부차적인 문제를 놓고 합의할 수 있었지만, 한반도 단일 경제 공간을 유지하고 강화한다는 중요한 문제에서는 합의에 성공하지 못했다. 한반도의 군사·정치적 분할에 이어 경제적 단절이 발생했고 이는 남북 양쪽에 심대한 영향을 끼쳤다. 38선 분계선이 철회되리라는 주민들의 기대는 충족되지 못했다. 그와 반대로 소련군과 미군 통제소들이 38선에 설치되어 경계 구역을 강화했다. 38선을 통과하는 주민과 상품의 이동이 제한되었고 나중에는 완전히 중단되었다."[55] 이러한 상황은 경제·지리적 측면에서만 아니라 남북 양쪽 주민들의 일상 의식에서도 한반도 분단 강화를 촉진했다.

위에서 지적했듯이, 1946~47년에 열린 회의들은 공동위원회 앞에 제시된 과제들의 측면에서 볼 때 사실상 아무 성과도 거두지 못했다. 이와 함께 한반도 남북 양쪽에서는 경제와 정치체제 조직을 둘러싼 문제들의 해결이 각자의 방식대로 모색되었고 권력기관과 현지 자치 기관들이 개별적으로 수립되었다. 한반도 운명에서 매우 중요한 이 시기를 다루는 현대의 연구들은 공동위원회 틀 안에서 실질적 해결 방안을 마련하기 위해 소련과 미국 측이 보여준 상호작용의 중요한 양상 한 가지를 더 다루고 있다. 이 양상은 소련과 미국 사이에서 돌이킬 수 없이 고조됐던 전반적인 대치 상황을 반영하고 있었지만, 공식적으로 통합된 한반도의 긴급한 경제 문제들을 해결하는 데서 지나친 원칙 고수가 파괴적인 역할을 하여 가장 기본적인 문제들에 대해서도 통일된 의견을 도출해내지 못했다. 예를 들면, 바닌은 다음과 같이 지적했다. 1946년 1~2월 서울에서 열린 미·소 군정 대표자 회의에 참석한 소련 대표단은 "확실히 비판적으로 접근해볼 필요가 있으며… 회의에서 양측이 진정으로 타협을 위해 노력했다고 한다면, 상호 수용 가능한 해결 방안을 모색하는 데 충분한 여지가 있었다. 그러나 당시 생성된 대치 분위기가 더 우세했다."[56] 또 다른 연구자인 바실리 레베데프도 이런 의견을 견지하고 있다. 한반도에서 소련과 미국 군정이 수립되는 초기 단계에 관한 연구에서 레베데프는 중요한 해결 방안을 마련하는 과정에서 소련 측이 쓸데없이 보여준 관료주의에 대해 대놓고 비난한다. "소련 관료주의가 이 과정에서 극히 부정적인 역할을 담당하여 북한 내 소련 군정 단장을 완전히 허울뿐인 인물로 만들어버렸다."[57] 이런 식으로 남북 양측의 경제 활동을 실현하는 데 필요한 실질적 성격의 문제 해결안을 채택하는 차원에서조차도 두 연합국은 공통의 이해에 도달하지 못한 채 한반도 분열 과정을 심화시켰다.

바닌의 『소련과 북한, 1945~48년』과 나탈리야 김의 『한국 정치사, 1945~48년』은 상당 부분 상호 보완적이며 한반도 해방 이후부터 남북한 국가 수립 직전까지 시기에 한반도 남북 양측의 내부 정치 상황을 둘러싸고 전개된 역사를 바라보는 러시아 한국학 연구에서 새롭고 현대적인 관점을 보여준다.

이런 식으로 우리는 통일된 한반도에서 사실상의 분열이 거의 해방 직후부터 시작됐음을 알 수 있다. 한반도 단일 국가 수립에 관한 문제를 해결하기 전까지 이어지는 과도기에 미국과 소련 점령군은 행동 계획 합의안을 마련하지 못하여 남북 양측에서 두 개의 각기 다른 국가 체제 모델이 형성되기 시작했다.

게다가, 38선 통과가 제한되고 단일 국가의 남북 지역 사이에 역사적으로 형성됐던 경제 교류가 중단되면서 분열 경향이 강화되자 남북은 개별적인 경제 체제를 구축할 수밖에 없었다.

제2차 세계대전이 끝나면서 잠시 잊혔던 두 사회 구성체와 이념의 대립이 다시 세계 무대로 복귀했다. 그중 한 체제는 자신의 존재 권리를 사수했고 세계 공동체가 지켜보는 가운데 자신의 권위를 확고히 다지고서 지구를 도는 행진을 계속했다.

전후 세계의 재건 문제들은 패전국들의 운명과도 관련되었고 승전국들도 포함된 2차 대전 이전 강대국들의 식민주의 억압에서 해방된 국가들과도 관련되었다. 과거와 현재 종속 국가들의 탈식민화 문제는 예를 들면 영국에 매우 고통스러웠다. 영국은 특히 전 세계의 많은 민족이 억압에서 해방되는 방향으로 국제정책을 추진했던 소련 등 다른 국가들이 참여하는 논의에 탈식민화 문제를 가져가는 것을 서두르지 않았다. 자체 식민지를 보유하지 않은 미국은 식민지 보유국들을 약화시키고 그들에게서 식민지를 해방시키면서 자국의 국제적 존재감과 영향력을 확대하는 데 관심이 있었지만, 이보다 더 나아가서 공산주의 이념 확산을 차단하는 데 훨씬 더 많은 관심을 기울였다. 이런 우선 과제들에는 한반도처럼 역사적, 문화적 특수성을 가진 해방된 식민지들의 긴급 문제들을 해결해주는 방안을 진지하게 마련하는 작업이 포함되어 있지 않았다. 앞서 지적했듯이, 1945~48년 시기에 관한 연구는 한반도 내부 과정과 분단 형성을 이해하는 데 큰 의미가 있다. 바닌과 나탈리야 김의 저서는 기존의 풍부한 사료에 기반하고 새로운 자료도 충분히 활용하여 남북 양쪽의 내부 상황을 둘러싸고 전개된 역사를 고찰했다. 이와 함께 새로운 문서와 자료들을 역사학계에 도입하여 이전에 많이 연구되지 않았거나 이미 알려진 일련의 주제를 새롭게 조명함으로써 소련 시대 역사학자들이 도출한 중요한 결론들을 많은 점에서 확증해주었다.

한반도의 사회·경제적 단일 공간을 38선을 따라 인위적으로 분할한 것은 불가피하게도 통일국가의 분단으로 이어졌다. 이러한 주장은 의심의 여지 없이 향후 한반도 분단 심화에서도 재통합 방안 모색에서도 중요한 의미가 있다. 20세기와 21세기 사이에 남북 화해와 교류를 위한 방안 중에서 지금까지 가장 현실적이었고 성과도 있었던 방안이 한국에서 김대중 대통령(1998~2003년 재임)이 추진한 햇볕정책이었다는 점은 우연이 아니다. 공동 경제 복원 구상이 우선순위로 이 정책의 근저에 놓여 있었기 때문이다.

바닌과 나탈리야 김의 저서는 1940년대 후반 한반도의 남북 양측에서 전 분야에 걸쳐 분리와 분열 과정이 깊어지고 있었음을 보여준다. 이와 함께, 소·미 공동위원회 활동이 계속 이어졌음에도 한반도 내 정치 세력 대표자들은 개별적으로 남북 관계의 분리주의 경향을 멈추려고 시도했다.

나탈리야 김은 남한의 정치적 스펙트럼에서 중도파를 형성하려는 시도들에 특히 주목했다. 그러나 내분의 플라이휠이 작동하기 시작했고 이러한 투쟁은 공산주의자들과 민족주의자들의 대립에서 특히 강렬한 성격을 띠었다. 이처럼 소·미 공동위원회 활동의 실패가 사실상 남북 차원에서 되풀이된 것은 극히 자연스럽다. 남북의 정치 세력들은 합의에 도달하지도 못하고 도달하고 싶지도 않은 채 분열되는 나라를 통합하는 데보다는 정치 권력을 획득하는 데 더 많이 집착했다. 소련과 미국 군정의 최초 행보가 의도했든 의도하지 않았든지 간에 한반도 분단 형성과 심화를 촉진했다는 것은 중요해 보인다. 남북 양측에서 완전히 다른 국가 경제와 관리 형식이 생성되기 시작했고 근본적으로 다른 사회·경제 토대들과 함께, 그에 상응하는 상부구조와 사회·정치체제 전체를 형성하는 경제 구조들도 구축되기 시작했다.[58]

소련 시대 한국학 연구자의 저작만 아니라 현대 연구자들의 저술도 소련군 지휘부의 행동이 북쪽 주민들의 이해관계를 훨씬 더 잘 반영했다는 주장을 잘 뒷받침해 준다는 것도 강조할 필요가 있다. 미군정은 (적어도 한반도 통일 정부 수립 때까지) 남한에서 자신들의 분명한 행동 구상도 계획도 갖고 있지 않았기 때문이다. 나중에 냉전 분위기가 고조되면서 소·미 대립이 심화함에 따라 한국은 반공 정치 세력들에 의지하면서 반공산주의 교두보로 탈바꿈하기 시작했다.

한편으로는 소련과 미국의 전후 정책상 이견이 불가피했고 점점 대치 국면으로 이어졌다. 다른 한편으로는 한반도 사회 자체가 정치적으로 동질적이지 않았다. 그리고 이러한 비동질성은 두 세계 체제의 정치·이념적 대립에서만 기원을 찾을 수 있는 것이 아니었다. 그것은 한국사에서도 깊이 뿌리를 내리고 있었다.

소련 시대와 현대의 러시아 역사학자들이 모두 직접 지적해 왔던 일본 식민지 시대의 역할과 유산도 파멸적인 역할을 담당했다. "식민지 과거가 해방된 한반도에서 전개된 복잡하고 모순적인 상황들을 상당 부분 미리 결정지었고 한반도 분열과 그로 인한 극적인 결과들의 원인이 되었다."[59]

일본인들은 조선인 동화정책과 함께 민족의식과 언어, 전통, 문화 근절 정책을 조직적으로 시행했고 조금이라도 저항한 조선인들을 제거하거나 보란 듯이 이류 국민으로 격하시켰다. 해방 무렵 한반도 사회는 극도로 분열되어 있었다. 일본 식민주의에 대놓고 맞서 싸웠던 사람들은 빨치산 운동에 합류했거나 지하로 숨어들었다. 일본인들에게 강제로 협력할 수밖에 없었던 사람들과 의식적으로 협력하여 부역자가 된 사람들이 있었고 말없이 순응했지만, 항일투쟁에 이바지한 사람들도 있었다. 또 시간이 흐르면서 투쟁 전망에 실망하여 민족개조 진영으로 옮겨간 사람들도 있었다.[60]

일본 식민 지배 시기에 한반도에서는 민족주의자들과 공산주의자들로 이뤄진 주요 정치 세력들이 결정적으로 형성되었다. 이와 함께 중도파도 적지 않았다. 이처럼 사회·정치적 국가 발전 개념을 중심으로 등장한 주요 세력들 외에 김구를 필두로 한 망명 임시정부도 존재했고 수많은 종교 집단이 난립했다. 많은 세월에 걸쳐 일본인들은 국가 형성에 중요한 요인들인 내부 갈등의 독자적 해결 능력과 타협 모색 의지, 복잡한 과제 해결을 위한 사회·정치 세력들의 상호협력을 조선인들의 정신에서 뿌리 뽑는 의식적인 압박 정책을 펼쳤다.

이 모든 것과 함께 한국인들에게 특징적인 내적 분파주의와 연장자에게 복종하는 유교 전통, 미군과 소련군이 처음부터 구현하고 실현해주었던 강한 쪽에 서고자 하는 욕망이 중첩되었다.[61] 이와 동시에 미군은 민족

반역자와 부역자들을 처벌하거나 일본인 재산을 분배하는 일을 서두르지 않았지만, 소련은 매우 신속하고 확실하게 과거 일본 재산을 국유화하는 일련의 중요한 조치를 매우 신속하고 확실하게 처리했고 대다수 농민의 이해관계에 부응하여 토지개혁을 시행했고 인민 위원회들을 조직하여 그들에게 권력을 이양했다.

북한과 남한에서는 완전히 다른 사회·정치 구조가 형성되었고 각 구조의 근저에서 정면으로 대립하는 계급 기반과 본질을 분명하게 찾아볼 수 있었다.

***

주지하듯이, 1948년 한반도에는 사회·정치적, 사회·경제적으로 적대적인 체제의 두 국가가 등장했고, 각국은 한민족 전체를 대표할 권리가 자신에게 있다고 주장했다. 대한민국과 조선민주주의인민공화국 헌법은 한반도 전체에 대한 주권을 선포했는데, 이는 상대국을 인정하지 않는다는 것을 의미했다.

그 이후 사건은 매우 빠르게 전개됐다. 유엔도, 소련도, 미국도 상황이 불가피하게 군사적 충돌로 비화하는 것을 막지 못했다. 두 국가의 경제는 갈수록 각자 따로 놀았고 38선 양쪽의 국내 정치 세력들은 소련과 미국의 정치·이념적 대립을 그대로 반영하며 상호 적대감을 노골적으로 드러내기 시작했다. 두 국가 중 어느 쪽도 양측 사이에 건설적인 대화가 거의 없는 상태에서 한반도의 이중 권력 상황을 타개하려 들지 않았다.

'상대편'의 불법 권력을 제거하고 무력으로 조국을 통일하자는 목소리가 점점 더 자주 들렸다. 한반도 내부 상황이 걷잡을 수 없이 악화하자 1947년 2월에 미국 군정청의 존 하지 장군은 만약 소련과 미국 정부가 한반도 통일을 위한 조치를 즉각 취하지 않는다면 남북 간 내전이 불가피할 것이라고 경고하는 보고서를 워싱턴에 보냈다.[62]

그러나 한반도 문제에 대한 소련과 미국의 입장은 아시아·태평양 지역의 미래를 둘러싼 일반적인 구상에서 그랬듯이 상당 부분 이미 해결할 길 없는 대치 상태로 빠져들었다. 1949년 소련은 자체 핵실험에 성공하면서 대량파괴 무기에 대한 미국의 독점권을 빼앗으며 두 대립 진영 간 핵균형을 확립했다. 같은 해에 중국 공산주의자들은 미국이 지지하던 장제스의 군대를 물리치고 중화인민공화국 수립을 선포했고 이로써 동북아시아의 사회주의 국가 진영을 한반도 국경까지 확대했다.

두 대립 체제의 세계 패권 쟁탈전이 새로운 국면에 접어들면서 한반도도 이 대치 상황의 경계선 한복판에 놓였다. 이 무렵 한반도에는 이미 소련 점령군도, 미국 점령군도 존재하지 않았다. 1950년 1월 딘 애치슨 미국 국무부 장관은 아·태 지역에 대한 대외정책을 담은 선언문을 발표했다. 그는 소련과 공산주의 이념의 영향력 확산을 차단하는 미국의 이른바 아시아 방어선 윤곽을 드러냈다.[63] 남한은 이 방어선 안에 들지 않아 남한 우익 사이에서 공황 상태가 빚어졌다. 남한 우익은 미국이 이렇게 자국의 전략적 이해관계에서 남한을 배제하면 북한이 족쇄에서 풀려나 조국 통일을 명분으로 군사 행동에 나설 수 있다고 생각했다.[64] 의심의 여지 없이 이 선언문은 사회주의 국가 진영 강화와 확대, 소·미 핵 균형과 대치 같은 국제정세 형성에 대응하는 미국의 대외정책을 반영했다.

미국의 '핵우산'에서 한반도가 배제됨으로써 전쟁 직전 남북한을 둘러싼 전반적 상황의 평가에 영향을 미쳤다는 것도 의심의 여지가 없다. 소련과 미국이 전면적 냉전 태세를 확실하게 취하면서 양국 간 대치가 심화하자, 국제사회 역시 한반도 상황에 영향력을 발휘해서 남북 양측을 중재하여 향후 충돌을 방지하는 능력의 밖에 있었다. 미국의 영향력 아래 있었던 유엔 사무총장은 선거를 통한 단일정부 수립 문제에서 남측의 주도에 힘을 실어줬다. 그러나 북한과 소련은 수많은 부정 속에 남쪽에서만 치러진 선거를 인정하지 않았다.[65] 소련은 한반도 문제가 '주요 3개국'(소련, 미국, 영국)의 전후 세계 질서 확립에 관한 합의 대상이기 때문에 국제사회와 유엔의 권한 밖에 있는 것으로 간주했음을 기억해야 한다. 이 모든 것은 한반도 문제 해결을 둘러싼 옛 연합국 사이에 건설적인 대화를 불가능하게 만들었다.

대한민국과 조선민주주의인민공화국이 선포되고 나서 2년 후 양국 간 전쟁이 발발했고 곧이어 약 20개국이 참전한 대규모 국제분쟁으로 비화했다. 소련 역사학계에서는 두 국가의 출현과 전쟁 발발 사이의 짧지만 굉장히 중요한 이 시기가 무엇보다도 이념적 정향 때문에 다각적인 조명을 제대로 받지 못했다. 반면 소련 이후 러시아 역사학계는 이 시기를 더 심층적이고 다각적으로 조명했다. 그러나 대체로 소련의 한국학 연구는 통일국가의 분단으로 이어질 수밖에 없었던 내·외부 동향을 올바르게 반영했다.

제2장

한반도 통일:
방법의 모색

전후 한반도 문제

1950~53년 한국전쟁은 두 대립 진영으로 갈라진 단일 민족의 분열을 결정적으로 고착화했고 이후 오랜 세월 동안 한반도를 두 국가의 대결장으로 바꿔놓았다. 불신과 적대, 공격적인 이데올로기 반선전전과 상대방의 인내심을 인위적으로 자극하는 행위로 인해 평화통일 문제 해결은 말할 것도 없이 일말의 대화 가능성까지도 완전히 배제됐어야만 했을 것처럼 보였다.

그러나 전후 복구를 성공적으로 마친 이후 1960년대 초에 양측은 대화 시작을 위한 '탐색'을 개시했다. 1950년대 중반 북한 지배층에서 중대한 국내 정치 문제가 불거졌음에도(아래에서 자세히 다룬다), 대체로 북한은 전후 복구와 경제 건설, 전반적인 발전 속도에서 남한을 상당히 앞질렀다. 이와 반대로 한국은 1960년대 무렵에 심각한 국내 정치 위기로 매우 어려운 상황에 빠져 있었다.

이런 가운데서도 북한이나 남한이나 종종 절대 평화적이지만은 않은 목표를 추구하면서 관계 개선 쪽으로 나아갔고 양측 다 장래에 남북 간 대화가 불가피하다는 점을 깨달았다. 하지만 관계 개선을 향한 움직임은 북한과 남한 내부에서 일어난 정치적, 사회·경제적 변화로 인해 시작된 것 같다. 소련 역사학계는 남북 간 접촉에 관한 정보가 거의 없었다. 여기에는 분명한 이유가 있었다. 무엇보다도 남북 접촉이 강력한 동맹국들까지도 모르게 극비리에 이뤄졌기 때문이다.

그러나 1980년대 말 소련 한국학 연구자들의 많은 저술에서 초창기 남북 접촉에 관한 언급이 등장하기 시작했다. 이는 해당 정보가 어떤 식으로든 소련 지도부와 심지어 학계에까지 도달했지만, 당연히 '비공개'로 전달됐음을 말해준다. 그런 저술 가운데 하나로 1988년에 완성됐으나 1998년에야 출판된 블라디미르 티호미로프의 『한반도 문제와 국제 요인(1945년~1980년대 초)』을 들 수 있다. 이 책은 소련 이후 시기에 출판되긴 했지만, 한반도 문제와 이를 둘러싼 국내외 요인에 관한 티호미로프의 선행 연구에 상당 부분 기초하고 있다. 1983년 소련 과학아카데미 동방학연구소에서 티로미로프는 『한반도 문제와 국제 요인, 1945~82년』이라는 제목의 박사학위 논문 심사를 통과했고 이후 해당 문제에 관한 저서와 논문을 다수 발표했다. 그는 『전후 시기 한반도 문제』, 『1970년대 전환기 부르주아 역사학에 나타난 한반도 통일 문제』, 『한국과의 외교 관계 복원』, 『한반도: 남북 대화』 등 한반도 문제와 한반도 통일 문제를 다룬 수많은 선집과 공저에서 여러 장과 논문의 편집자이자 저자이기도 했다. 티호미로프는 앞에서 언급한 '내부용' 특별 책자 제작에도 참여했다. 예를 들면, 1979년 소련 과학아카데미 동방학연구소에서 발간한 『특별 회보』에서 「한민족 통일의 제문제」라는 제목으로 한 절을 맡아 작성했다.

티호미로프는 두 권짜리 『한국사(고대부터 현재까지)』(모스크바, 1974)를 집필하는 데도 참여했다. 여기서 그가 맡아 집필한 두 장은 「한반도 문제와 제네바 국제회의」와 「한반도 통일 문제와 현대 상황」이다. 이 모든 저술은 앞서 말한 진지하고 탄탄한 그의 저서 『한반도 문제와 국제 요인(1945년~1980년대 초)』(모스크바, 1998)의 근간을 형성한다. 그는 한반도 문제 역사에 대해 시기 구분을 제시한 최초의 연구자 가운데 한 명이었는데, 이 책에 제시된 시기 구분은 한반도 문제 역사상 주요 시기들을 가장 정확하게 반영한다고 확실하게 말할 수 있다. 또한, 티호미로프의 시기 구분은 통일 문제를 다룬 남북한 대화의 모든 단계를 되짚어볼 수 있게 해준다.

남북 접촉과 대화의 역사를 살펴보기에 앞서 전쟁 종료 이후 국제사회에서 한반도 문제와 남북통일 문제를 평화적으로 해결해 보려는 시도가 한 차례 더 있었음을 언급할 필요가 있다. 한국전쟁은 1953년 7월 27일 정전협정 체결과 함께 끝났다. 이 협정에서 제4조 60항은 "한반도 문제의 평화적 해결과 관련한... 문제들을 회담으로 해결하기 위해 양측에서 임명한 대표자가 참여하는 고위급 국제 정치회의"를 소집하도록 규정하고 있다.[1]

1954년 봄 제네바에서 소련과 중국, 영국, 미국, 프랑스 외무부 장관들이 참석한 가운데 국제회의가 열렸다. 그러나 한반도 문제 논의는 예상대로 성과 없이 끝났다. 특징적인 점은 그야말로 전쟁 종료 후 3개월이 지나서 국제회의가 아직 열리지 않은 시점에, 한마디 하자면, 정전협정 서명을 거부하고 군사 행동 지속을 주장했던 이승만 대통령을 필두로 한국 지도부가 한미상호방위조약 체결 회담을 존 포스터 덜레스 미국 국무장관과 진행하고 있었다는 것이다. 조약에 따라 미국은 한국에 군사 지원을 제공할 의무가 있었지만, 동시에 한국 영토에 자국 군사기지를 배치할 권리도 얻었다.[2] 이 조약은 1954년 초 한국 국회와 미국 상원에서 비준되었다. 그 이후 지금까지 미군은 한국 영토에 항구적으로 주둔하고 있다. 북한 측의 전투에 직접 참여한 중국군은 1958년 북쪽에서 철수했다. 이런 상황에서 볼 때, 이념적 적대국들이 참여한 어떤 국제 회담도 한반도 문제 해결에서 긍정적 성과를 전혀 거두지 못한 점은 절대 놀랍지 않다.

자신의 저서에서 티호미로프는 한반도 통일 문제를 해결할 방안과 관련하여 꽤 흥미로운 사실 한 가지를 지적했다. 이 사실이 당시에는 주목받지 못했지만, 오늘날에는 이 구상이 남북 양측에서 어떤 식으로든 들려오고 있다. 제네바 회담과 거의 동시에 열린 1954년 5월 18일 인도 연방회의 연설에서 자와할랄 네루 인도 총리는 한반도 문제가 정치적·군사적으로 교착상태에 빠졌다고 지적하고 양국이 남북통일을 최종 목표로 인정하면서 서로 독립적·개별적·민주적으로 기능할 수도 있다는 출구 전략을 제안했다. 이와 함께 양국은 모종의 임시 공동기구를 갖춰야만 했다. 또 공통 문제들을 놓고 회담을 진행하여 합의에 도달할 수도 있었다. 이렇게 하면 나중에 양측은 더 가까워질지도 모른다. 네루의 제안은 제네바 회담을 직접적으로 겨냥한 것은 아니었지만, 매우 현실적으로 들렸으며 한반도 문제 해결안 마련에서 좋은 토대가 될 수 있었다. 하지만 그런 일은 일어나지 않았다.[3]

시기상 진보적인 이 구상은 여러 가지 이유에서 남북한 양국이 전혀 받아들일 수 없었던 듯하다. 군사 행위가 중단되었음에도 한국전쟁은 공식적으로 끝나지 않았고 양측은 자국민이 휴전선을 넘어갈 수 있게 해주는 방안을 거부했고 대치 상황에서 상대방을 적으로 인식하는 관성을 극복할 생각도 없었다. 게다가 사회주의와 자본주의 진영 사이의 전 세계적 이념 대결이 최고조에 달해 있었다.

이승만은 개인적으로도 북한과 공산주의 이념에 대체로 매우 부정적이었다. 그는 북한 주민이 공산주의 속박에서 벗어나게 해야 한다고 여러 차례 공개적으로 발언했다. 남한 정권에 반공은 일종의 국가 이념이었다. '북진' 통일론은 이승만 집권기 내내 거의 변함 없는 공식 노선이었다.

의미만 달랐을 뿐 북한도 똑같았다. 남한 정권은 반민족 파시스트 괴뢰정권으로 선포됐고 북한인들의 고매한 목표는 통일 조국의 모든 국민을 계급의 적과 압제자들의 지배에서 해방시키는 것이었다.

주로 이러한 이념적 입장 때문에 남북 간 최초 접촉은 1960년 4월 남한에서 벌어진 대중 시위 결과로 이승만이 사망하고 나서야 가능했다. 이러한 사실은 "전후 최초 지도자들의 잘못된 통치와 상상할 수 없는 붕괴 상태, 권위주의 질서의 지배"[4]로 특징 지워진 남한 당국의 정책과 전반적 상황에 대한 남한 주민들의 태도가 어땠는지를 그대로 말해준다.

1960년대 초 남한 사회에서 혁명적 분위기가 고조되자 이에 고무된 나머지 북한 지도부는 민중 봉기를 남북통일로 이어져야만 하는 완전한 혁명으로 전환하는 데에 대외정치 노력을 집중시켰다. 이 밖에 국제정세 악화와 사회주의 진영 내 주요 동맹국들의 갈등도 이 과정에서 적지 않은 역할을 담당했다.

1953년 스탈린 사망 이후 한국전쟁 지속의 합당성 문제를 둘러싼 소련의 입장만 아니라 소련의 대외 노선도 전반적으로 변화했다. 소련 공산당 최고위층에서 일어난 내부 투쟁이 짧게 끝나고 나서 니키타 흐루쇼프를 필두로 한 집단지도체제가 전면에 부상했다. 1956년 이후 소련에서는 스탈린 개인 숭배 '격하' 운동, 다시 말해 "개인 숭배 시기에 스탈린이 레닌의 유지를 심각하게 훼손하고 권력을 악용하고 선량한 소련 인민을 대량 억압하고 기타 악행을 저지른 데"[5] 대한 비난 운동이 시작됐다.

제22차 소련 공산당 대회 이후 공산주의 이데올로기의 일부 기본 주장(특히 '프롤레타리아 독재' 확립 투쟁의 지속 필요성에 관한 주장)이 비판을 받았고 국가 경제 개혁이 이뤄졌다. 당시 개혁은 나중에 가서 사회주의 경영 방식을 점진적으로 포기하고 심지어 초기 단계일지라도 시장 메커니즘을 신중하게 도입하는 방향으로 가는 첫걸음으로 평가됐다.

모스크바발 뉴스는 소련에서 벌어진 사건들이 자신들의 권력 형태에만 아니라 자국 체제의 근저에 놓여 있는 스탈린식 정치경제 모델에도 심각한 위협으로 간주한 중국과 북한에서 처음에는 우려스러운 반응을 불러일으켰다. 1950년대 중반과 후반에 북한에서 일어난 국내 정치 위기의 원인 가운데 한 가지는 조선노동당 내 일단의 고위 관리가 김일성 개인 숭배 강화에 반대하고 나섰다는 것이다.[6]

당내 투쟁과 소련 고위 인사들의 사태 개입 시도에도 불구하고 김일성은 북한에서 자신의 권력을 유지하고 심지어는 더 강화할 수 있었다. 하지만 이 사태 이후 소련과 북한의 관계는 겉으로는 우호를 다졌지만, 훨씬 더 냉랭해졌다.

대략 이 시기에 북한 지도부는 거대 동맹국들에 대한 종속에서 탈피하고 국내외 정책에서 독자 노선을 걸어야 할 필요성을 절감하기 시작했다. 자체 핵무기 개발에 관한 기본 결정도 바로 이 시기에 채택했고 이를 위해 필수 산업 부문들의 발전을 위한 독자적인 경제 기반 구축이 요구되었다고 가정해 볼 수 있다. 나중에 북한은 '주체사상'[7] 개념을 선포하고 이 틀 안에서 모스크바의 통제 아래 있는 사회주의 진영 국가들의 정치·경제 구조로부터 점점 더 거리를 두었고 자체 경제 프로그램과 접근방식을 개발했고 제삼세계 국가들과 협력을 도모하기 시작했다. 그러나 이러한 전략은 경제 정책에서 분명한 오류가 나타나고 사회주의 진영에서 상호 원조 기회가 줄어들고 이로써 국제무대에서 한반도 문제 해결을 위한 단일 노선을 마련하여 실행할 때 필요한 사회주의권 국가들의 통합이 사라지는 역효과를 낳았다.

티호미로프는 1954년 제네바 회담 외에도 북한 측이 내놓은 일련의 계획안을 주목할 필요가 있다고 지적했다. 하지만 대남 관계의 복잡한 상황 때문에, 특히 남한 지도부의 일방적이고 비생산적인 입장을 고려할 때 북한의 계획안은 모두 아무런 반응을 얻지 못했다. 이승만 정권에 대한 북한 지도부의 태도도 별반 다르지 않았다는 것도 지적해야 한다. 김일성은 '반민족 도당'과 남한 꼭두각시 정권의 타도 필요성에 대해 자신의 연설에서 여러 차례 밝힌 바 있다.

이렇듯 전후 첫 시기(1953~60년)에 국제적 차원과 남북한 사이에서 한반도 문제를 해결하려는 시도는 미·소 간 첨예한 이념 대립과 한반도의 복잡한 상황 탓에 거의 실현되지 못했다.

한편으로는, 한·미 군사동맹 태동과 남한 내 미군의 항구적 배치, 이승만의 반공산주의와 통일 문제에 대한 군사적 해결 노선 지향이, 다른 한편으로는 북한의 핵심 동맹국들인 소련-중국 진영의 심각한 이견과 북한 내부의 정치 투쟁, 소련과는 '소원'해지고 중국과는 가까워지기 시작한 관계가 내실 있고 생산적인 대화를 불가능하게 한 상황을 초래했다. 이러한 요인들이 통일 가능성 문제 등 한반도 상황의 향후 전개를 결정지었다.

최초 남북 접촉

남북 관계와 대화 조성 방안 모색을 둘러싼 역사에서 새로운 단계는 남한에서 이승만이 축출되고 제2공화국이 수립되고 난 후인 1960년대 초(1960~61년)에 시작되었다. 남북통일을 촉구하는 목소리가 이미 4월의 대중 시위 과정에서 터져 나왔고 이는 평양에서 그냥 지나칠 리 없었다.

많은 점에서 북한의 통일 정책을 결정지은 중대한 상황은 1961년 여름에 북한이 제삼국이 북한을 공격하면 즉각 군사원조를 제공하는 쌍무우호협력조약을 중국 및 소련과 공식적으로 체결한 데서 찾을 수 있다. 소련-북한 관계가 다소 냉랭했음에도 한·미 군사동맹과 미국의 아시아 내 반공 진영 구축 정책에 대한 대응이 필요했다. 이와 동시에 이 조약은 역내에서 북한의 주권과 입지를 상당히 강화해주었고 전쟁 발발 시 중요한 안보 보장 장치를 북한에 제공해주었다.

소련-중국과의 새로운 군사·정치 동맹 체결과 연계한 전후 국가 재건과 경제 건설에서 이룬 성과는 경제 발전에서 뒤진 남한과 비교하여 한반도에서 북한의 입지를 대폭 강화해주었고 이는 남한과 열 수도 있는 대화에서 북한의 우위를 확보할 수 있게 해주었다는 점을 지적하는 것이 중요하다. 그리고 실제로 북한은 경제·사회 건설에서 커다란 성공을 국제사회에 보여줌으로써 국제무대에서 자국의 평판을 높일 수 있었다. 이러한 상황을 현실화하고자 했던 북한은 1960년 가을에 새로운 평화통일 계획을 내놓았다. 남북한의 사회·정치적, 사회·경제적 체제와 정부를 기존대로 유지하는 것을 전제로 하는 과도기 연방제 수립 구상이 여기서 처음 제시됐다. 이 제안은 남한 상황의 현실을 충분히 반영했고 심지어 "대한민국 국민 대중 사이에서만 아니라 국회에서도 논의 대상이 되었다. 북한은 가동을 멈춘 기업체 복구와 신규 공장 건설에 필요한 설비를 원조 형태로 제공하고 이를 위해 필요한 원자재도 보내 주고 융자금도 제공하고 남한의 산업 발전에 몹시 필요한 전기와 석탄, 시멘트, 판유리, 선반, 화학제품

등을 남한에 공급해줄 용의가 있다고도 밝혔다. 또한, 북한은 농업 생산성 제고와 농민의 재정 상황 개선도 도와주겠다고 제안했다. 무역과 문화 교류 발전, 교통과 통신 복구, 보건 향상 조치들도 예시되어 있었다."[8]

러시아 역사학계에는 연방제 구상이 프로파간다 목적으로 선언된 것과는 '다른 목적'을 추구했다고 보는 관점이 존재한다. 예를 들면, 바딤 트카첸코는 한반도 문제에 관한 자신의 저서(아래에서 자세히 다룬다)에서 이렇게 썼다. 1960년 여름에 "흐루쇼프는 독일연방국가 창설 구상을 제시한 동독의 경험을 가져다 활용해 보라고 제안하고" 그렇게 하면 "남한 내 일부 세력을 자기 편으로 끌어들이는 데 도움이 될 것이다"라고 생각했다.[9]

트카첸코가 자기 책에서 인용한 흐루쇼프-김일성 간 대화에는 연방제 창설 제안과 관련하여 북한과 소련 지도부에게 다른 계획이 있었는지를 확인해주는 진술이 들어 있지 않다. 하지만 트카첸코가 밝힌 개인 문서고 자료들은 북한 지도부가 이승만 축출 이후 시기 남한 상황을 어떻게 바라보고 있었는지를 이해하고 그들이 남한에서 '혁명'을 조직하여 통일을 달성할 그럴싸한 계획들을 이해하는 데서도 굉장히 흥미롭다. 이 대화에서 김일성은 실제로 자신이 남한 상황을 어떻게 보고 있는지와 이로부터 나오는 통일 전략에 관해 다음과 같이 간략히 밝히고 있다. "남조선 인민들은 꾸준히 투쟁 수위로 올라가고 있다. 하지만 조선로동당은 남조선에서 여전히 작은 세력을 갖고 있다. 미군이 점령하고 있는 상황에서는 남조선의 중대한 변화를 기대하기 어렵다. [...] 남조선에서 우리 당 세력들이 중요한 자리를 차지할 수 있었고 우익 자유당 등 여러 정당 지도부, 남조선

군대, 기타 단체들에 침투할 수 있었다. 우리 동지들이 최상층부에서 중요한 자리를 차지하고 있지만, 노동자들과 특히 농민들 사이에서는 우리 세력이 약하다. [...] 남조선에서는 중도파 대중 정당들이 조직되고 있다. 그들은 우리의 영향력 아래 있다. 이들을 이용하여 남조선의 민주화와 남북 관계 개선에 나설 것이다."[10] 많은 점에서 북한 지도자의 이런 판단은 김일성의 '온건 혁명' 시나리오 실행 계획을 지워버린 남한의 군사 쿠데타 이후에 북한의 통일 수사학이 신랄하고 공격적으로 변화한 이유를 밝혀준다.

실제로, 1961년 국가 전복 결과 남한에서 군사 정권이 수립되면서 상황은 급변했다. 군부는 국가 권력 전권을 잡고 나서 무엇보다도 먼저 질서와 안정 유지 과제를 설정하고 이를 위해 꽤 엄격한 조치(시민권 침해, 정당과 노조, 언론, 교회 등 활동 금지)를 단행했다.[11] 그러나 쿠데타를 주도한 박정희(1917~79년)는 북한이 내놓은 조국 통일안들을 깡그리 무시할 수만은 없었다. 이 방안들은 완전히 평화 애호적이었고 남한의 수많은 일반인 사이에서 반향을 불러일으켰기 때문이다.

어쩌면 바로 이런 이유에서인지 군부 집권 3개월 후인 1961년 8월에 남측은 조국 통일 문제와 관련한 의견 교환을 위해 비밀회담을 개최하자는 요청문을 북측에 전달할 방법을 찾았다. 남한 군부가 어떤 동기에서 이런 행보에 착수했는지는 추측만 할 수 있을 뿐이지만, 북측의 반응이 상당히 신속하게 나왔으며 긍정적이었다는 점을 지적할 필요가 있다.

양측은 상대방이 어떤지 알아보고 싶어 했다. 무엇보다도 북한이 이것을 원했다. 박정희는 직업 군인으로 정계 신인이었다. 심지어 한때 공산주의자였으나 나중에 일본군 복무 이후 입장을 바꿨다. 당연히 북측은 남측 군부와 접촉을 트고 그들의 계획이 무엇인지 알아보는 데 관심이 있었다. 양측은 산적한 쌍방 문제 해결에서 어떤 중대한 진전이 있으리라고 거의 기대하지 않았다. 1962년 직전까지 완전 비밀회담이 15차례 열렸기 때문이다.[12]

이처럼 전후에 있었던 남북 첫 접촉은 트카첸코가 자신의 저서 『한반도와 러시아의 이해관계』에서 러시아 역사학계 최초로 소개했다. 이 책은 의미가 매우 크고 많은 점에서 연구 토대가 되는 저작으로 21세기 러시아의 이해관계 측면에서 한반도 문제 해결을 둘러싼 역사와 발전 과정, 가능한 방법들을 다루고 있다. 2000년에 출판된 이 책에서 저자는 평양 주재 소련 대사관에서 오랫동안 근무한 학술 연구자 겸 외교관으로서, 또 극동연구소 한국학센터를 이끈 소련 공산당 중앙위원회 국제분과 부과장으로서 쌓아온 풍부한 경험과 함께 전문가의 총체적 지식을 모두 쏟아 놓았다. 의심의 여지 없이, 한반도와 국가 고위 기관들에서 오랫동안 일한 경험과 방대한 지식, 개인적 접촉 덕분에 트카첸코는 러시아의 이해관계 측면에서 한반도 문제들에 관한 다면적 지식을 거대하게 쌓아 올릴 수 있었다. 그의 저작은 학문적으로 흥미롭고 오늘날까지 타당성을 잃지 않고 있다.

전후 남북 간 첫 접촉이 성과를 낳지는 않았어도 트카첸코는 여기에 큰 의미를 부여한다. "남북 첫 접촉은 접촉 진행 형식과 논의된 문제들의 성격에서 한반도 문제 해결 방법에 관해 당시 존재했던 구상을 상당히 정확하게 반영한다."[13]

회담에는 양측에서 각각 장교 두 명과 서기 한 명이 참석했다. 남측 군부는 박정희 장군의 명의와 지시에 따라 움직였고 다음과 같이 4개 항목으로 이뤄진 논의 프로그램을 제시했다. 첫째, 서울과 평양에 상시 군사대표부를 설치한다. 둘째, 남북 교역을 조직한다. 셋째, 남북 주민들의 국경 자유 왕래를 보장한다. 넷째, 우편을 복구한다.

분명히, 이런 조치들이 군 장교들의 권한 안에 포함될 수 없어서 이들보다 더 높은 직위의 대표자들이 회담에 참석해야만 되었다. 특징적인 점은 심지어 이런 형태에서도 제안된 항목 중 어느 것도 합의에 이르지 못하고 회담이 결렬됐다는 것이다.

이 책에서 트카첸코는 남측이 사실은 어떤 결과를 반드시 달성할 필요는 없었다고 합리적 추정을 내놓았다. "군사 쿠데타 이후 남한의 정치 상황이 불안정했고 따라서 남한 신정권은 입지를 강화할 시간을 벌 필요가 있었다."[14] 또한, 저자는 남측이 탐색전을 벌이면서 우호협력조약 체결 이후 북한의 의도가 무엇인지 밝혀내고 싶어했을지도 모른다고 지적했다.

하지만 회담은 꽤 우호적인 분위기에서 진행됐고 양측은 심지어 김일성과 박정희를 위한 선물을 교환하기도 했다. 트카첸코는 1992년 남한 언론에 실린 기사를 인용하여 이 회담 이야기에 담긴 흥미로운 세목에 주목했다. 박정희를 위해 북측에서 준비한 선물 중 하나는 바로 그에게 커다란 인상을 심어준 북한의 성과를 담은 다큐멘터리 영화였다. 박정희는 영화를 보고 나서 "우리도 지체하지 않고 그와 똑같이, 아니 그들보다 더 훌륭하게 해낼 것이다"[15]라고 소감을 전했다고 한다.

이 이야기가 얼마나 사실인지는 말하기가 어렵다. 그러나 다수의 증거에 따르면, 또 당시 발표 자료를 보면, 앞서 지적했듯이, 북한은 실제로 전후 복구와 이후 경제 발전에서 남한을 크게 앞질렀다. 그렇다고 하더라도 현재 우리는 박정희가 자신이 한 약속을 지키고 계획을 실현하여 1960년대 후반 남한에서 시작된 거대한 경제도약인 '한강의 기적'을 주도한 사람 가운데 한 명으로 정당하게 평가된다는 것을 알고 있다.[16] 남측과의 회담에 대한 북측의 반응이 어땠는지, 또 북측이 남한의 새로운 지도부에 대해 어떤 결론을 도출했는지는 추정만 할 수 있을 뿐이다. 그러나 이 회담 이후 곧이어 북한의 통일 정책과 수사가 약간 다른 성격을 띠었던 것으로 알려졌다. 북한은 평화 계획안을 말로 표현함으로써 남한 지도부와의 직접 접촉을 효과적으로 배제했다.

"남조선 파시스트 군사 정권에 맞선 혁명"을 실현하기 위해 남한 내 민중 소요를 부추기고 기반을 구축하는 일이 중시되었다. "1962년 10월 23일 3차 소집된 조선민주주의인민공화국 최고인민회의 회의에서 김일성이 한 연설은 통일 문제에서 어떤 국제적 해결 가능성도 없을 것임을 분명하게 밝혔고 '평화는 구걸하는 것이 아니라 쟁취하는 것'이며 조국 통일을 위해서도 바로 그렇게 행동해야 한다고 강조했다."[17]

1960년대 통일 계획

1960년대 한반도의 두 국가와 국제 상황에서 일어난 변화 덕분에 이 시기는 한반도 문제 해결과 통일 방안 모색에서 새로운 단계로 접어들 수 있었다. 이 단계의 시작은 남한 내부가 불안한 가운데 북한에서 이뤄진 사회·경제 발전 성공으로 특징 지어졌는데, 이는 한반도 문제 해결 계획에서 북한이 우위를 점할 수 있게 해주었고 북한식 모델의 평판을 개선해 주기도 했다. 이와 동시에 당시는 사회주의 강대국들인 소련과 중국 사이의 갈등이 절정에 달했다. 이로 인해 국제무대에서 한반도 문제 해결에 단일 전선을 형성해 접근하지 못했고 전체적으로는 공산주의 프로젝트의 권위마저 무너졌다. 사회주의 주도국 진영의 갈등은 1960년 말 무렵 통일과 관련한 북한의 대외정책과 전략에서 나타난 노골적으로 도발적이고 비생산적인 성격에 고스란히 반영되었다. 남한의 새 대통령이 경제와 국가 건설 분야에서 처음으로 거둔 상당한 성공도 그러한 상황을 자극했다.

남한은 새로운 군사 지도부의 권위주의적 방식에 대한 저항(파업, 학생 시위 등)이 점점 더 강해졌는데도 사회·경제 상황 정상화를 확실하게 밀고 나갔다. 정부의 위기 탈출 대책이 마련되었고 여론 통일이 강화되었으며 군사 정권의 사회적 기반도 확대되었다.[18]

북한은 남한에서 혁명 열기가 점차 식어가고 있다는 것을 분명하게 감지했다. 게다가 미국의 침묵 속에서 이뤄진 군부의 집권은 조국 통일 문제에서 무력 해결 방식의 복귀를 의미할 수도 있었다. 이는 티호미로프가 1960년대 북한의 대외 노선을 다음과 같이 특징지으며 지적한 것이다. "북한의 통일 정책은 1961년 5월 남한에서 박정희의 주도로 군사 쿠데타 세력이 권력을 잡으면서 눈에 띄게 변화했다. 이것을 반동적인 파시스트 쿠데타로 평가한 북한 지도자들은 남한에서 군사 정권에 맞서는 국민적 저항과 미국 제국주의자들을 한반도에서 쫓아내는 전면적 투쟁 조직을 통일 정책에서 점점 더 전면에 내세우기 시작했다."[19]

소련 역사학계에는 잘 알려진 이유로 북한의 이런 정책 변화가 강조되지 못했고 반대로 남측의 군사적 야심 확대에 주의가 쏠렸다. 하지만 남한 군사 당국의 일부 대표자 입에서 그런 말이 실제로 나오기는 했지만, 아마도 당시 남한은 여전히 계속된 국내 불안 상황에서 중대한 군사작전을 감행할 준비가 전혀 없었을 것이다.

트카첸코는 대남 관계에서 나타난 북한 지도부의 분위기 변화에 대해 다음과 같이 썼다. "북한은 조국 통일 강행 노선을 추구해 왔다. 이것은 북한에서 한 치의 지체도 허용하지 않는 과제로 여겨졌다. 남한의 상황은 혁명 직전 상황으로 평가됐다."[20] 1965년 초 박정희는 현대적 기술과 투자가 부족한 상황에서 국내 경제 개혁을 시행할 수밖에 없었던 나머지 한국인들이 극도로 싫어하는 일본과 관계 정상화 행보에 나섰다. 일본 식민지배에서 해방된 지 만 20년이 채 지나지 않았고 대다수 한국인의 머릿속에 비극적이고 혹독했던 시기에 대한 기억이 남아 있었다. 군사 지도부의 권위주의 체제에 불만이 많았던 야당 정치 세력의 지원 속에 대규모 민중시위 물결이 온 나라를 휩쓸었다. 한국은 이전처럼 경제 복구에서 상당히 어려운 시기를 겪고 있어서 1960년대 내내 국민의 대중 시위가 일상적이었음을 말해 둘 필요가 있다. 실업과 물가상승, 식료품 부족, 관료기구 내 고위층의 부패 등 이 모든 것이 단번에 극복되지 못했고 국내 상황을 한층 더 불안정하게 만들었다.

이와 함께 1965년에 미국의 든든한 경제 원조에 대한 대가로 박정희는 약 5만 명의 한국군 병사와 장교를 베트남에 파병하는 결정을 내렸는데, 이것도 역시 북한에서는 군사화 확대이자 한반도에서 일어날 가능성이 있는 전쟁을 대비한 군사력 준비로 분명하게 받아들여졌다.

북한은 더 빠르고 단호한 민족 통일 달성을 더욱더 분명하게 옹호하기 시작했다. 1965년 6월 22일 북한에서 11개 사회단체가 "미국 제국주의 침략군을 남조선에서 몰아내고 가장 가까운 시기에 조국 통일을 이룩하는 것이 [...] 유일한 방법이다"라고 지적한 성명문을 발표했다. 북한 지도자들의 발언과 언론에서는 '대혁명 사건', 다시 말해 조국 통일이 가까워지고 있다는 주장이 점점 더 자주 제기됐다. 1967년부터는 임박한 전쟁이 북한을 위협한다는 듯한 주장이 더욱 끈질기게 나왔다. 이러한 '전쟁 위험'은 북한의 삶 전체를 에워싸는 익숙한 배경이 되었고 주민들에게 상시 동원 태세를 유지하지 않을 수 없게 했다.[21] 이와 동시에 남북 국경선 비무장지대에서 사상자가 발생하는 무력 충돌 등의 사건 수가 급증했고 북한은 군사비 지출을 대폭 늘렸고 특수공작부대를 양성했다.[22]

1967년 북한 최고인민회의 회의는 "북조선 주민은 대혁명 사건을 적극적으로 맞이할 준비가 되어 있어야 하고, 남측 주민은 미국과 남조선 정부에 맞선 투쟁에 나서야 한다"[23]라고 강조한 10개 항목으로 이뤄진 정부의 정치 프로그램을 승인했다.

1960년대 말엽에는 북한 지도부가 자국의 정책과 남한 내 상황의 평가를 재검토한다. 그러나 1960년대 후반부터 한반도 분위기는 대다수 연구자의 견해에 따르면 비판적인 상황으로 기울어진다. 이러한 상황은 카리브해 위기, 베트남 전쟁, 베를린 위기, 중동의 60일 전쟁 등으로 냉전이 가장 첨예한 단계에 접어든 세계 상황을 어느 정도 반영했다. 한반도에서도 많은 사건이 발생했다.

1968년에는 북한 특수부대원들이 박정희 제거를 위해 한국에 침투했다. 이들은 대통령 관저 바로 근처에서 발각되어 사살됐고 단 한 명만 생포됐다. 바로 며칠 뒤에는 북한 수역에서 미국 해군 정찰함 푸에블로호가 승무원 전원과 함께 피랍됐다. 당시 무력 충돌은 대규모 분쟁과 핵무기를 보유한 국가들의 연루로 번질 뻔했다. 이는 미국과 북한, 소련이 관계된 첨예한 국제 위기 발생으로 이어졌다. 많은 점에서 볼 때, 미국의 잘못 인정과 사과를 요구한 북한의 강경한 태도가 위기의 원인이었다.

트카첸코는 2008년 잡지『극동의 문제』에 상당한 분량의 연구물을 발표했다. 여기서 그는 유감스럽게도 이 지역에서 한두 번이 아닌 비슷한 국제 사건들에서 러시아가 취했던 입장과 역할의 관점 등에서 푸에블로호 위기를 자세히 검토하고 다각적으로 평가했다. 처음에 미국은 매우 강경한 태도를 보였다. 승무원이 탑승하고 있는 미국 군함을 억류한 전례 없는 사건이 초강대국의 명성에 큰 흠집을 냈기 때문이다. 이 밖에 미국

지도부는 북한 시설들을 타격하는 문제를 검토했는데, 이로 인해 상황이 급격히 악화됐다.

냉전이 최고조에 달한 1960년대 말에는 전 세계 상황이 매우 위태로웠다. 미·소 관계가 베트남 전쟁으로 급격히 악화됐고 중·소 갈등이 계속해서 고조됐으며 핵 분쟁으로 갈 뻔한 카리브해 위기가 끝난 지도 얼마 되지 않았다. 푸에블로호 나포 위기가 최고조에 달했을 때 북한군에 나포된 미국 정찰함 선장의 증언을 통해 다음과 같은 내용이 알려졌다. "이 군함은 미국 중앙정보국(CIA)의 계획에 따라 활동했다. 군함 안에서 베트남 전쟁을 아시아의 다른 지역들로 확대하는 방안들을 연구했고 이와 관련하여 푸에블로호가 소련과 북한, 중국의 연안 해역으로 향해 가고 있었다."[24]

이 시기에 가까워진 중국과 북한은 전 세계적인 반미·반제국주의 전선 구상을 마련해 선전했고 특히 이 대열에 합류하지 않고 두 세계 체제의 평화 공존을 견지하는 소련을 적극적으로 비판했다. "비슷한 동기들이 북한의 대남 정책에서도 분명하게 나타났다. 북한에서 한반도 통일은 '한 치의 지체도 허용하지 않는' 과제로 여겨졌다. 이곳에서는 남한에서 곧 혁명이 일어나고 그 과정에서 조국 통일이 이뤄지리라고 생각했다. 이 경우에, 한국 지도자들의 말에 따르면, 북측의 군사 지원이 필요하며, 이는 지역 전쟁 범위를 넘어서 북한이 동맹 조약을 맺고 있는 소련과 중국으로 확산할 것이다."[25]

그러나 소련 지도부는 한국전쟁의 교훈을 잘 기억하고 있었고 북한의 정책에서 무력 통일 방법의 강행 노선을 잘 파악하고서 공유하지 않았다.

미국도 역내에서 향후 긴장 고조가 굉장히 위험하다는 것을 인식하고 있었다. 그래서 역설적으로 들릴지라도 바로 냉전의 주요 적대국인 미국과 소련의 외교적 노력이 결국은 평화적인 문제 해결을 낳았다.

1960년대 소련과 중국의 분쟁은 중국-북한의 관계 개선, 북한-소련의 관계 소원으로 이어졌고 이는 통일 정책 실현에서 북한의 자주성이 등장하는 동인을 제공해주었다. 그러나 1960년대 중반에 강제 통합을 목적으로 하는 북한의 공격적인 대외정치 수사는 역효과를 낳았다. 앞서 언급했듯이, 북한이 연루된 매우 엄중한 일련의 사건이 연달아 터졌다. 1968년 1월에 북한 특수부대의 박정희 암살 미수 사건이 있었고 같은 해에 미국 해군 정찰함 푸에블로호가 나포되었다. 이 밖에 비슷한 사건들이 북한 지도부의 전혀 평화적이지 않은 성격을 드러내 보이면서 사회주의 개념에 해를 끼쳤다. 조국 통일 문제를 둘러싼 북한의 입장은 국제사회에서 오랫동안 심각한 신뢰 상실을 겪었다. 더욱이 북한 정치도 남한 사람들이 보는 앞에서 이미지에 심대한 타격을 입었는데, 박정희의 공식 선전은 이를 곧장 이용하여 공산주의자들의 침략 계획을 폭로했다.

결국, 남한의 국내 상황에 대한 잘못된 평가와 중·소 분쟁 속에 빚어진 이 모든 사태로 인해 사회주의 진영 국가들은 단일 대오 속에 한반도 평화통일 계획을 내놓을 수 없었고 북한은 자신의 확실한 사회·경제적 우위를 활용할 수 없었다. 게다가 이 우위도 나중에 가서 쇠퇴했다. 이 위기의 결말은 1970년대 초 세계 긴장이 전반적으로 완화되면서 북한 지도부가 무력 통일 방법을 차츰 포기할 수밖에 없었고 남한과 공동으로 문제 해결 방법을 고안할 필요가 있다는 데 동의했다는 것이다.

1960년대에 남한이 통일 문제에 접근한 방식에 관해 말하자면, 대체로 이 방식은 본질상 그다지 건설적이지 않았고 한국이 경제 발전에서 북한보다 상당히 뒤떨어져 있었다는 점을 고려하면 현실성도 많지 않았다. 한국의 통일 문제 접근에서 기본 구상은 한반도 전체에 걸친 민주적 선거 시행을 위해 또다시 유엔 지원에 의지하는 것이었다. 이념적 차원에서 박정희는 이승만의 반공 노선을 계속해서 걸었고 이는 분명히 북한 측과의 건설적인 대화를 촉진해주지 못했다. 남한에서는 "북한을 '반국가 단체'로 규정하고 반공을 국시로 선포한"[26] 국가보안법이 1949년부터 발효되고 있었다.

티호미로프는 당시 박정희의 발언 중에서 다음과 같이 매우 흥미로운 내용을 소개하고 있다. "공산당과 타협하는 것은 곧 종말의 시작을 의미한다. 혼란을 토대로 통일을 외치는 것은 민족 파멸에 이르는 길이다. 학생들이 시끄럽게 떠들어댄 중립화 통일안은 공산주의자들에게 피비린내 나는 악행을 저지를 기회를 제공한다."[27]

이런 초창기 입장은 북측과의 관계 정립을 도모했다기보다는 상당 부분 국내 선전용으로 쓰였다. 북측의 몇몇 제안이 통일 달성에 필요한 남북 간 상호관계 가동에 상당히 건설적이고 진보적인 구상을 담고 있었음에도, 선전성 성명과 상대국 지배층을 겨냥한 일반적 수사, 초기의 이념적 지향성 때문에 타협안이 나오지 못했지만, 이런 상황은 궁극적으로 통일 조국을 위한 사회·정치적, 사회·경제적 모델을 수립하겠다는 열망이 있음을 증명해주었다.

남한 제안은 분명히 선전적 성격을 띠고 있었고 특히 북측의 계획안에 대한 불가피한 맞대응이었다. 여기에는 경제적으로 확실히 뒤떨어져 있던 조건에서 남측이 대등한 경쟁자로서 유의미한 대화에 나서지 못했던 상황이 반영되어 있었다. 대체로, 전후 첫 시기에 양측은 대등하고 유의미한 대화를 할 준비가 되어 있지 않았던 것으로 보인다. 그리고 어쩌면 그런 대화를 기대하지 않았을지도 모른다.

1970년대 통일 논의

남북 관계는 여러모로 볼 때 이전의 정책이 낳은 부정적인 결과의 여파로, 또 상당히 달라진 국제정세 영향으로 새로운 단계에 진입했다. 이때 서방과 사회주의 진영 국가들 사이에 국제적 긴장이 완화되고 이념 대결의 강경 정책이 관계 정상화와 협력 확대로 바뀌는 시기였다. 남한은 계속해서 급격하게 발전하고 있었고 경제·군사 잠재력을 꾸준하게 증대시켰다. 이와 반대로 북한에서는 경제 분야의 '주체사상' 정책 관리와 실현에서 변곡점을 형성하며 침체 국면이 점차 나타나기 시작했고 소련과 사회주의 진영 국가들로부터 거리를 두는 경향이 계속 이어졌고 이로 인해 남한과의 경제 경쟁이 눈에 띄게 뒤처졌다.

여러 평가 지표에 따르면, 남북한 경제력은 1970년대 중반쯤 비슷한 수준을 보였고 분명히 이 무렵에 이미 북한 지도부는 '남한의 민중 혁명'에 기대 봐야 소용없음을 알았다. 다시 말해 통일 문제 해결에서 새로운 접근법을 찾을 필요가 있었다.

미국의 신임 대통령인 리처드 닉슨(재임 기간 1969~74년)이 한반도 주둔 미군의 일부를 철수하기로 한 결정도 마침내 북한의 통일 전략 수정에 영향을 미쳤다.[28] 문제는 전후 전체 시기에 걸쳐 북한이 통일 문제와 관련하여 요구한 핵심 사항 중 하나가 남한 내 미국 점령군의 완전 철수였다는 데 있다. "거의 거리낌 없는 호전적인 노선이 미군 철수를 방해할 수도 있다고 우려한 북한 지도부는 통일 정책에 일정한 수정을 가했다."[29]

휴전선에서 수없이 일어난 군사 사건과 남한 고위 지도부를 제거하려던 시도가 기억 속에 여전히 선명하게 남아 있는 가운데 적대적 분위기가 유지되고 있었고 남북 간에 화해할 수 없는 말다툼이 계속해서 들려오고 있었음에도 1970년대 초쯤에는 전 세계와 한반도 상황이 점차 안정화되기 시작했다.

그런데도 장래의 한반도 통일을 위한 일반 원칙이 담긴 1972년 7월 4일 남북공동성명 발표는 많은 사람에게 예상치 못한 일이었다. 극비리에 진행된 회담은 두 달 전 봄에 평양에서 진행되었다. 남측에서는 이후락 중앙정보국 국장이 참석했고 북측 대표는 김일성 본인이었다.

의심의 여지 없이, 이 회담에서 처음으로 발표된 통일 원칙들은 한반도 통일 문제와 한반도 문제 전체의 해결에서 역사적으로 큰 의미가 있다. 통일 원칙은 세 가지로, 자주성과 평화통일, 민족대단결이다. 처음 두 가지 원칙은 충분히 이해할 만한 것으로 외부 세력이 남북 관계에 개입하는 행위를 허용하지 않으며 무력 통일안이나 상대방을 괴멸할 목적의 군사 행동은 어떤 것이든 거부한다는 것을 의미한다. 세 번째 원칙은 공식 당국만 아니라 이념과 이상, 형태와 상관없이 정당·사회단체, 일반대중도 모두 남북 관계 정상화 방안 마련에 참여하는 것을 의미한다. 다시 말해 조국 통일 문제를 위한 남북 대화는 전 민족적 성격을 띠었다.[30] 세 번째 민족대단결 원칙은 자주 오해를 불러일으키거나 자의적으로 해석되었지만, 그와 동시에 남북 화해 문제에서 당사자들의 정치적 견해와 상관없이 사회적 의견일치를 폭넓게 수렴하고 통일 문제를 일시적인 국내 정치 의제로부터 분리해 한민족 전체를 위한 장기적인 전략적 우선 과제로 부각하는 것을 시사한다는 점에서 큰 의미가 있다. 이 원칙은 특히 민족 화해와 관계 회복이라는 험난한 과정을 모종의 정치적 이해관계 속에 손상하려는 세력들을 모두 겨냥한 것처럼 보인다.

이 밖에 양측의 입장을 조율하여 실행하는 작업을 위해서 조정위원회와 실행위원회가 설치되었고 직통 전화도 구축되었다. 그러나 이 단계에서 양측이 과거와 마찬가지로 합의 사항을 구체화하고 대화를 지속할 준비가 되어 있지 않았고 양측 입장 역시 여전히 매우 대립하고 있었다는 것이 합의안을 마련하는 과정에서 분명해졌다. 하지만 한반도 통일 원칙들이 외부의 개입 없이 자발적으로, 다시 말해 남북한 사이에 상호 적대와 불신, 상대방의 이념 지향과 견해에 대한 절대적 거부가 여전히 강하게 존재하던 상황에서 독자적으로 나왔다는 점은 강조할 필요가 있다.

물론, 장래의 통일에 관한 구상만 논의되었을 뿐이었고 당시 대내외 상황에서는 세 가지 원칙 모두가 실천으로 옮겨지지는 못했다. 아주 분명하게도 그 당시 역사적 시기에 (상당 부분은 지금도) 첫 번째 원칙인 외부 세력의 불개입과 자주성은 주로 한반도 문제가 국제 문제였고 따라서 휴전선 양쪽 주민들의 이해관계에만 해당하지 않았기 때문에 실현되기가 거의 불가능했다. 그러나 공동성명이 무엇보다도 선전적 성격을 띠었고 남북 각 측이 이처럼 중대한 행보를 보이면서 각자 목표를 추구했다고 가정하더라도 남북의 한민족은 자신들이 독자적으로 합의하길 원하고 합의할 수 있다는 것과 무력 통일안이나 외부로부터 강요된 통일안을 받아들이지 않을 것임을 국제사회에 보여주었다. 20년에 걸친 남북 대치와 긴장 이후에 나온 이러한 행보는 역사적으로 큰 의미가 있다.

앞서 지적했듯이, 국제 상황 변화와 특히 한반도 주변 상황 변화도 어떤 의미에서 남북한 양국을 관계 회복으로 떠밀었다고 할 수 있다. 1972년 여름 남북 접촉은 국제사회가 모르게 극비리에 이뤄졌지만, 소련과 미국, 중국은 이 접촉 과정을 주의 깊게 지켜보고 있었다. 하지만 국제정세 완화와 소·미 관계 정상화에도 불구하고 소련과 중국은 여전히 첨예하게 대립했다. 하바롭스크 남쪽 우수리강 국경지대의 전바오섬에서 1969년에 소련과 중국 군대의 직접 충돌로 이어진 사건들이 어쩌면 소·중 관계의 최저점을 형성했다고 말할 수 있을 것이다. 당시 중국군은 소련 영토로 진입하려고 시도했지만, 완전히 괴멸당했다. 소·중 양국 관계도 결정적으로 망가졌다. 소련이 중국에 더는 동맹국으로 인식되지 않게 되자,

미국이 곧장 이 기회를 활용하여 중국과의 관계 정상화 시도에 나섰다.

베트남 전쟁의 사실상 패배와 이전의 아시아 전략 붕괴, 긴장 완화 노력, 뚜렷한 경제 위기의 탈출 방안 탐색, 아시아 개발도상국들과의 경쟁 고조 상황에서의 생산비 절감 필요성으로 말미암아 미국은 새로운 대외 정책 접근법을 마련할 수밖에 없었다.

“1972년 2월 닉슨의 중국 방문과 상하이 코뮤니케는 과거 적대국들의 관계 회복뿐만 아니라 이전의 이념 구조를 대체하고 소련을 겨냥하게 된 새로운 지정학 구조 확립까지 상징했다. 소련과 중국 관계는 1969년 봄 전바오섬 군사 분쟁 이후 극도로 날카로워졌다. 1971년 11월 중국은 처음으로 핵실험을 했고 이에 앞서 같은 해 9월에는 일본과 관계도 정상화했다. 아시아에서 소련의 입지는 급격히 악화되었다.”[31]

이렇게 갑자기 등장한 새로운 연합은 북한에서만 아니라 남한에서도 심각한 우려감을 낳았다. 미국과 중국은 남북한 당사자들 없이 한반도 문제와 관련한 자국의 입장을 완전히 수정하여 모종의 합의에 이를 수 있었기 때문이다. 동맹국들이 참여하는 지정학적 상황에서 일어난 이러한 변화는 통일 원칙 중 한 가지가 자주성이었던 대화로 가도록 남북한을 떠밀었다.

북한은 자국 안보 문제를 매우 우려했다. 푸에블로호 위기는 소련이 1961년 조약을 북한에서 이해하는 것과는 다르게 해석하고 있고 군사 도발 시 북한에 직접 군사원조를 제공할 의향이 없음을 분명하게 보여주었던 반면, 중·미 협정은 ‘미국 제국주의와의 투쟁’을 공동으로 펼치는 것보다 더 중대하게 생각하는 이해관계가 중국에 있음을 증명해주었다.

남한 상황은 불확실했다. 거의 10년에 걸친 고도성장과 군부의 개혁 실행 이후 남한 사회에는 갈등이 팽배했다. 1970년대 초 남한의 국내 정치 상황이 또다시 악화하기 시작했다. 야당이 정치 억압 완화와 남북 대화 추진을 요구한 가운데 정권의 군사화 경향은 대중 시위를 불렀다. 경제 발전에서는 북한이 이전처럼 남한을 추월하자, 격차가 그렇게 크지 않긴 했어도 남한은 상황을 안정시키고 여론의 주의를 사회·경제적 문제들로 돌리기 위해서 국내 정치에서 대책을 마련할 필요가 있었다.

남북 대화에서 정말 중요한 첫 번째 단계의 결론을 내리면서 몇 가지 중대한 순간을 다시 한번 강조할 필요가 있다. 무엇보다도 먼저, 7·4 공동성명은 남북 상호 인정의 시작으로 가는 첫걸음이었다. 이 첫걸음과 함께 이를 지속해야 할 필요성에 대한 이해 없이는 어떤 자주·평화 통일안도 절대 실현될 수 없었다. 결국 남북회담이 실패하고 양측이 이후 행보로 가는 데서 진전을 이루지 못했어도 남북은 통일 원칙들에 관한 기본 조항들을 독자적으로 마련했다. 통일 원칙들을 실행에 옮기기가 당시로서는 여러 가지로 어려웠다는 점을 알면서도 남북 양측은 상당히 복잡한 상황에서 독자적으로 협상할 수 있고 조국 통일에 관해 충분히 비교해볼 만하고 여러 가지로 비슷한 생각을 하고 있음을 보여주었다.

물론, 양측이 무력 통일 또는 강제 통일 방안의 불수용 입장을 공식적으로 밝혔다는 점도 굉장히 중요하다. 우리가 알 수 있었듯이, 1960년대 말까지는 북쪽도 남쪽도 조국 통일 문제를 무력으로 해결한다는 계획을 매우 구체적으로 갖고 있었다. 하지만 공동성명 채택이 군사적 도발과 크고 작은 전투, 각종 사건이 앞으로 일어나지 않으리라는 것을 실제로 의미하지는 않았다. 그러나 평화통일 원칙 선언은 한반도 상황을 둘러싼 전반적인 긴장을 대폭 완화해 주었다. 현 단계에서 한반도 문제의 군사적 해결이 무모하다는 인정은 양측이 한반도에서 장기간 공존해야 하며 정치·경제적으로 경쟁해야 한다는 점을 이해하고 있다는 것도 증명해주었다. 1972년 7월 4일 남북공동성명의 원칙 고수라는 역사적 의미는 양측이 계속해서 강조해 왔으며, 이는 장기간 양측이 올바른 방향에서 움직여 왔음을 말해준다.

남북 관계 정상화로 가는 중대한 걸음마다 이 문제를 둘러싼 외부 요인이 영향을 끼치지 않을 수 없었다는 점을 지적하는 것이 중요하다. 폭넓게 말해서 한반도 문제는 국제 문제로 발생하여 국제사회 전체에 중요한 문제로 계속해서 남아 있고, 1972년 합의가 상당 부분 외부 상황 변화로 인해 나왔다는 많은 전문가의 결론은 충분히 합당하다. 이는 한반도 통일 문제 해결을 도와주는 데서 국제적 요인이 중대한 영향을 미친다는 것을 의미한다. 나중에 알 수 있듯이, 이 요인은 이어지는 모든 남북 대화 단계에서 계속해서 나타난다.

최초 통일 프로그램

몇몇 러시아 역사학자가 1991년을 남북 대화에서 중요한 다음 단계로 꼽고 있지만, 나는 1980년에 김일성이 내놓은 통일안이 특별히 주목할 만하고 남북통일 문제에 관한 이후 정책에서 분수령이 된다는 관점이 더 공평하다고 본다. 전체적으로 볼 때 이 통일안은 1991년의 공동성명처럼 질적 도약을 보여주지는 않았다. 그러나 바로 김일성이 조국 통일의 개별 원칙들이 아니라 종합 프로그램을 처음으로 입안했고 남북 양측의 정치·이념 체제를 유지하는 연방제 통일안을 내놓았으며, 이 개념은 이후 남과 북 양측의 유사 프로그램에서 어떤 식으로든 계속 등장한다.

실제로 남북이 이전에 내놓은 제안들에서는 통일에 관한 공동성명과 원칙들이 토대를 형성하고 있었다면, 새로운 단계에서는 점진적 성과를 목표로 상당히 구체적인 조치가 마련되어 있었다. 1980년 10월 조선노동당 제11차 대회에서 김일성은 자신의 통일 프로그램을 소개하면서 1972년 7·4 남북공동성명에 명시된 통일 원칙 준수를 확정했다. 이 프로그램의 근저에는 1960년에 북측이 발표해 이미 알려져 있던 연방제 국가 방안이 자리 잡고 있었다. 이전 방안과 근본적으로 다른 점은 1960년에는 비교적 짧은 기간에 걸쳐 총선거를 준비하여 시행하는 것으로만 연방제에 관해 언급했지만, 이제는 남북한 두 체제를 장기간 유지하며 점차 경제적, 문화적, 정치적으로 통합하는 연방제 국가를 수립하고자 한다는 데에 있었다. 김일성은 이 국가(그는 이것을 고려연방공화국으로 부르자고 제안했다)에 공화주의적 통치 체제, 다시 말해 남북 동수의 대표자가 참여하는 공동 정부와 민족연방최고회의가 수립될 것이라고 가정했다. 이와 함께 남북 각 측은 자체적인 정치·이념 체제와 사회·경제 체제, 정당, 사회단체 등을

유지하게 된다.[32]

경제 경쟁에서 점진적이지만, 확실하게 북한을 추월한 남한은 이러한 우위를 강화하려고 노력하면서 김일성의 프로그램에 반응하는 데 서두르지 않았다. 어쩌면 자국의 경제적 입지를 더욱더 단단하게 다지고 나서 통일 문제 주도권을 가로채고 싶었을지도 모른다. 그러나 북한의 통일안을 일방적으로 무시하는 것은 1972년 7·4 공동성명과 남북 대화의 원칙들을 저버리는 것일 수도 있었다. 그래서 1980년대와 1990년대에 한국 지도자들은 북한 제안들에 대해 사실상 김일성의 구상안을 되풀이한 자체 통일 프로그램 마련으로 대응했다. 하지만 근본적인 차이점들도 존재했다. 예를 들면, 김일성은 제안된 연방제 통합의 결과나 구체적 형식들을 중시하지 않은 채 이 과제를 미래 세대에 남겨 두었다. 남한 지도자들이 내놓은 통일 프로그램들의 본질은 바로 북한의 모델을 점진적으로 변환하여 자유주의 가치에 입각한 '시장 민주주의'의 자체 모델로 바꿔놓는 것이었고, 이는 곧 남한이 북한을 흡수하는 통일 형태를 의미했다. 이러한 개념은 북한이 점점 더 뒤처지고 세계 사회주의 진영이 붕괴하고 나서 더 발전되어 승인받기에 이른다.

점진적인 통일 달성을 위해 자체적인 국가 형태를 장기간 유지하며 공존한다는 통일 개념은 바로 남북 양측에서 일어난 중대한 변화를 상당 부분 반영했다. 그 무렵 남한과 북한에서 정치적, 사회·경제적 모델과 국가 체제가 자체적으로 이미 굳게 형성된 가운데 한국은 경제 발전에서 북한을 추월하여 역동적으로 발전하고 있었지만, 북한은 이미 상당히 뒤처져 있어서 이런 시스템들을 비교적 단기간에 통합한다는 것은 불가능해 보였다. 개별 분야들에서 공동 관리 수립에 필요한 구체적인 조치를 잘 마련한 계획과 함께 시간이 더 필요했다. 남북 대화에서도 상황이 바뀌었다. 경제적 우위에 있는 한국은 이제 북한과의 통합 형식을 탐색하는 데보다는 자신의 우월성을 현실화하고 자체적인 사회·경제적, 정치적 발전 모델을 알리는 데 더 많은 관심을 기울였다.

잘 알려진 이유에서 소련의 공식 역사학에서는 북한 경제의 퇴보와 북한 내부의 발전을 둘러싼 극히 모호한 문제들에 관해 서술되지 않았다. 대략 1960년대부터 북한은 드문 예를 제외하고 경제 통계 발표를 중단했고, 이는 북한 상황에 대한 객관적인 평가를 매우 어렵게 했다.[33] 하지만 한국학 전문가들에게 북한의 전반적인 상황은 비밀이 아니었다. 이와 관련하여 소련 시대 한국학 연구자들과 그들의 노고를 다룬 『한국에 바친 삶과 노고. 20세기 후반의 러시아 한국학 연구자들』이란 책에 나오는 꽤 긴 대목을 인용하자면 다음과 같다.

"북한에 존재하는 체제에 대해 비판적으로 언급하고 경영상 결함이나 오류들을 지적하는 일이 해가 될 수 있는 '우호국 내정 간섭'이 되고 사회주의 진영 국가들의 내부 관계가 어려워진다는 구실 아래 허용되지 않았던 상황에서도 소련 학자들은 독자들에게 객관적인 의미를 전달할 방법을 찾아냈다. 특히, 이것은 처음에는 아주 분명한 침체 문제와 관련되어 있었고 나중에는 북한이 사회·경제적 발전에서 남한에 크게 뒤떨어진 문제와 관련되어 있었다. 북한의 공식 선전이 '승리' 보고를 쏟아내는 가운데 북한 경제를 둘러싼 실제 상황에 관한 객관적 정보와 통계 자료 입수가 제한된 상황에서 소련 한국학 연구자들은 1983년에 사회주의 진영 7개국 대표로 구성된 국제 편집진이 참여한 중요한 저술인 『프롤레타리아 인터내셔널리즘과 아시아 사회주의 국가들의 발전』을 준비하여 출판했다. 북한 등 동아시아 몇 개국을 사례로 삼은 이 책에는 사회주의 국가들의 성공적인 발전이 무엇보다도 긴밀한 협력과 연대에 의해 결정된다는 주장이 명확하게 개진되어 있었다. 소련 동방학 연구자들이 보기에 북한의 경우에는 바로 이 점이 빠져 있다는 점과 자주성에 지나치게 매몰되어 있다는 점, 경제 정책 실행에서 격차가 벌어지고 뒤틀어지는 점이 비참한 결과를 낳았다."[34]

물론, 한반도를 둘러싼 외부 상황 변화도 영향을 미쳤다. 1970년대 말과 1980년 초에 세계 상황은 또다시 대치 국면을 띠기 시작했다. 미국의 대외정책 방향이 대치 상황으로 새롭게 기울어지면서 아시아 국가들에서 군사 주둔 축소 계획도 수정되었다. 미국은 한국 주둔군을 철수할 계획이 없음이 분명해졌다. 긴장 완화 시대가 끝나가면서 세계는 또다시 미·소 관계 악화의 문턱에 놓이게 되었다. 이와 함께 사회주의 진영 국가들의 경제, 특히 소련의 경제는 성장 속도 지체와 기술적 낙후 징조를 보였다. 자본주의와 사회주의 세계 질서 간 세력 균형이 한반도의 잠정적 균형과 마찬가지로 변화하고 있었다. 이런 추세가 점점 힘을 얻었고 곧이어 세계 사회주의 체제 전체의 붕괴가 급속히 가까워지고 있었다.

1980~90년대 통일안

미하일 고르바초프가 1985년에 소련 공산당 서기장에 취임한 이후 1980년대 후반부터 전 세계에 걸쳐 급격한 변화가 시작되었다. 이념적·정치적, 경제적 '침체' 상황에서 고르바초프가 선언한 '신사고' 정책은 한편으로 사회 안에서, 특히 국가와 당 기구들에서 무르익은 변화 필요성을 반영했고, 다른 한편으로 사회주의 체제의 이념적 토대에서 볼 때 상당히 급진적인 변화였다. 소련의 대외정책 노선 역시 진지하게 재검토되었다. 자본주의 진영 국가들과 수십 년에 걸친 정치·이념적, 군사·정치적 대결 속에 군산복합체 발전을 위해 경제 구조가 심각하게 왜곡되었다. 이는 소련 경제의 다른 분야들, 특히 경공업 분야에 치명적인 영향을 미쳤고 이로 인해 소련에서 대중 소비재 품귀 현상이 벌어졌다.

이와 동시에 고르바초프의 정책에서는 순진함과 다르지 않은 '정치적 낭만주의'가 관찰되었다. 이는 소련과 동맹국들의 이해관계를 고려하지 않고 종종 국가안보에 손해를 끼치면서 형편없이 입안되고 순간적으로 내려지는 결정과 일방적인 양보, 허세에 고스란히 표현되어 있었다. 군비 경쟁과 핵 재앙 위협으로 고조된 국제정세를 완화하려는 노력에서 나온 소련 지도부의 행동은 종종 사회주의 진영 동맹국들의 이해를 구하지 못한 채 그들 내부를 객관적으로 뒤흔들어놓곤 했다.

소련 지도부가 국내 정치 변혁과 이로 인한 사회 변화의 급류를 감당하지 못하자 상황은 걷잡을 수 없이 통제력을 벗어났다. 결국 소련을 개혁하려던 시도는 소련의 급격한 분열과 붕괴로 이어졌고, 1980년대와 1990년대 사이에 사회주의 진영의 존재는 사실상 완전히 막을 내렸다. 세계 지도상 몇 개국이 이런 종말에서 예외가 되었는데, 그중에서 중국과 북한을 가장 먼저 손꼽을 수 있다.

세계 사회주의 체제 붕괴는 한반도 상황에도 곧바로 영향을 미쳤다. 그러나 이미 1980년대 후반부터 한국에서는 변화를 위한 내부 분위기가 무르익고 있었다.

1960년대 초 남한 군부가 취한 개혁의 결과 남한은 심각한 전면적 위기를 극복해낼 수 있었고 경제적으로 이룩한 커다란 성공을 곧바로 보여주기 시작했다. 그 이후 남한 사회의 복지가 증대되면서 민주화에 대한 대중적 요구도 증가했고 급속한 현대화 속도에서만 아니라 군부의 권위주의 통치 방법과 반체제 억압, 심각한 노동 착취에서도 피로감이 느껴졌으며, 권력 체제에 반대하는 분위기가 확산했다. 이런 경향은 1987년 봄에 대중적 성격을 띠었고 전두환 대통령(재임기 1980~88년)이 현행 헌법 개정과 대통령 직접 선거 도입을 거부하고 나자 자발적인 시위 형태로 폭발했다. 1987년 여름 서울에서는 대중 시위와 정부-야당 협상 결과 새로운 헌법 채택 문제에 대해 국민투표를 시행하기로 결정되었다. 대한민국의 새로운 헌법은 대통령 직접 선거를 도입하고 대통령 임기를 5년 단임으로 제한했다. 대통령 권력도 대폭 축소되었다. 대통령의 국가비상사태 선포권과 국회 해산권이 철회되었고 국회의 권한이 확대되었다. 또 신헌법에 따라 시민권이 대폭 확대되었고 대한민국 최초로 헌법재판소가

도입되었다.[35]

같은 해 12월 치러진 대통령 선거에서는 집권당 후보인 노태우가 승리했다. 노태우가 (퇴역) 군인이자 전두환의 동지였지만, 그의 정책은 선임자의 정책과 근본적으로 달랐다. 이런 차이점은 특히 '북방정책'으로 불린 대외정책 노선에서 나타났다. 이 노선은 남한의 대외정치 상황과 이미지를 대폭 바꾸어 놓았고 한국이 한반도의 주도자 위상을 결정적으로 굳힐 수 있게 해주었다. 국제무대에서 한국에 대한 인식도 1988년 하계 올림픽을 깔끔하게 조직하여 성공적으로 개최하고 당시 사회주의 진영의 선도 국가들과 통상·정치 관계를 정상화하고 권위주의 정권을 변화시키고 국내 민주화 과정을 주도한 덕분에 대폭 향상되었다. 놀라운 경제 성장 지표, 자본주의 세계열강들을 향한 급격한 도약과 함께 한국의 전반적 상황과 명성이 눈에 띄게 강화되었고 이 덕분에 한반도에서 남측의 장기간 우위가 시작될 수 있었다. 북한의 핵심 동맹국들인 소련 및 중국과 '북방정책'의 틀 안에서 외교 관계를 수립하고 나서 한국은 북한 쪽도 시야에서 놓치지 않았다.

과거의 모든 합의보다 훨씬 더 중요하고 내실 있는 남북 대화의 새로운 단계는 의심의 여지 없이 국제질서에서 일어난 거대한 구조적 변화에 대한 반응으로 나왔다. 이러한 상황은 북한이 눈에 띄는 국제적 고립과 심각한 국내 경제 위기에서 벗어나려면 단호한 행동을 취해야 한다고 요구했다. 북한은 당시 정치·경제 상황에서 드러난 자국의 취약성을 잘 이해하고 있었고 급변하는 세계 질서 상황에서 자국의 주권과 주체성, 내부

안정 유지가 매우 필요했다.

따라서 한반도 긴장 완화와 관련한 북한의 최초 변화는 소련이 북한에 전혀 알리지 않고 남한과 외교 관계를 인정하고 수립하기로 한 1990년 후반에 일어났다.[36] 많은 점에서 소련과 한국의 상호 인정 사실에 영향을 받은 것으로 보이는 북한은 독자적인 대외정책 노선을 활성화할 수밖에 없었고 1990년 9월에 장관급 남북회담이 시작되었다. 중대한 국제정세 변화로 인해 북한은 기본 조항들에서 자국 입장을 완화하지 않을 수 없었다. 그중 한 가지는 남북한의 유엔 분리 가입 문제였다. 북한의 이전 입장은 남북한이 개별 회원국으로 유엔에 동시 가입하면 한반도 분단 사실이 법적으로 공고해진다는 것이었다. 따라서 북한은 이를 일관되게 반대했다. 그러나 북한은 자국의 국제적 입지가 전반적으로 악화하자 이전의 반대를 포기해야만 했고 1991년 가을에 남북한 모두 유엔 정회원국이 되었다.

역사적 견지에서 볼 때 남북한의 유엔 가입은 무엇보다도 한반도 긴장 완화를 포함한 국제 문제들을 해결하는 과정에 오랫동안 참여하지 못하고 고립되어 있던 상황 탈피에서 매우 긍정적인 출발이었다. 그와 동시에 이 사건은 한반도 문제 해결과 관련한 논의에 잘 알려진 법률적 혼란을 초래했다. 한편으로는 유엔군 파견단과 다른 한편으로는 북한군이 공식적으로 한국전쟁 참전국으로 인정되고 있고 두 적대 진영 간 전쟁 상태가 국제법 규범에 따라서 지금까지 끝나지 않은 채 정전협정 체결로 일시 중지되어 있을 뿐임을 떠올려보면 된다. 그러나 이 상황이 다소 역설적이기는 하지만, 남북한의 유엔 동시 가입은 한국과 북한에 국제적인 지위를 공식적으로 부여하고 두 국가를 유엔 회원국으로 인정해준 긍정적이고 중요한 실질적 행보였다.

그 뒤로 한국과 북한 사이에 회담이 서울과 평양을 오가며 몇 차례 이어졌고 1991년 말에 가서 양측은 분단 순간부터 매우 중요했던 문서들에 합의했고 이 합의는 이듬해인 1992년 초에 양국에서 비준되었다. 남북 화해·불가침·교류·협력 합의서와 한반도 비핵화 공동 선언처럼 중요성 면에서 과소평가하기 어려운 역사적 문서들도 차분히 서명되었다. 양측의 상호 인정을 증명하는 이런 문서들은 1948년에 사실상 처음 만들어졌다. 남북은 상대방의 내정에 간섭하지 않고 현행 정권 전복을 위한 어떤 행동도 취하지 않아야 했다. 또 선전 공격과 대결을 중단하고 논란이 되는 문제들을 평화적이고 외교적인 방법을 통해 해결하고 국가 간 협력 관계를 확립해야만 했다.

한반도 비핵화 선언문 서명도 중요한 성과였다. 이 문제는 다음 장에서 따로 고찰할 예정이다. 이것은 현재 한반도 역내 전체, 특히 남북 관계에서 안보와 긴장 상황 해결과 관련하여 가장 첨예한 문제 가운데 하나이기 때문이다. 양측이 비핵화 선언 외에 원자력 자원 통제를 위한 공동위원회 설치에 합의했다는 것도 지적할 필요가 있다. 남북은 합의 사항 이행을 위해 공동위원회를 몇 개 더 설치하기로 합의했다.(공동 군사위원회, 경제 문제 공동위원회, 교류·협력 위원회 등) 1992년 말에 양측은 합의 사항들을 연장하기 위해 공동 행동 계획을 구체화한 화해·불가침·교류·협력 합의서에 서명했다.

러시아 역사학계에서는 1990년대 초 남북 합의 사항들이 가장 높게 평가되었고 충분한 조명을 받으며 잘 연구되었다. 학자들과 전문가들은 거의 만장일치로 이 사건들이 한반도 문제 해결에서 역사적으로 커다란 의미가 있다고 평가했다. 의심의 여지 없이 이러한 행보들은 남북이 한반도 통일로 나아가는 움직임을 계속하는 데 필요했고 협력을 심화하고 경제적, 정치적 접촉을 점진적으로 추진할 목적에서 앞으로 더욱더 중요한 조치를 마련하는 데에 초석을 놓았다. 많은 점에서 볼 때 이 합의 사항들은 거의 10년 후에 가서야 실현될 운명이었던 남북 교류 심화로 가는 길을 열어주었다.

김일성이 사망하기 직전에 제시하여 1993년 조선민주주의인민공화국 최고인민회의에서 비준받은 '조국 통일을 위한 민족대단결 10개 조항 프로그램'을 따로 지적할 필요가 있다.[37] 이 문서는 장래 통일 조국의 정치·경제 모델을 다루지 않았지만, 김일성은 통일 조국의 미래 체제와 세계 속 위치에 관한 중요한 사항들을 다음과 같이 구체화해 놓았다.

- 통일 조국은 독립적이고 평화적이며 중립적인 국가이다.
- 두 체제와 정부를 유지한다.
- 공통의 이해관계들을 중심으로 단결한다(우리의 이해관계가 지역적 이해관계와 계급적 이해관계보다 더 중요하다).
- 상호 공격, 반공산주의 또는 공산화를 거부한다.
- 야당 탄압을 거부하고 정치범을 석방한다.
- 국유재산과 사유재산을 인정하고 개인과 단체의 자본 및 재산을

보호한다.

생애 마지막 해에 김일성이 나중에 가서 연방제를 사회주의 국가나 시장 자본주의 국가로 전환하는 것을 예정했는지는 불분명하다. 하지만 그가 이 과제를 미래 세대에 남겨 놓은 발언은 다음과 같이 잘 알려져 있다. "남과 북에 있는 각기 다른 체제의 통일 문제는 우리 후손들이 미래에 이 문제를 지체하지 않고 서둘러 해결하도록 그들에게 남겨 둘 수 있다. 이념과 체제상 차이점에 상관없이 하나의 민족 안에 하나의 통일국가를 수립하는 문제는 이제 더는 지체되지 않을 것이다."[38]

세계 사회주의 체제가 사실상 완전히 붕괴하고 국내 위기가 심각한 상황에서 북한은 어떻게 해서든 자국의 주권을 보존해야만 했다. 어쩌면 이런 점에서 김일성은 연방제 국가 형성에 일정한 희망을 걸었는지도 모른다. 1990년대 전반에 북한이 처해 있던 복잡한 상황에서 빠져나오기 위해 김일성이 제안한 전략적 노선도 바로 여기에 있었다.

급변하는 세계 질서 속에서 김일성의 이 프로그램은 북한이 이전에 내놓은 제안들에 중요한 사항들을 추가했고 죽기 전 마지막 순간까지 그를 사로잡았던 민족 통일 문제에 관해 그가 진지하게 연구한 점을 입증했는데도 주목을 충분히 받지 못했다.

이 에피소드는 한반도 주변의 외부 상황과 국제정세 전반이 남북한 관계 회복에 긍정적으로든 부정적으로든 영향을 미쳤다는 주장을 추가로 확인해주는 것이다. 그러나 양측이 외교적 유연성을 발휘하여 양보하면서 대화를 독자적으로 발전시킬 능력이 있었다는 점도 지적할 필요가 있다. 한반도 문제 해결과 남북 대화를 둘러싼 두 차원에 걸친 접근법(양자 간 접근법과 국제적 접근법)은 나중에 가서 효율성과 대안 부재를 보여준다. 따라서 이처럼 복잡한 문제의 해결에 대한 그러한 접근법이야말로 향후 통일안 마련에서 핵심을 이룬다.

남북의 통일 구상

러시아 한국학에는 한반도 분단이나 통일 문제를 직접 다루는 전문 저술이 많지 않다. 이 주제는 주로 한반도와 그 주변 상황의 긴장 해소와 관련한 더 첨예하고 긴급한 문제들을 구성하는 일부분으로서 다뤄졌다.

이런 점에서 이고리 고렐리의 저서『한반도. 통일 개념들』이 큰 관심을 끈다. 1994년 심사를 통과한 박사학위 논문을 토대로 3년 후에 출판된 이 책은 그때까지 남북한이 제시한 조국 통일 개념들을 진지하게 연구했다. 저자는 이 주제에 관한 자료를 수집하여 분석하는 대단한 작업을 수행했다. 이 책은 남북 관계 문제를 다룬 방대한 사료로서 남북한의 통일 프로그램을 깊이 있게 체계적으로 분석했다.

이 책은 조국 통일 가능성의 맥락 안에서 남북 관계 발전을 고찰한 최초의 역작이다. 이 책에서 저자는 남북 양측의 정책 성격과 이 정책이 국내외 요인들의 영향을 받아 겪은 변화를 평가했다. 1990년대 중반에 국제 정세 변화, 특히 러시아에서 일어난 변화는 새로운 접근법과 방향성을 결정지었다. 학술연구를 일정한 이념적 플랫폼이나 역사적 개념과 반드시 결부해야 하는데, 이런 부분이 부재함으로써 연구를 심화하고 새로운 구상을 적용하고 과거의 교조적 경향을 재검토하고 역사학에서 제시된 관점들을 전면적으로 확대하는 등 기회의 문이 폭넓게 열렸다. 이러한 경향들이 학계에 상당히 빠르게 반영되었고 많은 학자가 사회·정치적 발전 문제들에 대한 자신의 견해를 재검토했고 이전에 제기된 주제들을 새롭게 조명하기 시작했다.

이전에는 러시아의 공식 한국학이, 비유적으로 말하자면, 종종 교리학 수준에 이를 만큼 대체로 일방적인 친북 성향이었다고 한다면, 소련 붕괴 이후 러시아의 삶에서 일어난 변화와 함께 몇몇 경우에서 균형추가 정반대 방향으로 기울었고 이는 일관성 없는 대북 정책과 일부 학술 활동의 성격에 고스란히 반영되었다.

이런 경향들의 영향이 고렐리의 책에서 감지되고 있는데, 이 영향은 그때 당시 근본적으로 바뀐 국제정세와 북한의 어려운 상황을 특별히 고려하지 않고 북한의 통일 정책에 대해 보인 신중한 비판적 입장에서 특히 잘 드러났다.

예를 들면, 그 당시로서는 최신인 북한의 통일 계획안들을 고찰하면서 저자는 그 안에서 남한 정권을 무너뜨리고 한반도 전체에서 자신의 권력을 수립하려는 필연적 의지를 발견한다. 하지만 이러한 접근법은 전혀 명확하지도 않고 저자 자신이 도출한 결론에 기초해서 나온 것도 아니고 심지어 저자가 인용하는 일차 자료에 근거해서 나온 것도 아니다. 이 문제에 관해 소련 이후 러시아에서 나온 많은 저술에서는 1960년대 후반에 북한 당국이 실제로 남한 내 혁명 분위기 고조와 군사 정권 타도에 기대를 걸고 있었음이 상당한 논거를 토대로 제시되었다는 것을 인정해야 한다. 당시 북한의 일관성 없고 도발적인 대외정책 행위는 앞서 언급했듯이 매우 요란스러웠다. 그러나 고렐리 자신은 1970년대 초 국제적 긴장 완화 시기가 도래하고 남한의 국내 불안을 강제로 조장하려는 북한의 시도가 다시 한번 실패하고 나서 북한이 통일 문제의 무력 해결에 대한 자신의 태도를 재검토했다고 쓰고 있다. "사실상 북한은 통일 정책에서 급진주의와 혁명적 야심을 포기했다."[39]

그는 김일성의 발언을 인용하고 있는데, 이 인용문에서 북한 지도자는 한반도에 두 개의 각기 다른 사회·정치 체제가 수립되었고 현 단계에서는 두 체제를 통일할 수도 없고 그래서도 안 된다고 인정했다. "1988~89년에 김일성은 남북한이 서로 다른 이념과 체제를 수립했다고 몇 번에 걸쳐 밝혔다. 이런 상황에서는 어느 쪽도 상대방을 전복하려고 해서는 안 된다. 그와 반대로 두 개의 이념과 체제가 한반도에서 공존할 수 있다."[40] 바로 이런 상황에 근거하여 김일성은 남북 양쪽에 정치·이념 체제와 사회·경제 체제를 각각 유지하는 것을 예정한 새로운 통일 프로그램을 내놓았다.(1980년)

하지만 임시 국가 체제로 고려민주연방공화국을 제안한 북한의 통일 방안을 평가하면서 저자는 이 통일 방안의 출현으로 "북한에 충성하는 권력이 남한에 등장하고 그 후 연방제 필요성이 사라지면서 평양의 영향력이 우세한 한반도 단일 국가 수립이 선포될 수도 있었다"[41]라고 쓰고 있다. 한반도 통일 문제에 나타난 이런 양상을 위에서 살펴보면서 북한 지도부의 진정한 의도에 대한 여러 가지 관점에 주목하면서 이런 관점이 1960년대에 북한이 내놓은 제안 뒤에 가려질 수 있었다는 결론이 도출되었다. 그러나 남한에서 일어난 중대한 국내 정치 변화와 사회·경제적 변화로 인해 그런 구상의 실행이 현실적 기반을 상실했고 이는 북한도 잘 알고 있던 것이었다.

이와 함께 저자는 그 당시 남한의 통일 제안에 담긴 본질이 남한의 사회·정치적, 사회·경제적 모델의 지배권을 북한에 점진적으로 확립하는 것이었음을 짚고 넘어가지 않고 있다. 겉으로 볼 때, 1953년부터 1991년까지 나온 남한과 북한의 통일 정책은 상당 부분 각자의 국내 정치 과제와 국제정세 변화로 인해 촉발되었다. 양측의 입장이 여러 가지 근본 문제에서 유사한데도 불구하고 거의 아무것도 실행에 옮겨지지 않은 이유가 바로 여기에 있다.

이런 점에서 트카첸코의 말을 들어보는 것이 적절할 듯하다. 트카첸코는 남북한의 통일 정책에 대해 검토하면서 바로 휴전선 양쪽에 있는 한민족의 이해관계가 양측의 입에 발린 말에도 불구하고 남북 대화의 동기가 되지 못했다고 직설한다. 어떤 성명이나 협정에 서명하고 나면 그때마다 대화 과정은 또다시 동결되고 말았다. "양측은 자국 내 정치 상황이나 구체적인 대외정책 과제와 관련된 매우 실용적인 특정 목적을 추구했다."[42]

하지만 고렐리의 책은 이론의 여지 없이 매우 중요하고 대부분 올바른 입장과 주장을 다수 포함하고 있다. 그중 많은 부분이 남북한 통일이나 관계 개선 문제들을 검토할 때 오늘날까지도 타당성을 잃지 않고 있다. 아래에서는 문제의 본질을 이해하고 이 문제를 해결하는 데서, 또 현대 한반도 상황을 평가하는 데서도 현재까지 중요한 의미가 있는 저자의 입장을 살펴볼 것이다. 예를 들면, 이미 1990년대 말에 저자는 민족 분단의 비극이 남북한의 국내 정치 수사학에 여전히 등장하고 있었지만, 휴전선 양쪽에 걸쳐 세대교체가 이뤄지면서 한민족의 '집단적 의식'에서 점차 사라지고 있던 문제에 주목했다. "통일의 객관적 전제조건이 마련되는 순간에 어떤 성인 집단이 사회·정치적 의미를 지배하게 되고 권력의 실질적 지렛대가 될 수 있는지가 민족 화해를 위해 중요하다."[43]

미래 통일을 전망하며 과도기에 중간 형태의 통합에 양측이 합의할 때조차도(바로 이런 구상들이 오늘날 어느 한 정권이 흡수되거나 붕괴하는 일 없이 평화통일의 길로 가는 상황에서 가장 적절하고 현실성 있어 보인다) "특히 양국 지도자들에게서 새로운 정치 심리"[44]가 요구된다고 고렐리는 아주 정당하게 쓰고 있다. 이런 점은 이 책에서도 나중에 다루고 있지만, 미리 지적하자면, 강대국 지도자들의 심리에 관해서는 이미 말할 것도 없이 이 문제는 오늘날 남북 양국의 굳건하고 안정적인 대화 확립으로 가는 길에서 가장 심각한 장애물 가운데 하나이다. "한민족의 역사적 단일성에 대한 의식이 각자의 성과와 주권을 유지하려는 양측의 노력과 충돌하면서 한반도 현실에서 중대한 모순을 낳고 있다."[45] 더 나아가서는 "남북의 국내 발전 문제가 전면에 부상하면서 통일 문제에 관한 개념 구상과 남북 관계 개선에 중

대한 계획안 마련이 뒷전으로 밀려났다."[46]

이렇게 가정하면서도 저자는 이 문장을 쓰고 나서 그야말로 몇 년 뒤에 한민족 스스로 새로운 구상 계획을 실행에 옮긴 결과 가장 진정한 의미의 해빙이 도래하리라고는 미처 알지 못했다는 점을 지적해야 할 것 같다.(이 점은 나중에 얘기하기로 하자) 하지만 이후 역사가 보여줬듯이, 그런 계획안들은 특정 요인들로 인해 실현될 수 없었다. 고렐리가 올바르게 지적한 것처럼, 이는 '새로운 정치 심리'가 정치체제를 확실하게 장악하지 못했고 보수 세력들이 진보적인 노력을 뒤집어엎을 수 있었고 통일 문제에서 민족대단결이 남북한 사회에 의해 달성되지 못했기 때문이기도 했다.

한반도 통일의 길로 가는 길에서 이처럼 커다란 장애물이 있음을 지적한 저자가 결국 옳았다. 저자가 도출한 굉장히 중요한 결론은 무엇보다도 진정한 연구를 위한 토대를 놓은 주장이었다. 그것은 한반도 통일로 가는 길의 시작은 진정한 분열이 시작된 바로 그곳에서, 다시 말해 공동관리와 전통적 경제 교류 시스템에서 찾아야만 한다는 것이다. 고렐이도 이 주장을 지적하고 있는 것처럼 보인다. "한반도 프로세스의 특수성과 독보성에 대한 주장이 아니라, 분단 현실에 대한 적절한 분석이 개념 개발(통일안: 저자)의 토대를 형성하는 것이 중요하다." 저자는 계속해서 이렇게 말한다. "한민족 통합을 위한 과도기적 방안을 임시로 마련하는 것을 포기하고 남북한 사이에서 가능한 협력 분야들에 관해 합의안을 마련하여 연구하는 데 노력을 집중해야 한다."[47]

바로 이 점이 김대중 대통령이 북한에 제시한 새로운 정책에서 토대를 형성했고 우리가 보게 되듯이 남북 관계에 커다란 돌파구를 제공하면서 한반도와 주변 지역 전체의 공동 발전과 정상화, 안정 확립을 이끌었다. 다시 강조하자면, 수 세기에 걸쳐 남북 균형 발전을 보장해준 사회·경제 교류가 단절되고 38선 양쪽에 각자 경제를 새롭게 건설해야 했던 상황이 분단과 두 개의 개별 국가 수립으로 이어졌다.

고렐리가 내린 다른 결론 중에서는 남북한 두 국가의 안정적이고 점진적인 관계 개선을 위해 국제사회와 역내 주요 행위자들의 적극적인 도움이 필요하다는 점을 지적해야 할 것 같다. "국제사회는 남북한에 대해 선택적 접근을 버리고 양국을 충분히 동등한 국제관계 파트너로 인정해야 한다."[48] 우리가 보기에 이것은 역내 주요 국가 간 갈등이 첨예화할 경향을 분명히 드러내고 있는 상황에서 오늘날에도 날카로움을 잃지 않는 굉장히 중요하고 타당성 있는 결론이다. 이는 의심의 여지 없이 남북 대화에만 아니라 한반도 상황 전반에도 영향을 미친다. 바로 지금도 우리는 이 상황의 중요성을 다시 한번 확신할 수 있다. 한반도 문제를 긍정적으로 해결하려면 장기적이고 안정적인 국제 협력과 지지를 유지하는 것이 매우 중요하기 때문이다.

현대 러시아 역사학계에는 남북통일 프로그램을 분석하고 비교하는 연구가 그리 많지 않다. 전체적으로 볼 때 이 문제에 관심이 적은 것은 어느 정도 이해할 만하다. 그런 프로그램들의 의미와 과제가 통일을 위한 실천 방법들을 탐색하여 마련하는 데 있지 않고 주로 각자 입장과 의도를 선언하는 데 있다고 보기 때문이다. 대체로 이런 프로그램들의 내용은 선전 성격을 띠고 있고 으레 그렇듯이 세 번째 통일 원칙인 민족대단결의 경우처럼 폭넓은 논의 대상이 되지 않는다.

하지만 이 프로그램들은 양측 입장에서 공통분모를 찾아낼 수 있다는 점에서, 또 한반도 평화통일안 실현을 위한 실질적 가능성 측면에서 매우 큰 의미가 있다. 여기서는 무엇보다도 양측이 가정하듯이 정치 대화 물꼬도 틀 수 있는 남북 경제 협력의 이행 가능성에 주목할 필요가 있다. 이런 점에서 2014년에 출간된 류드밀라 자하로바의 저서 『남북한 경제 관계: 기원에서 현재까지』를 지적하고 싶다. 이 책은 20세기 후반의 남북 관계 약사를 개관하고 나서 남북한의 통일 프로그램들을 상당히 자세히 고찰하고 있다. 저자가 주로 고렐리가 내린 결론들에 동의하고 있지만, 이 책이 흥미로운 점은 남북통일 프로그램들의 성격과 관련하여 무수한 주장을 알차게 보충해 주는 대규모 경제·통계 자료에서 나온다. 예를 들어 저자는 경제 상황이 남북 대화에서 어느 한쪽을 우세하게 해주며, 성공적인 경제 발전은 자연스럽게 양측이 객관적인 이유에서 이러한 발전을 한반도 전체로 확대할 수 있게 촉진해준다는 결론을 구체적으로 뒷받침한다. 역사적으로 한반도는 단일한 경제적 유기체, 다시 말해 사회문화 전통과 언어 등이 똑같은 공동 경제 공간이었고 남북한의 지리적 근접성과 한반도의 위치는 서로 이익이 되는 성공적인 경제통상 협력체를 위한 독보적인 조건을 조성해주었다. 이 책은 경제가 남북 관계 개선과 역내 상황 정상화를 이끄는 동력이자 한반도 문제 해결의 열쇠가 된다는 핵심 주장을 명료하게 보여준다.

대체로 자하로바의 책은 1980년대부터 2010년대 초까지 남북 경제 교류를 주로 다루고 있고 남북 양자 간, 다자 간 경제 협력 포맷 전망의 등장과 발전, 분석 문제들을 고찰하고 있어 특히 흥미롭다. 이 책은 2016~17년 유엔 안전보장이사회와 주요 강대국들이 대북 강경 제재를 도입하기 전에 출판되었기 때문에 대북 제재가 남북 경제 협력에 끼친 영향은 검토하지 않는다. 그러나 저자는 남북한 내부의 관계 개선을 더 촉진해 줄 수단 등으로서 남북 경제 협력의 잠재적 가능성과 실제적 전망이 담긴 청사진을 매우 분명하게 제시하고 있다. 김대중 대통령의 햇볕정책과 실질적 성과, 결함과 긍정적 측면들도 많은 주목을 받았다. 햇볕정책의 완성 과정이 지금까지도 타당성을 유지하고 있다는 것과 향후 경제 협력을 심화시키는 장래의 실천 행보를 마련하기 위해서도 이런 경험이 당연히 연구되어야 한다는 것도 지적되었다.

남북한 정부의 통일 전략 문제와 함께 러시아 한국학에서 이 문제가 어떻게 반영되었는지를 살펴볼 때는 남북한의 통일 프로그램을 자세히 검토하고 있는 바닌의 논문「통일로 가는 어려운 길에 선 한반도」에 주목해야 한다. 저자는 이 분야에서 가장 잘 계획된 구상안인 1980년 김일성과 2000년 김대중의 통일 프로그램을 가장 중요하게 다룬다. 두 프로그램의 핵심은 각자 고유한 정치이념 체제를 유지하는 단일 연방 안에 남북한 두 국가가 공존한다는 구상에 있으며 공동 정부와 의회는 이런 식의 통일 실현으로 가는 단계적인 접근방식이다.

그러나 김대중의 통일안이 대외관계와 국방 문제들을 당분간 개별 정부 관할 아래 남겨 놓고 있는 반면에 김일성의 통일안은 이 문제들을 연방 공동 관리기관들로 즉각 이관한다. 이는 연방정부의 대외정책 노선 실행과 역내 지위, 전 국민적 이해관계 대변, 예민한 지역 안보 문제 등과 관련한 국제무대에서의 독자적 입장과 관련된 매우 중요한 측면이다.

김일성의 연방제 통일안이 남북한의 기존 정치·경제 상황을 객관적으로 반영하고 있으므로 이후에 나온 모든 조국 통일안에서 핵심이 된다는 것이 바닌이 내린 기본 결론이다. 새롭게 나온 프로그램들에 차이점들이 존재하기는 하지만, 이는 근본적인 것이 아니다. 다시 말해 차이점들은 회담을 통해 논의하여 조정할 수 있는데, 이것이 바로 김대중 대통령이 말해 왔던 것이다.[49] 바닌의 견해에 따르면, 이런 점에서 볼 때 "많은 것이 남북한 지도자들의 인내심과 선견지명, 개인적 야심과 이기적 계산을 초월하는 능력에 달려 있다. 다시 말해 남북한 관계가 분단 고착화가 아니라 조국 통일로 이르도록 하는 데 얼마나 진심으로 관심을 기울이느냐에 달려 있다."[50] 바닌은 김대중 대통령의 남북문제 해결안인 햇볕정책과 남북 관계 정상화 문제에 대한 그의 공헌, 다시 말해 진정한 타협책을 찾아내서 남북 간 해묵은 불신과 적대를 극복하려 했던 그의 노력을 높게 평가했다.

제3장

한반도 해빙: 교류와 대치

햇볕정책

김대중 대통령의 햇볕정책은 따로 살펴볼 필요가 있다. 햇볕정책 실행 과정에서 남북 관계 돌파구를 마련할 기회가 보였기 때문이다. 다시 말해 정치적·이념적 대립보다는 경제 교류 측면에 주목하면서 한반도 문제 해결이 중요하다는 점을 실질적으로 보여주고, 한민족이 내부 이견을 독자적으로 해결하고 '굳게' 단결한 민족정신으로 행동할 수 있는 능력을 과시할 기회가 보였다.

이와 동시에 햇볕정책이 겪은 '부침' 과정은 한민족 사회가 통일로 가는 길고도 험난한 길의 초입에 서 있었을 뿐임을 입증해주었다. 민족 통일 사업은 일관성과 연속성을 요구하며 이 사업이 성공하려면 굳건한 정책 의지와 함께 자신의 이익을 전 민족적 차원에서 인식할 필요가 있다. 하지만 이 방향에서 처음으로 나온 커다란 행보는 성공적이었다.

20세기에서 21세기로 넘어가는 시점에 남북한은 근본적으로 다른 수준에 도달했다. 남북한 정상들이 역사상 처음으로 개인적으로 만나서 남북 관계에서 질적으로 새로운 단계를 열어준 남북공동선언에 서명했다. 남북 관계 역사에서 일어난 이 획기적인 돌파구는 한국 야권 베테랑이자 오랜 정치 여정에서 부침을 수없이 겪은 노련한 정치인인 김대중 대통령(1998~2002년 재임)의 인격과 정책에 결부되곤 한다.[1]

김대중 정부가 이룩한 주요 성과로 정당하게 평가받는 것으로는 대북 관계 정상화와 남북 간의 광범위한 경제 협력 실행, 한반도와 주변 지역 상황의 전반적인 안정화, 한국 역사상 가장 힘들었던 1997~98년 금융위기 극복 대책 마련이 손꼽힌다.

김대중 대통령과 그의 후임인 노무현 대통령의 재임 기간(1998~2008년)에 한반도의 자주·평화 통일 전망은 선언 차원의 장기 목표에서 실질적으로 충분히 달성 가능한 과제로 바뀌었다. 이 시기 남북한 사이에 점진적·단계적으로 발전한 경제통상 관계는 향후 상호 성장에 커다란 전망을 열어주었다. 이는 1997년 금융위기 여파 극복 전략과 남한 자체의 현대화 전략에 긍정적으로 반영되었고 이 점은 다시 북한 내 위기 상황 극복에 이바지하기도 했다.

1997년 금융위기가 한국의 경제도약 성공모델을 송두리째 뒤흔들어 놓고 국가 명성에 심각한 타격을 입히면서 한국인들의 민족적 자긍심을 크게 훼손시킨 것을 유능한 정치인으로서 잘 알고 있었던 김대중은 금융위기가 더 악화하지 않도록 매우 단호하고 엄중한 대책을 수립하여 한국

경제 재편을 위한 일련의 조치를 단행했고 한국 사회 자체의 사회문화적 변화도 진지하게 시도했다. 자유민주주의 가치의 신봉자였던 김대중은 한국 사회의 전통적인 정신문화에 바로 이런 민주주의 가치를 도입하는 방법을 모색했고 동아시아 문화와 서구 문화 사이에 존재하는 공통 요소를 중하게 여겼다.[2]

수많은 경험을 쌓으며 국가 발전 전망과 구상을 위해 노력했던 유능한 정치인이 국가 경제가 붕괴 직전에 놓였던 한국 역사상 가장 어려운 시기에 국정을 맡았다는 사실은 많은 점에서 다행이었다. 이러한 역사적 상황 전개는 평상시에는 각기 다른 사회적 반응을 낳는 중대한 사회·경제적 변화를 실행하는 데 필요한 국론 일치를 달성할 수 있게 해주었다.

김대중이 위기 상황에서 한국 거대자본의 구조조정을 단행하여 자신의 대북 전략 지지에 활용할 수 있었고 대북 경제 관계를 확대하고 북녘 형제에게 식량 원조를 제공하기 위해 상당량의 국내 자원을 재분배했던 것도 아주 중요했다.

일부 한국 기업이 과거에도 다양한 대북 협력 가능성에 상당한 관심을 보였다는 사실을 언급할 필요가 있다. 하지만 남북 관계 정상화 등에서 추진된 많은 프로젝트가 정부의 든든한 지원을 받지 못한 채 무수한 난관에 부딪혔다. 이런 배경에서 새로운 대북 전략 토대가 된 것이 바로 햇볕정책이었다. 김대중은 이 용어를 이솝(기원전 600년경)의 유명한 우화인 「바람과 해님」에서 빌려왔다. 러시아 독자들에게는 「삭풍과 태양」이라는 제목으로 알려진 이 우화가 주는 교훈은 설득이 완력보다 더 효과적일 때가 많다는 데에 있다. "삭풍과 태양은 누가 더 힘이 센지 내기했다. 내기의 승자는 길을 가는 나그네의 옷을 벗기는 쪽으로 정해졌다. 삭풍이 먼저 바람을 세게 불었지만, 나그네는 옷을 더 단단히 여몄다. 그러자 삭풍이 바람을 다시 더 세게 불었다. 하지만 나그네는 추워서 옷을 더욱더 단단히 감싸 쥐었다. 마침내 삭풍은 힘이 빠진 채 나그네를 태양에 넘겨주었다. 태양은 처음에 햇볕을 살짝 비추었다. 그러자 나그네가 겉옷을 모두 벗기 시작했다. 곧이어 태양이 조금 더 뜨겁게 햇볕을 비추자 나그네는 더위를 참을 수가 없어 옷을 홀랑 벗고 가까운 시내로 달려가 물속에 뛰어들었다."[3]

이 우화의 알레고리는 '자기 옷 속으로 파고드는' 나그네가 바깥세상의 모든 것으로부터 닫혀 있는 북한을 가리키며 어떻게 하면 이 폐쇄성을 극복할 수 있는지를 암시해준다는 것을 어렵지 않게 알 수 있다.

물론, 북한은 김대중의 계획과 그의 우화에 담긴 알레고리의 의미가 무엇인지를 잘 알고 있었다. 남한이 내놓은 계획안에 보인 북한의 반응은 처음에 상당히 부정적이었다. 북한은 동등한 수준의 평화로운 대화와 협력을 견지한다고 일관되게 재확인하면서 압박과 위협 정책을 받아들이지 않을 것임을 계속해서 분명히 했다. 북한 측은 햇볕정책 구상이 북한의 정치적, 사회·경제적 발전 모델을 남한의 발전 모델로 바꿔놓는 것이 최종 목표인 한국의 과거 통일 계획안들과 사실상 다르지 않다고 생각했다.

1994년 7월 김일성의 갑작스러운 사망 이후 남한 군대가 전투 준비 태세에 돌입했고 그해 7월 남북정상회담이 예정되어 있었음에도 김영삼 대통령이 김일성 사망에 조의를 표하지 않았던 과거의 부정적 경험도 남한이 새롭게 내놓은 통일안의 인식에 영향을 끼쳤다.

남한의 새로운 민주 정권에 대한 모종의 실망감도 영향을 미쳤다. 1993년 선출된 김영삼 대통령은 수십 년에 걸친 군부 통치 이후 나온 최초의 민간 출신 국가 지도자였지만, 전임 대통령의 노선을 사실상 계속하면서 남한의 대북 정책에 담긴 (북한의 견해에 따르면) 적대적인 성격을 바꾸지 않았다. (1992년 중단된 '팀 스피리트' 한·미 합동군사훈련이 1993년에 재개됐고 대북 식량 원조 제공 문제들도 일관성이 없었다).

새로운 대북 정책과 관련한 남한 정부 관리들의 개인적 발언들도 북측의 분노를 샀다. 공식 발표와는 다른 동기들이 그들의 발언에서 분명하게 감지되었기 때문이다. 예를 들면, 대외정책 문제들을 논하는 TV 토론회에서 당시 대통령비서실 외교안보 수석비서관이었던 임동원이 햇볕정책을 "북한 주민과 지배 엘리트의 분리를 목표로 한" 정책으로 규정하자 이에 대해 북한은 김대중 정부를 향해 신랄한 대남 선전 공격을 퍼부었다.[4] 김대중 대통령 재임 초기에 국무총리를 역임한 김종필은 "햇볕정책 과제 중 하나가 북한을 정상 국가로 변화시키는 것이다"라고 숨김없이 말했다.[5] 김대중 자신도 과거 발언에서 바람과 해님에 관한 이솝 우화와 비슷한 정책이 사회주의 진영 국가들을 대상으로 성공적으로 실행되었고 이는 결국 사회주의 진영 붕괴로 이어졌다고 말했다.[6] 당연히 이런 목표 설정은 북측에 맞지 않았으며 자비롭고 평화 애호적인 언어의 이면에 온건하고 점진적이지만, 동시에 급진적인 북한 내부 변화를 바라는 욕망이 도사리고 있다는 확신을 북측 지도부에 심어주기만 할 뿐이었다. 남측 공식 인사들의 이런 발언들이 1991년 남북 양측이 도달한 합의 사항들과 현저하게 대비되었고 쌍방 신뢰 강화를 촉진하지 못했음을 인정해야만 한다.

과거의 남북 화해 단계들이 그랬듯이, 새로운 단계 역시 많은 점에서 외부 상황의 발전 논리에 영향을 받았다. 1999년 상반기에 북한과 미국 사이에서 북핵 문제와 1994년 제네바 기본합의에 관한 회담이 여러 차례 열렸다(이에 관해서는 제5장에서 자세히 다룬다). 회담 과정은 대체로 어렵게 진행되었지만, 1999년 10월 12일에 미국 국무부는 윌리엄 페리 대표의 보고서를 발표했고 여기에는 대북 대결 정책의 변화를 권고하는 내용이 담겨 있었다.

보고서는 미국과 그 동맹국들에 의한 북한의 고립 축소를 포함한 새로운 대북 회담 접근법을 제시했다. "보고서에 제시된 목표를 달성하려면 북한과 회담을 진행하고 양국 간 외교 관계를 수립하고 정치적 압박 등의 수위를 낮추고 동맹국인 한국과 일본이 완전히 지지하는 가운데 북한과의 평화 공존 정책을 시행해야 한다고 제안했다."[7]

그해 11월 베를린에서 미국과 북한 사이에 양자 관계 문제를 둘러싼 회담이 시작되었고 북한의 고위급 대표가 미국을 방문할 수 있는지도 논의되었다. 결국 회담이 막다른 길목에 이르자 미국은 관계 정상화를 대가로 북한의 핵 프로그램 포기를 요구했지만, 이는 북한이 수용할 수 없는 것이었다.[8] 이처럼 북한이 자국에 중요한 회담에서 실패를 맛본 경험은 북한 지도부가 남한의 제안을 검토하게 된 또 하나의 요인이었다. 1990년대 중반에 일어난 자연재해와 소련과 사회주의 진영 붕괴로 매우 열악해진 경제 상황도 북한이 더 실용적인 노선으로 전환하여 매우 시급한 내부 변화 실행 등을 위해 예산 충당에 필요한 추가 자원을 찾아 나서지 않을 수 없게 했다.[9] 하지만 북한이 남측 제안을 검토하게 된 동기를 내부 위기 극복을 위한 재원 마련 필요성에서만 찾는 것은 옳지 않다. 남북 관계 문제에서 상호 협력과 조국 통일 방법을 찾으려는 노력도 이전에 서명된 문서들에서 자주 발견되기 때문이다.

김대중이 제안한 정책은 실질적인 부분에서 1972년의 남북공동성명 정신과 1991년의 화해·불가침·교류·협력 합의서에 부합한다. 남한 대통령의 새로운 통일안은 선임자들의 실패 경험을 고려하여 북측이 관심을 보일 만한 조항들을 담고 있었다. 예를 들면, 대한민국 정부 수립 50주년 기념 연설에서 김대중은 조국의 신속한 통일을 목표로 설정하지 않고 더 나아가서 어떤 형태로도 북한을 흡수 통일할 의사가 없으며 더 중요하게는 정경 분리 원칙에 따라 대북 관계 건설을 제안한다고 처음으로 밝혔다.[10] 이러한 구상은 정치적 의무 사항 없이 경제 협력 관계를 정립할 가능성을 열어주었기 때문에 의심할 여지 없이 북한이 관심을 가질 만했다.

햇볕정책의 기본 내용은 다음과 같이 세 가지 원칙으로 귀결되었다. 첫째, 북측의 어떤 무력 도발도 허용하지 않는다. 둘째, 북한에 손실을 입히거나 북한을 흡수할 의사가 없다. 셋째, 대북 협력과 교류를 적극적으로 발전시킨다.[11]

김대중은 과거의 실수와 결함을 고려하여 대북 관계를 재편하는 것이 자신의 기본 과제임을 강조하면서 통일 정책의 최우선 순위들을 지정했다. 그는 남북한 두 국가의 신속한 통일 달성이 아니라 한반도에서 대결 중단과 협력, 평화와 안정 확립이 최우선 과제라고 강조했다. 문화와 경제 교류, 이산가족 상봉에도 특별한 관심을 할애했다.

김대중은 북한이 심각한 자연재해를 여러 번 겪고 어려워진 상황을 고려하여 어떤 단서도 달지 않는 전면적인 대북 지원을 공개적으로 지지했고 경제·식량 원조가 절실한 북한 측도 이 점을 잘 이해했다. 김대중은 사실상 대통령에 취임하자마자 대북 협력 실행 기회를 쉽게 해주는 경제적 성격의 여러 조치를 도입하여 단행했다. 대북 경제 투자 제한이 철폐되었고 쌍방 상품 교환 체제가 완화되었으며 남한 대기업 대표 등의 북한 방문에 필요한 행정 절차도 간소화되었다.[12]

이런 식으로 남측은 과거에 실패한 접근방식을 교훈으로 삼고 이전에 북한과 맺은 공동 원칙과 합의 정신에 따라 양국의 실제 상황에 대한 객관적인 평가를 토대로 하고 한국의 복잡한 국내 상황과 상관없이 자신들의 계획에 담긴 진정성과 새로운 상호협력 준비 자세를 실질적으로 보여주었다.

남북정상회담

김대중 대통령이 햇볕정책을 선언한 지 2년이 채 되지 않은 시점에 남북 양측은 정상회담을 개최하기로 합의했다.

남북한 관계 역사에서 이 사건이 갖는 의미를 과소평가하기는 어렵다. 앞서 지적했듯이, 정상회담은 1994년 김영삼 대통령과 김일성 주석 사이에 열기로 계획되었지만, 김일성 주석의 갑작스러운 사망으로 예정된 계획이 실현되지 못했다. 유감스럽게도 1990년대 중반의 남북 접촉은 성과를 내지 못했다. 그러나 2000년 6월 15일 정상회담 무렵에 양측은 새로운 수준의 상호신뢰에 도달했다. 이는 주로 김대중의 계획안과 기존의 불신을 마침내 극복해낸 북한 지도부의 입장 덕분에 가능했다.

양국 정상의 회담을 앞두고 일어난 중요한 상황은 2000년 봄에 김대중이 독일 베를린대학교에서 한 연설이었다. 이때 그는 조국 통일 가능성에 대한 자신의 구상을 자세히 밝혔다. 베를린 연설에서 김대중이 독일식 통일안을 한반도에 '적용하지 않는다'라고 언급한 것도 상징적이었다. 이 연설 내용이 평양에 미리 전해져 북측의 지지를 받았고 이로써 각자의 생각을 함께 논의할 의지가 양측 지도자에게 있음이 분명하게 입증됐다는 점을 지적할 필요가 있다.[13]

남북정상회담은 2000년 6월 15일 평양에서 열렸고 남북공동선언이 조인되었다. 이 선언에서 양측은 1972년 남북공동성명의 통일 원칙 준수를 다시 한번 강조했고 민족공동체(김대중의 구상과 부합하는) 또는 연방제(김일성) 형태의 통일 구상 쪽으로 계속해서 나아가고 경제·사회·문화 교류를 확대하고 이산가족 상봉을 추진하기로 했다.

2000년 남북정상회담은 모든 수준과 가장 다양한 분야에 걸쳐 접촉을 심화할 기회를 열어주었다. 2000년 6월 평양에서 나온 합의 사항 중에는 필요한 규범과 절차를 마련하고 남북 간 프로젝트 실행 시 공동 보증을 제공하기 위한 장관급 회담 개최도 포함되었다. 2000년 7월 29~31일에는 남북 장관급 회담 첫 라운드가 열렸고 김대중의 햇볕정책 실행 기간과 노무현의 '평화와 번영' 정책 실행 기간(2003~08년)에 남북 장관급 대표자 회담이 21회 열렸고 이 과정에서 쌍방 협력 문제들이 다양하게 논의되었다.

한반도에 감도는 전반적인 긴장 완화 분위기 덕분에 북한은 국제무대에서도 어느 정도 돌파구를 마련하여 자국의 대외정책 입지를 개선하고 여러 국가에서 인정받을 수 있었다. 예를 들어 2000년 6월 약 50년 만에 미국의 대북 경제 제재가 일부 해제되었다. 북한은 스웨덴, 핀란드, 포르투갈, 덴마크, 오스트리아 등 유럽 국가들과 외교 관계를 수립했다.[14]

'서류'에 그치지 않고 실제로 실행되어 각 영역에 걸쳐 매우 긍정적인 변화를 일으킨 남북 협력 사항 몇 가지를 햇볕정책 틀 안에서 찾을 수 있다. 무엇보다도 먼저 강조할 필요가 있는 대목은 김대중의 정책이 달성한 주요 성과가 어쩌면 남북한 양국의 정례적이고 내실 있는 대화 재개일 것이라는 데에 있다. 남북 화해 단계들은 항상 교류 강도가 조금씩 약해지다가 결국 대치 상태로 바뀌었다. 1972년 남북공동성명과 1991년 화해·불가침·교류·협력 합의서 채택 사이에 거의 20년이 흘렀고 그 뒤로 남북정상회담을 개최하고 남북공동선언에 서명하기까지 다시 거의 10년이 흘렀다. 남북 교류 규모가 매번 질적으로 증가했고 협력 영역들이 확대됐고 새로운 분야들이 등장했다는 점을 고려하더라도 남북 화해 과정은 여전히 연속성이 필요했다.

남북한 양측은 경제 협력과 교류 영역에서 전례 없는 성공을 거뒀다. 한국은 대북 사업 투자 매력도를 개선하고 한국 대기업 자본을 위한 법적 절차 간소화 조치를 도입하는 동시에 금강산 관광 단지와 개성 산업 단지 조성, 서울-신의주 철도 지선 연결 사업이라는 세 가지 공동 프로젝트 실행에도 적극적이었다.

또 하나의 교류 분야는 한국전쟁으로 생겨난 이산가족 상봉 추진이었다. 이처럼 매우 예민한 주제는 오랫동안 양측에서 초미의 관심사였다. 남한과 북한 양쪽에 참전자들과 일반인들이 여전히 살아 있는 가운데 상대방 측에 남아 있던 사람들의 친척들은 서로 교류할 기회가 없었기 때문이다.

그다음 교류 분야는 국제단체들을 통해서, 그리고 1990년대 중반에 몇 년에 걸쳐 연속해서 북한을 강타한 홍수 피해를 타개하기 위한 정부 간 직접 채널을 통해서 대북 비상식량 원조를 제공하는 것이었다. 이 밖에도 한국은 농업 생산성 향상에 필요한 비료와 곡식, 농약을 보냈고 북한에서 식료품과 의약품 부족으로 야기되는 잠재적 전염병과 기타 감염병 퇴치에 필요한 조제약을 전달했다. 한국 지도부는 민간 부문과 다른 시민단체들이 식료품과 비료, 인도적 구호품을 추가로 보내는 인도주의 프로그램에 참여하도록 적극적으로 독려했다.

끝으로, 남북한 양국이 참여하는 국제협력 확대와 한반도와 주변 지역의 긴장 완화도 햇볕정책의 틀 안에서 이뤄진 남북 교류의 결실이었다.

남북 협력과 거대자본

정경 분리 원칙은 한국의 민간 부문이 대북 무역·투자에 관한 결정을 채택할 때 그들에게 행동의 자유를 많이 부여해 주는 것과 특히 정부의 역할이 인도적 원조와 기타 공식적 원조 문제들로 제한될 때 남북 사업을 방해하는 규제 사항들을 완화해 주는 것을 공식적으로 의미했다.[15] 한국 기업들은 앞서 언급한 사건들이 일어나기 훨씬 전부터 대북 경제 협력 가능성에 관심을 보이기 시작했다.

한국 재벌[16] 현대그룹의 정주영 회장은 1989년 1월에 처음으로 북한을 방문했다. 이때 그는 김일성과 개인적으로 만나서 금강산 관광 인프라 공동 개발 협정에 합의할 수 있었다. 금강산의 매우 아름다운 풍광은 오래전부터 한국인들 사이에 유명했고 국내외의 많은 관광객을 불러 모았다. 외화를 추가로 벌어들일 수단으로 금강산에 다목적 관광 단지를 조성한다는 구상은 1988년에 북한 측이 '금강산' 국제관광회사를 설립하면서 실행에 옮겨졌다. 하지만 그 이후 관광사업 공동 개발은 신통치 못했다. 정주영 회장의 정치적 야망이 부분적인 원인이었다. 그는 1992년에 통일국민당을 창당하여 대통령 선거에 입후보했다가 낙선했고 이로 인해 당시 대통령 선거에서 승리한 김영삼의 지원을 얻지 못하게 되었다.[17] 그러나 김대중이 대통령에 취임하면서 상황이 바뀌었고 정주영도 대북 사업 분야에서 활동할 기회를 얻었다.

분단 전에 강원도 통천군에서 태어난 정주영은 1998년부터 북한 지도부의 호의를 얻어 북한을 여러 차례 방문했다. 예를 들면, 1998년 6월 16일에는 한우 500마리를 실은 트럭 16대를 이끌고 판문점을 통과하여 북한으로 들어가는 상징적인 행보를 펼쳐 보였다. 이 트럭과 소들은 정주영이 북한에 가져다준 선물이었다.[18]

그는 김정일과 개인적으로 만나서 몇 개의 프로젝트를 북한과 공동으로 실행하는 데 합의했다. 특히, 북한 지도부는 금강산 국제 관광 단지 건설권과 30년간 사용권을 현대그룹에 제공했다. 이 사업은 1998년 말에 개시되었지만, 오랫동안 수익을 내지 못했다. 하지만 양측은 사업 실현을 위해 수년간 계속해서 노력했고 그 덕분에 남한 사람들은 금강산을 방문하여 수려한 경치를 음미할 수 있었다.

남한 기업들이 경쟁력 증대와 대외 시장 진출 속에 여러 가지 객관적인 이유로 대북 협력 사업에 점점 더 많은 관심을 보였다는 점을 지적할 필요가 있다. 류드밀라 자하로바는 자신의 책『남북 경제 관계: 기원에서 현대까지』에서 몇 가지 객관적인 이유를 다음과 같이 정리했다.

1. 남한 기업들의 위험 요인 감소와 신용투자 순위 상승. 국제 신용평가기관들은 흔히 '북한 위험 요인들'(잠재적 군사 충돌이나 경제 파탄 등)과 관련하여 한국의 신용 순위를 낮추곤 한다.
2. 비용 감소. 한국 경제가 세계화 과정에 통합되면서 상품 생산비가 상당히 줄어들었고 경쟁력은 높아졌다.
3. 북한 내 자원 매장지 개발. 채굴업 개발에 필요한 자본과 기술이 매

우 부족한 상태였던 북한 내 광물 자원 개발이 한국에 유망한 대북 협력 분야였다.

4. 반도 끝에 있는 한국을 대륙과 이어주는 '육로 회랑' 조성.

남북 관계에서 여러 차례 긴장이 고조되긴 했지만, 1990년대 후반부터 남한 기업들은 투자나 합작회사 설립 기회들에 계속해서 관심을 보였고 심지어는 일부 사업을 실제로 실행하기도 했다. 이와 관련하여 스베틀라나 수슬리나는 남한 기업들의 남북 협력 접근 단계를 다음과 같이 세 가지로 구분했다.

1. 준비 단계 또는 낙관적 평가 단계(1980년대 말~1990년대 초). 이 초기 단계에서는 남한 자본의 북한 경제 진입을 두고 관심과 열정이 뜨거웠다. 하지만 기업 활동 규제에 관한 메커니즘 부재로 협력 사업 수익이 얼마나 될지는 대략적으로만 계산해볼 수 있었다.
2. 차분한 현실주의 단계(1990년대 중반 직전까지). 합작사업 첫 경험은 1997년 금융위기 직전 한국 내 경제 상황이 점점 악화하는 가운데 가능성과 위험성을 현실적으로 평가해볼 기회를 제공했다. 이 단계에서 한국 자본은 특히 남북한 양국 사이에 필요한 경제 기반이 존재하지 않아 경제 협력 실행 과정에서 무수한 난관에 봉착했다.
3. 조심스럽게 낙관하는 단계(2000년대). 공동 경제 프로젝트의 전면 지원을 밝힌 남북정상회담의 성공적인 결과 덕분에 이 단계에서는

거대자본 대표들이 경제 프로젝트 도모에 관심을 기울였을 뿐만 아니라 다른 분야들에도 주의를 기울였다.[19]

이에 덧붙여 말하자면, 1980년대와 1990년대에 남북한 경제 교류는 제3국을 통해서도 점진적으로 발전하고 있었다. 1990년대 중반까지 남북 무역 전체 규모는 2억 8,720만 달러였고 1997년 무렵에는 3억 830만 달러였다. 남한 기업들은 북한 동북부의 나진-선봉 자유무역경제지구 조성에 많은 관심을 보였다.[20] 김대중은 1999년 남북 무역량이 3억 4천만 달러로 1998년 대비 수치를 두 배 넘어섰고 대북 협력 기업 수가 100개 이상을 기록했다고 강조했다. 전체적으로 한국은 상품 판매량 규모에서 세 번째를 차지하면서 중국과 일본 다음으로 큰 대북 무역 상대로 부상했다.[21] 2007년 무렵에 한국은 중국을 밀어내고 북한의 최대 수출 시장으로 부상했다. 양국 무역량은 2000년에 4억 2,500만 달러를 기록했고 2007년에는 17억 9,700만 달러까지 증가했다.

이런 식으로 햇볕정책과 '평화와 번영' 정책 실행 기간에 남한 기업들은 대북 접촉을 활성화하여 확대하면서 한반도 상황의 전반적인 개선에 크게 이바지했고 남북한 두 지역에서 현대화 과정을 촉진했으며 단일 경제 공간의 점진적 확대에 이바지했다.

앞서 지적했듯이, 남한의 거대자본이 볼 때 북한 시장 진출은 지리적 근접성, 단일 민족과 문화 전통, 중국 기업들과 경쟁이 심한 상황에서의 값싼 노동력 등 몇 가지 요인에서 큰 잠재력이 있었다. 이러한 요인들이 결합하면 먼저 경제적 차원에서, 그런 다음 정치적 차원에서 민족 공통의 이해관계를 창출하고 이러한 이해관계에서 상호 안정과 안보 제공의 필요성에 대한 이해를 도모하고 민족대단결의 필요성 형성과 인식을 촉진할 수 있었다.

단일한 경제적·지리적 공간 안에서 공통의 경제적 이해관계는 정치체제가 서로 다를지라도 남북한 양국의 향후 협력 관계 확립에서 가장 중요한 필수 조건이었다. 공동 경제 프로젝트의 실행 과정에서 양측은 자연스럽게 입법상의 모순점과 법률적 차이점을 제거해 나가면서 미래에 있을 분단 조국의 통일로 가는 길을 닦았다. 1940년대 후반의 단일 경제 공간 단절은 사실상 단일 국가의 분단으로 가는 출발점이었다. 김대중의 정책을 구성하는 이러한 개념적 성분은 어쩌면 한반도 전체의 현대화를 의미하는 통일 한국에 대한 그의 비전에서 본질을 가장 잘 드러내 보일지 모른다.

햇볕정책과 '평화와 번영' 정책 실행기에 남북 경제 협력이 이룩한 성과를 보여주는 통계를 인용해보면 좋을 것 같다. 2000년에서 2007년까지 남북 무역 총액은 4억 2,500만 달러에서 17억 9,700만 달러까지 네 배 이상 증가했다. 2000~07년 양측의 상품 거래량에서 평균 증가율은 23%였다. 2007년 결산 자료에 따르면, 북한의 대남 수출 규모는 7억 6,500만 달러를 기록했다.[22] 러시아 한국학계에서는 대북 경제 협력 실행에서 나타난 국가와 대기업들의 협력을 높게 평가했다. 특히 이러한 정책은 "효과적이었다고 할 만큼 충분한 근거"를 갖고 있었고 "사려 깊고 균형 잡힌" 것으로, 남북 관계 정상화와 한반도 상황의 개선을 촉진했다.[23]

위기 결과를 극복하는 가운데 나온 한반도 상황의 정상화는 남북한 정부와 기업들의 효과적인 협력에 이바지했고 모든 분야에 걸쳐 남북 관계 발전 잠재력을 축적하는 데 좋은 여건을 조성해주었다.

한국 대기업들의 남북 협력 참여는 국가 현대화 단계와 같은 위기 상황에서 특히 그렇듯이 국가가 민족자본의 이해관계를 자신의 과제와 목적에 종속시킬 수 있다는 유명한 명제를 입증해주었다.[24] 한편, 국가는 대기업들에 대북 분야 경제 활동을 위한 안전을 보장해주었다. 남한 자본은 정부의 암묵적인 동의 아래 북한에 독자적으로 진출하려고 시도했지만, 정부의 지원 없이는 성공을 거둘 수 없었다. 이와 동시에 남한 정부는 거대자본의 재정 지원을 받지 못했다면, 대북 관계에서 큰 성공을 거두지 못했을 것이다.

북한을 대화로 끌어들이고 남북 양자 관계에 근본적 변화를 일으키려는 국가 전략의 실행 과정에서 거대자본과 그 대표들이 담당한 역할에 나타난 특징은 '정치의 안내자'라는 유명한 표현으로 가장 적절하게 규정할 수 있다. 정주영 현대그룹 명예회장이 사망하고 나서 2002년에 북한 당국이 남북 협력과 통일 사업에 이바지한 그의 공로를 인정하면서 김정일의 친서를 전달하기 위한 공식 사절단을 파견한 이유도 여기서 찾을 수 있다.[25] 당시 이것은 남한 사업가가 북한 최고 지도부로부터 영예를 입은 최초이자 유일한 사례였다.

보수 회귀

김대중의 뒤를 이어 등장한 노무현(2003~08년 재임)은 대체로 전임 대통령의 정책을 계속해서 이어나갔다. 그러나 햇볕정책은 김대중 대통령의 재임 기간에도 이미 한국 정치의 보수진영으로부터 강한 비판을 받았다. 남북 관계에서 중대한 돌파구가 마련됐음에도 목표를 유지하고 생산적인 결과를 내며 전진하기가 점점 더 어려웠다. 예를 들면, 햇볕정책 아래 진행된 핵심 사업 가운데 하나인 금강산 관광사업은 오랫동안 손실을 내면서 국비 지원을 계속해서 요구했다. 한국 경제가 1997년 금융위기 여파를 어렵게 극복하고 있던 상황에서는 상당한 재정 지출이 필요한 대북 협력 사업을 진행하기가 정말 어려웠다. 이와 함께 남북 화해가 미국의 손에서 완전히 벗어나 급속하게 진행되자, 한국 정부는 동맹국으로부터 대외정책 압력을 계속해서 받았다.

야당은 김대중의 정책을 정치적 'PR'로 폄훼하며 신랄하게 비판했다. 그들은 김대중 정부가 국가 예산을 북한에 마구 퍼줬다고 비판했고 북한의 행동에 대한 비난과 관련된 문제들에서 유엔 내 한국의 입장이 적절하지 않았다고 비판했다. 2003년에는 한국에서 2000년 남북정상회담 개최와 김대중 대통령의 노벨평화상 수상을 둘러싸고 심각한 논란이 빚어졌다. 남북정상회담이 열리기 며칠 전에 김대중 정부와 현대그룹이 한국외환은행을 통해서 정상회담 개최를 위한 듯한 5억 달러 규모의 자금을 북한 지도부의 계좌로 비밀리에 송금한 것으로 당시 드러났다.[26] 이는 김대중이 노벨상을 '매수했다'라고 말할 수 있는 빌미를 야당에 제공했다. 물론, 거액의 대북 송금은 정부의 대북 정책에 대한 여론의 인식에 부정적인 영향을 끼쳤다. 그러나 햇볕정책에 결정타가 된 것은 북한이 핵확산방지조약(NPT)에서 탈퇴하고 곧이어 핵무기 보유를 발표했고 2006년 마침내 핵실험을 단행한 것이었다. 이 모든 것은 햇볕정책과 '평화와 번영' 정책을 계속 추진하는 것이 온당하고 성공할 것이냐를 두고 대중 여론이 결정적으로 등을 돌리게 했다.

노무현 대통령이 재임 마지막 해에 평양을 공식 방문하여 김정일을 만났지만, 여당과 대통령 자신의 불안정한 정치 상황 속에서 두 정상이 합의한 사항들의 실행 전망은 상당히 회의적이었다.

2007년 10월 4일 양측은 '남북 관계 발전과 평화번영에 관한 선언'에 서명했고 현행 협력 분야들을 확대하고 신규 협력 분야들을 마련하는 데 합의했다. 예를 들면, 이산가족 면회소 건설에 속도를 내기로 했고 2008년부터 백두산 관광을 시작하기로 했다(서울-백두산 직항로 허용). 신규 경제 협력 프로젝트로 2억 달러 규모의 조선소 두 곳을 한국 기업들이 건설하기로 했고 해주시와 주변 수역에 황해 평화협력특구를 조성하기로 했다.[27]

러시아 한국학계의 주요 연구자들이 함께 모여서 출판한 단행본에서 2차 남북정상회담과 새로운 남북 선언에 대해 내린 긍정적 평가를 보면, 합의 사항 실행 전망과 관련한 가정법 사용이 눈길을 끈다. "대체로 2차 남북정상회담은 양자 관계 개선 측면에서 긍정적인 의미가 있었다. 이 회담에서 채택된 합의 사항들이 실행됐다면 남북의 상호 이해와 협력에서 단계적 발전을 촉진할 수도 있었고 더 나아가 한반도 상황의 안전과 안정에 크게 이바지할 수도 있었을 것이다.[28] 그해 12월 치러진 한국 대통령 선거는 보수 정당 후보가 승리했고 이후 10년간 이어진 집권기에 보수 세력은 역사적 기준으로 보면 길지 않은 이 시기에 남북 양측이 이룩한 성과 가운데서 많은 부분을 백지화했다. 비유적으로 표현하면, 2000년 6월 남북정상회담은 남북 관계에서 완전히 새로운 장을 열어주었고 한반도에서는 해빙기의 시작을, 주변 지역에서는 전반적인 정상화의 시작을 상징했다. 반면 2007년 정상회담은 이 시대의 쇠퇴를 상징했다.

김대중이 대통령에 선출되고 나서 10년이 지난 2008년에 한국에서는 현대건설 사장과 대표이사, 회장을 역임한 보수주의자이자 실용주의자인 이명박이 권력을 잡았다. 1990년대 초에 그는 기업 회장직을 그만두고 정치에 입문하여 집권당 소속의 국회의원을 한동안 역임했다. 하지만 그는 1990년대 말에 선거 비용 초과 지출에 따른 선거법 위반으로 벌금형을 받았고 그 길로 미국으로 건너가 연구에 전념했다. 미국에서 잠시 체류하고 나서 다시 한국 정치 무대로 돌아온 이명박은 2002년 서울 시장 선거에 나서 성공했고 2007년에는 대선에서 승리했다.

이명박은 선거 운동 과정에서 이미 대한민국과 한반도 발전전략의 일부로서 한반도 문제 해결에 대한 새로운 접근법을 제시했다. 그의 프로그램은 '상생과 공영' 정책으로 불렸으며 이 명칭은 전임자의 정책('평화와 번영')과 근본적으로 구별되는 차이점을 반영했다. 이명박은 보수파가 전임 대통령들의 대북 전략에 대해 가한 비판을 토대로 자신의 정책 구상을 수립했다. 보수파는 일방적인 대북 원조와 구체적인 성과 부재에 불만이 많았다. 바로 햇볕정책 실행기에 재개되어 적극적으로 개발된 북한 핵 프로그램도 여론의 분노를 샀다.

햇볕정책 비판자들은 천명된 목표와 그 결과가 일치하지 않는다고 계속해서 강조했고 북한 정권의 내부 개혁에도 진전이 없다고 지적했다. "북한과 한국 사이의 격차는 양적 지표에서만 아니라 삶의 질에서도 계속해서 벌어졌다. 이런 식으로 한국의 원조는 '밑 빠진 독에 물 붓기'로 북한의 경제 문제 해결에 어떤 영향도 끼치지 못했다. 남북 관계에서 대화는 북한이 원하는 정도와 분야에서만, 그들이 바라는 규모와 강도로만 이루어졌다. 이런 상황에서 한국이 모종의 압력을 가하거나 북한이 보기에 쓸데없는 활동을 펼치려고 하면, 북한은 자기 멋대로 정부 접촉 라인을 무기한 중단했다가 복원하곤 했다."[29]

이명박은 남북 협력을 수정하거나 남북 협력에서 균형을 잡는 것을 목표로 삼았다. 따라서 한국 신정부의 대북 정책 명칭에서 '상호'와 '공동'을 뜻하는 접두사가 등장했고 생존은 공동 생존이어야 하고 번영은 상호적이어야 하지 그렇지 않다면 무의미하다는 데에 방점이 찍혔다.

이명박의 접근법은 '비핵·개방·3000'이라는 제목의 대북 정책 프로그램에 담겨 있었다. 이 프로그램의 의미와 명칭 자체는 다음과 같이 풀이되었다. 북한이 핵 프로그램을 포기한다면, 다시 말해 상시 통제와 감시, 검사를 위한 핵 프로그램 접근권을 외국 전문가들에게 완전하게 보장하고 핵무기와 발사 수단 개발 프로그램을 축소하고 폐기한다면, 이로써 '개방성'과 대화 준비 자세를 말이 아닌 행동으로 보여준다면, 한국은 국내외 투자를 유치하여 10년 안에 북한이 1인당 국내총생산을 3천 달러 수준으로 끌어올릴 수 있도록 도와줄 용의가 있다는 것이었다.[30] 이 밖에도 북한은 개방을 달성하려면 내부 개혁 실행에 즉시 착수해야만 했다. 3천 달러를 뜻하는 숫자 3,000도 우연히 나온 것이 아니었다. 1일당 국내총생산 3천 달러는 한국 경제가 민주적 변화가 시작되고 군부의 권위주의 통치가 종식되고 나서 1년 뒤인 1988년에 열린 서울 올림픽 무렵에 달성했다. 바로 이러한 경제 발전 지표는 대북 정책 프로그램 입안자들이 볼 때 한국 역사에서 진정으로 민주적인 변화로 가는 출발점이 되었기 때문에 북한에서도 이 지표를 달성할 필요가 있었다.

이명박 사단의 견해에 따르면, 이러한 대북 관계 접근법은 한국의 전임 대통령들이 북한 정권에 제공한 무상 '공여'와 달리 더 합리적이고 구체적이었다. 게다가 '상생과 공영' 프로그램에 담긴 주요 내용이 이미 대선전에 발표되어서 이명박은 자신에게 투표한 한국 국민이 대북 정책에도 지지를 표했다고 당연하게 생각했다. 제17대 대통령 선거 무렵에 이처럼 실용주의적인 대북 사업 접근법이 상당히 많은 수의 지지자를 갖고 있었다는 것을 인정하지 않을 수 없다.

남북 관계를 험난한 역사 전체의 맥락에서 보면 '힘의 논리로' 접근하는 이런 구상이 처음부터 실패할 운명이었다는 것은 전혀 놀랍지 않다. 남북 관계 문제를 진지하게 접근하는 연구자라면 누구에게나 북한이 이명박의 제안에 매우 부정적으로 반응하리라는 것이 자명했다. 게다가 이 프로그램은 북한이 수용할 수 없는 전제조건들을 달고 있었다. 남측의 견해에 따르면, 전제조건들을 이행하지 않으면 이 프로그램을 실행할 수 없었다. 한국이 양측의 공동성명에서 여러 차례 언급된 남북 관계의 동등성 원칙을 배제한 행위는 북한에 매우 민감하고 괴로운 일이었다. 한국은 자신의 경제적 우위성과 북한의 후진성을 강조하면서 북한의 경제 문제 해결에 대한 자신의 비전을 제안하거나 강요하려 들었다. 더욱이 북한은 핵미사일 프로그램과 관련된 문제들을 자국의 안보 및 국방 보장과 항상 연계시켰고 이 점을 강조하면서 남한과의 양자 관계 논의 대상으로 간주하지 않았다. 북한과의 대화에서 매우 오만하고 가르치려는 듯한 태도로 나온 남한의 제안이 북한에서 공감을 사지 못했고 남북 관계 문제 전반에 걸쳐 남한 신정부와의 관계에서 북한의 입장을 미리 결정지었다는 것은 놀라운 일이 아니다.

남한은 식량과 화학비료 제공을 점진적으로 중단했고 북한 인권 상황 문제를 다시금 제기했으며 자국의 대북 정책이 180도 달라졌음을 뒷받침해주는 일련의 조치에 착수했다.[31] 한편, 남한 당국이 선전 자료와 전단을 담은 기구들을 북한 땅으로 띄워 보내는 등의 대북 선전 공격 행위를 재개한 다양한 비정부 단체의 활동과 관련이 없었거나 그런 활동을 조장하지 않았다는 사실은 의심의 여지가 거의 없었다.

남한의 새로운 노선에 대해 북한이 보인 공식 반응은 2008년 3월에 나왔다. 북한은 공식 인사들이 일련의 강경 성명을 발표하고 나서 개성 경제협력공동위원회에서 일부 관리를 일방적으로 철수시키는 결정을 내렸다. 뒤이어 남북 대화 중단과 남한 공식 인사들의 국경 통과 금지 성명이 발표되었다. 북한 당국은 정부 간 접촉 라인을 모두 중지시켰고 남북한 해군 본부 사이의 전화 '핫라인'도 끊어버렸다.

그럼에도 공동 프로젝트들은 계속해서 가동되었고 남북 교역도 속도가 느리긴 했어도 여전히 이뤄지고 있었다. 이명박 대통령은 전임 대통령들이 맺은 협정과 합의 사항들을 이행할 의사가 있음을 밝혔지만, 이에 대해 북측은 어떤 반응도 보이지 않았다.

남측은 이를 즉각 파악하고서 상황을 개선하려고 시도했다. "2008년 7월 11일 대한민국 국회 연설에서 이명박 대통령은 대북 입장을 다소 수정하여 대규모 남북 대화를 재개할 필요가 있고 북한과 진지하게 협력할 준비가 되어 있다고 밝혔다. 그러나 운명의 아이러니처럼 2008년 7월 11일 바로 그날 금강산 관광지구에서 북한 군인이 남한의 여성 관광객을 향해 발포해 살해했다."[32] 이 사건은 큰 반향을 불러일으켰지만, 이어진 조사는 사망한 여성의 행동이 모호하여 비극으로 이어졌음을 보여주었다.[33] 이 사건 이후에 관광 단지는 폐쇄되었다.

2008년 말까지 북한은 남한 대표들을 겨냥해 다양한 제한 조치를 일방적으로 도입하기로 했다. 예를 들면, 남한 사람들의 북한 영토 내 체류와 군사분계선 통과에 필요한 요건이 강화되었고 개성 관광 여행과 남측과의 철도 연결선이 중단되었다. 공동경제협력위원회도 폐쇄되었고 휴전선 지역의 비무장지대를 통과하여 개성공단으로 들어가는 육로도 제한되었다. 개성공단 지구에 머물 수 있도록 허용된 남한 사람들의 수도 축소되었다.

2009년에도 남북 관계는 계속해서 악화되었다. 그해 1월 이명박 대통령은 '비핵·개방·3000' 프로그램의 입안자 가운데 한 명인 현인택 교수를 신임 통일부 장관에 임명했고 북한은 이것을 매우 부정적으로 받아들였다. 이에 따라 북한은 대남 전면 대결 태세를 밝히고 1991년 12월 13일 자 남북 화해·불가침·교류·협력 협정과 남북 간 다른 협정들을 무효화했다.[34]

2010년에는 남북 양자 관계 건설 분야에서 남한이 내놓은 새로운 제안들에 북한이 매우 부정적으로 반응하고 남한은 남한대로 이전에 나온 상호 합의 사항에 입각한 대북 정책 추진을 사실상 포기하면서 남북 관계 긴장이 최고조에 이르렀다. 2010년 3월 26일 해안에서 멀지 않은 서해상에서 대한민국 초계함인 천안함이 폭발을 일으켜 침몰하여 승조원 104명 중 46명이 사망했다. 이 사건에 대해 한국 당국이 처음에 보인 반응은 신중했다. 그러나 침몰 사고를 조사한 국제위원회의 작업 결과가 나오고 나서 한국은 천안함이 북한 잠수함의 어뢰 공격을 받고 침몰했다고 발표했다. 공정성을 위해 지적하자면, 여러 나라가 위원회의 결론에 동의하지 않은 것은 물론이고 심지어 일부 남한 전문가 사이에서도 위원회의 결과에 의구심을 표명했다.[35] 북한은 자국이 이 사건에 연루되지 않았다고 부인했지만, 한국은 북한에 책임이 있다고 계속해서 주장했다. 남북 관계는 최악으로 치달았다. 양측이 매우 부정적인 언어와 위협을 서로 주고받자 세계 언론이 이를 주목하고 보도하면서 국제무대에서 북한의 부정적 이미지가 더욱 강화되었다.

한반도에 도래한 대치 상황에서 남한 지도부의 향후 행보도 변화를 겪었다. 평화통일 개념은 기존 언어를 유지하면서도 남한의 북한 흡수 통일 구상과 북한 정권의 '조속한' 붕괴를 기대하며 이를 최대한 도모하는 것으로 바뀌었다. 북한 정권이 머지않아 붕괴하리라는 남한 신정부의 확신은 북한 정권을 겨냥한 노골적인 군사·정치적 압박과 대북 경제 제재 확대가 근간을 형성하는 대외정책 노선을 추구하게 했는데, 이는 이전 노선과 완전히 다른 것이었다.

2010년 8월 15일 제65주년 광복절 경축사에서 이명박 대통령은 다음과 같이 3단계 조국 통일 계획안을 발표했다. 첫째, 한반도 전역에서 핵무기를 포기하고 평화와 안정을 확립한다. 둘째, 남북 경제를 통합한다. 셋째, 남북 양국의 정치적 통일을 실현한다. 이 연설에서 이명박은 통일이 되면 불가피하게 지출되는 비용을 마련하기 위한 '통일세' 도입 문제를 폭넓게 논의하자고 제안했다. "통일은 반드시 올 것이며, 이제 통일세 등 현실적 방안도 준비해야 할 때가 됐다. 나는 우리 사회 각계에서 이 문제를 폭넓게 논의해 줄 것을 제안한다."[36]

흡수 통일 비용

2011년 남한 당국은 '한국식 통일'을 목표로 한 계획안을 마련하고 통일 비용을 추정하는 특별 정부 기구 설립안을 제안했다.[37] 수많은 전문가와 연구단체 대표자, 정부 기관, 학자, 군인, 경제학자 등이 통일 비용 추산에 참여했다. 여러 평가 자료에 따르면, 한국이 북한을 통합하는 과정에서 30년간 소요될 비용은 2~5조 달러에 달한다.[38] 한국 기획재정부는 한국이 앞으로 8년 안에 북한과 통일한다면, 10년 동안 연간 국내총생산에서 최대 7% 또는 약 1조 달러를 지출할 것이라고 발표했다.[39]

그러나 새로운 국제 경제 위기 상황에서 사태가 불리하게 전개될 경우를 대비해 모든 대책을 마련하는 데 요구되는 엄청난 규모의 재정 자원은 통일 기금 조성 또는 통일세 도입을 검토하던 시점에서 한국에 필요한 만큼 존재하지 않았다. 애초 발표에 따르면, 5년에 걸친 소요 자원 축적 기간은 중장기 전망을 가정한 것이었고, 이는 의심의 여지 없이 국가 현대화 계획 실행에 영향을 미칠 것이었다. 남한의 예산은 2008년부터 부족한 상태였고 정부의 예산 잔액은 2013년까지밖에 남아 있지 않았다. 당시 세계 경제 상황은 불안정했다.

조금 더 나중에 나온 계산도 낙관하기가 매우 어려웠다. 예를 들면, 2015년 국회 예산위원회 평가에 따르면, 2016년부터 2060년까지 45년간 소요될 것으로 예상되는 지출 총액은 현재 가치로 10,428조 원에 달했지만, 국제통화기금(IMF)과 경제협력개발기구(OECD) 자료에 따르면 2015년 한국의 국내총생산은 1조 4천억 달러였다.[40] 남한의 북한 흡수에 대해 상당히 낙관적으로 전망하는 논문에서 독일식 통일 방안의 적용 가능성에 대해 숙고했던 루디거 프랭크조차도 사회 체제와 안보 문제들이 어려우리라고 말한다.[41] 이런 계획안의 실행이 점차 백지화되자, 한국은 그와 비슷한 계획들을 포기할 수밖에 없어서 발표된 계획들이 실행에 옮겨진 것은 아무것도 없었다.

이런 계획안들과 더 중요하게는 북측이 전혀 참여하지 않는데 실행할 것처럼 가정한 조건들은 분명히 선전적인 성격을 띠었고 통일 문제 해결에 기획적이고 '사무적으로' 접근한다는 인상을 주었으며 대북 압박 수단으로 기능했다. 남측이 내놓은 이 모든 구상은 이전에 서명된 공동 문서들(1972년과 1991년)에 담긴 내용과 정신에 배치되었고 동등한 수준의 대화를 의미하지도 않았다. 다시 말해 상대방의 붕괴도 흡수도 가정하지 않았고 상대방의 주권에 대한 존중과 함께 그야말로 독백이 아니라 대화를 의미했던 통일 원칙들에 완전히 모순되는 전제들에 입각해 있었다.

남한에서 보수 세력의 집권은 대북 관계 등 신정부의 대외정책 노선에 분명하게 영향을 끼친 커다란 국제적 사건들과 시간상 일치했다. 한반도와 남북 관계 상황은 한반도 문제 해결에도 영향을 미친 대외 요인과 국제정세 변화와도 긴밀하게 연결되어 있었다. 1991년 페르시아만 전쟁과 1999년 북대서양조약기구(NATO, 나토)의 유고슬라비아 공습, 2001년 미국의 아프가니스탄 침공과 2003년 이라크 침공, 국제법 규범을 심각하게 위반하고 독립 국가들의 주권을 침해하고 파괴하는 다른 많은 공격 행위를 북한에서도 예의주시했고 이에 따라 북한 지도부는 자국 안보를 강화할 방법과 기회를 모색하지 않을 수 없었다.

군사·정치적, 경제적 압박, 직접적인 내정 간섭, '불량하고' '해로운' 정권들과 '깡패 국가들'에 본때를 보여주는 것이 미국과 서구 국가들의 대외정책에서 점점 더 '익숙하고' 효과적인 수단이 되었다. 한국의 급진 보수파들은 이런 추세에서 한반도 분단 문제를 결정적으로 해결할 기회를 찾았다. 중동과 북아프리카 지역의 여러 국가를 휩쓸며 연속적으로 일어난 반정부 봉기와 '색깔 혁명', 정부 전복을 가리키는 '아랍의 봄'은 북한 등 다른 지역의 권위주의 정권들의 장래 운명과 관련하여 매우 대담한 발언들을 쏟아낼 수 있는 빌미를 제공해주었다. 콘스탄틴 아스몰로프는 서울대학교 양무진 교수의 매우 설득력 있는 발언을 다음과 같이 인용했다. "중동에서 계속되는 대중 봉기를 고려할 때 한국이 계속해서 대북 심리전을 펼친다면 북한 정권도 위협받을 수 있다고 자연스럽게 가정해볼 수 있을 것이다."[42]

2011년 후반에 수개월에 걸친 리비아 내전이 나토 국가들의 적극적인 지원을 받아 종결되면서 리비아 정부가 마침내 붕괴했고 반군들은 전 세계가 보는 앞에서 무함마드 카다피 리비아 대통령을 무참하게 짓밟았으며 그해 12월 17일에는 북한 지도자 김정일이 사망했다. 이 사건들은 북한 정권 붕괴를 목적으로 북한에 대한 군사·정치적, 경제적 압박을 겨냥한 정책을 활성화하도록 남한 권력 기구 내 보수우파들의 등을 떠밀었고 이들이 북한에 우호적이지 않은 외국 정부들에서 자신들의 행동에 대한 지원책을 찾아 나서도록 부채질했다. 하지만 실제 사건들에서 알 수 있듯이, 이런 노력은 바라던 결과를 가져다주지 못하고 한반도 상황만 악화시킬 뿐이었다. "이명박의 통치 기간에 남북 관계 분야에서 나온 그의 어떤 제안도 실행에 옮겨지지 못했고 남북 관계는 20년 전으로 후퇴했다."[43]

한국의 신정부는 이전 정부가 대북 관계에서 취한 노선이 어떤 결과도 보여주지 못했음을 알고 있었지만, 그렇다고 북한의 핵 야망을 가만히 두고 볼 수도 없었다. 따라서 새로운 전략은 북한 비핵화 문제를 협상으로 해결하기로 전제했고 이를 위해서는 잃어버린 신뢰를 회복하고 양국 관계를 정상화할 필요가 있었다.[44] 2013년 봄에 박근혜 대통령은 양국 관계 정립을 모색하는 남북 대화와 교류 발전을 위한 프로그램으로 '한반도 신뢰 구축 프로세스'를 제안했다.

2013년 봄에 한반도에서 위기가 고조되었지만, 양측은 이산가족 상봉을 계속해서 추진했고 유라시아 국가들의 경제와 에너지, 교통 체계를 통합하고 서유럽에서 동북아시아까지 아우르는 단일 공간 창설을 상정하는 '유라시아 이니셔티브' 프로젝트 안에서 상당히 높은 수준의 접촉도 성사되었다. 한국 정부는 러시아와 북한의 경제 협력에 참여하는 데도 관심을 보였다.

하지만 박근혜 대통령의 대북 신뢰 정책 구축 프로그램을 구체화하는 과정을 들여다보면, 상당히 모호한 표현들과 함께 끝까지 명확하지 않은 내용으로 이뤄진 선언적 성격이 눈길을 끌었다. 예를 들면, 첫 단계에서 '대화와 압박을 합리적으로 결합하고' '이전 정부들의 대북 정책에서 긍정적인 부분을 모두 이용하는' 방식의 신뢰 구축이 제시되어 있었고, 통일은 '국민의 동의와 지지 속에, 국민과 함께' 실행되어야만 했고 '한반도의 모든 사람에게 행복을 가져다줘야만' 했으며 '지상 평화의 일부로서 협력을 통해' 실현되어야만 했다. 이와 함께 박근혜는 전임자와 달리 자신의 대북 정책 프로그램 입안을 위해 최대석 이화여자대학교 통일학연구원 원장 등 북한 전문가들을 기용했고 류길재 북한대학원대학교 교수를 통일부 장관에 임명했다.[45]

신정부 아래서 남북 관계 긴장이 어느 정도 완화되었음에도 남북 교류의 실질적 성과나 신뢰 개선을 위한 노력이 나타나지 않은 것은 그리 놀랍지 않다. 이런 상황에서 박근혜 대통령의 지지율이 점점 떨어지는 가운데 "통일은 대박이다," "통일은 나의 시대적 과제다," "통일은 시대 정신이다," "2015년은 희망의 해이다" 같은 표현에서처럼 그의 통일 수사에서 절박감이 묻어났다.[46] 그러나 이런 발언들이 쏟아졌음에도 실제로는 대북 압박 정책이 사실상 계속되었고 이는 결국 북한의 국가 체제 붕괴 위협으로 이어졌다.[47]

2016년 2월 7일 북한이 탄도미사일 발사 실험으로 평가된 인공위성 '광명성-4호'를 성공적으로 발사했다고 발표하고 나서 3차 핵실험이 이어지자 남한은 그에 대응하여 미국과 호주가 참여하는 대규모 군사훈련을 시행했다.[48] 이 모든 것은 박근혜 대통령의 직접 지시에 따른 남한의 대북 제재 도입과 개성공단 가동 중단 등 한반도에서 잇따른 급격한 상황 악화로 이어졌다.

이후 상황은 과거 수준의 불신과 대치 상태로 후퇴했고 보수파의 권력 장악 중에도 남북 대화와 협력 재개에 걸고 있었던 기대를 완전히 죽여 버렸다. 박근혜 대통령 재임기의 서글픈 종말[49]은 한반도를 둘러싼 첨예한 위기에서 새로운 국면이 시작되었음을 의미했다(이 점에 관해서는 다음 장들에서 자세히 다룬다). 이런 식으로 남한의 보수 회귀는 남북 관계 정상화 분야에서 이전 대통령들이 이룩한 일부 성공을 완전히 뭉개버렸고 권력을 잡은 우익들은 "북한 경제를 질식사시키고 그로부터 북한 정권을 무너뜨리는 노선을 채택했다."[50]

흡수 통일의 사회문화적 양상

벌써 수십 년째 이어지고 있는 한반도 분단은 인간 삶의 많은 부분에 영향을 미치고 있다. 다양한 수준에 걸쳐 분단을 극복하려는 항구적인 공동 노력이 없다 보니 분단이 강화되어 모든 분야로 새롭게 파고들고 있다. 하지만 햇볕정책 실행기는 여러 분야에서, 그중에서 특히 경제 분야에서 분단 심화를 부분적으로나마 늦출 수 있게 해주었고 상당히 높은 잠재력을 보여주었다.

한반도 문제를 진지하게 연구하는 전문가들은 최근에 한민족 분단에 투영된 매우 중요한 양상 가운데 한 가지에 주목했다. 이것은 사고방식의 차이점으로, 하나의 단일 민족이 각기 다른 사회·경제 체제와 사회·정치 체제에서 오랜 세월 발전해 온 경험에서 직접 나온 것이다.

이 책은 한반도의 두 부분에서 처음부터 각기 다르게 형성되어 지금까지도 양쪽에서 지속되고 있는 사회 발전 모델을 의식적으로 강조하고 있다. 이런 의미에서 한반도의 사례는 매우 독특하며 하나의 문제에 담긴 매우 다양한 양상을 연구하는 데 필요한 폭넓은 자료가 된다. 스베틀라나 수슬리나는 오랫동안 계속된 남북한의 사회·경제적 경쟁이 낳은 결과, 다시 말해 굳건할 것처럼 보이는 경제적 사고의 정전들에 담긴 주장을 뒤집어엎는 논쟁적인 결과에 주목했다. "한반도는 지금 아주 오랫동안 계속되고 있는 실험을 연구해온 여러 나라 전문가들이 보기에 아주 흥미롭다. 이 실험은 각기 다른 길을 따라 발전하고 있는 한 민족의 사례를 통해서 자본주의와 사회주의 발전 방법의 장점들을 확실하게 보여줄 참이었다."[51]

물질적 삶의 지배적 생산 수단이 사고방식 형성에 미치는 영향에 대해서 카를 마르크스는 "사람들의 의식이 그들의 존재를 결정하는 것이 아니고, 반대로 사람들의 사회적 존재가 그들의 의식을 결정한다"[52]라고 유명한 말을 남겼다. 이를 그대로 반영하듯이 남한과 북한 사람들은 민족의식의 심연으로 깊이 들어가서 세대에서 세대로 전해지는 행위상 차이점의 특징들을 보여주고 있다.

이미 2000년대 초에 바딤 트카첸코는 휴전선 이북에서 오랫동안 조용하고 신중하게 살아온 북한 사람들의 '고립된' 존재와 세계 정보 흐름에 통합된 남한 사람들의 강렬하고 서구화된 생활 문화가 이들의 성격과 행동에서 차이를 결정해주는 서로 매우 다른 정체성 형성으로 이어졌다는 점에 주목했다. 트카첸코에 따르면, "일부 학자는 언어와 문화의 특징에서, 삶의 가치와 이해관계에서 서로 구분되는 두 개의 민족 심리학적 분파가 한민족에게서 갈라져 나오는 경향이 한반도에서 관찰되고 있다고 생각한다."[53]

말하자면, 흡수 통일이나 점진적 개혁, 단계적인 공동 경영 실행을 통해서 남한 모델로 북한을 변화시킨다는 구상과 북한 경제의 수준을 받아들일 만한 수준으로 끌어올리는 것을 목표로 하여 경제 협력을 발전시킨다는 구상은 훨씬 더 심층적인 문제들과 충돌하거나 심지어 북한 주민 대다수의 대중 의식 속에서 곧장 거부당할 수 있다.

2021년 초에 한국의 권위 있는 영자신문 코리아타임스는 미국 출신의 동양학 연구자이자 서울의 아시아연구원(Asia Institute) 이사장인 임마누엘 페스트라이쉬가 한반도 통일에 관해 자기 생각을 밝힌 기사를 실었다.[54] 페스트라이쉬는 한때 단일 국가였던 나라의 분단과 38선을 사이에 두고 남북으로 갈라져 완전히 다르게 수십 년 동안 살아온 사회에 뿌리를 두고 있는 훨씬 더 심층적인 사회·경제적 현상들에서 문제의 원인을 찾고 있다. 그러나 가장 중요한 점은 사회주의 체제의 붕괴와 시장 질서의 승리 이후 거의 30년 동안 어떤 경쟁자도 없는 가운데 자본주의 체제가 마르크스주의의 고전 저술들이 말하는 것과 사실상 완전히 일치하게 자체의 내부 모순을 급속하게 생성하여 첨예화했다는 데에 있다.

2000년대 말엽에 닥친 자본주의 체제의 전 세계적 위기로 인해 선진국들은 경제 침체와 자본 초집중, 자본과 정치 권력의 결탁, 사회복지 분배의 현저한 불평등과 불균형, 새로운 시장들에 대한 신제국주의적 과잉 착취, 무수한 사회 내부적 모순 등이 만연한 상황에서 단계적 사회 발전의 심각한 딜레마에 봉착하게 되었다. 이러한 상황을 이해하려면 최근 나온 유엔의 개발 프로그램 보고서 중에서 아무것이나 찾아서 내용을 훑어보기만 해도 충분하다.[55]

이 모든 것은 어떤 식으로든 한국과도 관련되었다. 한국은 현대적 기준으로 볼 때 인상적인 경제 지표들(1인당 국민소득 3만 달러, 수출액 6천억 달러, 모든 평가 조건에서 본 세계 7위 경제 규모 등)을 달성하고 있지만, 이 지표들은 한국 사회 내부의 실상과 변화의 동학을 제대로 반영하지 못하고 있다. 예를 들면, 코로나19 팬데믹 이전인 2019년 3월에 발표한 보고서에서 OECD는 한국 경제성장률을 하향 전망했다.[56]

지금 한국이 북한을 흡수 통일한다면, 이 통일국가에 적절한 경제 발전 모델을 제시하지 못할 것이다. 남북한 사람들 사이에 과거의 특성이 고스란히 간직되어 있고 경제와 생활 수준, 이념과 사회 발전 관념이 서로 현저하게 동떨어져 있기 때문이다. 앞서 지적했듯이, 북한 흡수 통일에 대해 상당히 낙관적으로 전망하는 논문에서 독일식 통일 방안의 한반도 적용 가능성에 대해 자기 생각을 밝힌 루디거 프랭크조차도 사회 체제와 안보가 어려운 문제가 될 것이라고 말했다.[57]

남북한 사람들의 사회문화적 특징에 관한 주제를 논의하자면, 이들의 상황은 독일인들의 상황과 달리 훨씬 더 복잡하고 어느 정도는 거의 불가역적이다. 이는 탈북민들의 적응 사례로 예증할 수 있다. 자신의 탈북민 연구서에서 표도르 테르티츠키는 심리와 문화, 세계관, 현실에 대한 태도에서 심각한 차이점들이 북한 사람들에게 존재한다고 말한다. "탈북민들은 자본주의 세계의 생활에 전혀 익숙하지 않다. 많은 혜택이 주는 장점을 잘 누리며 좋은 직장을 얻어 남한 사회에 적응하는 일이 그들에게는 힘들다." 더 나아가 "탈북민들은 남한 사람들과 어울리는 게 어렵다. 이로 인해 사회에서 고립되고 탈북민 공동체 안에서만 접촉이 이뤄진다."[58] 하지만 이것은 '빙산의 일각'일 뿐이다.

북한에서 탈출한 사람들이 다시 북한으로 되돌아가려고 했다는 소식이 언론에 종종 나온다.[59] 물론 이런 사례는 매우 적으며, 한국 정부 기관들은 탈북민들이 새로운 현실에 적응할 수 있도록 최선을 다해 돕고 있다. 이들은 탈북민들을 위한 강좌를 열어 듣게 하고 민주적 사회 체제와 시장경제, 한국 문화, 한국의 가족 관계 특징, 지방 정부 기구와 서비스 분야 업무를 소개해주고 컴퓨터 기본 지식을 알려주고 어떻게 교육을 받을 수 있는지를 설명해주고 일자리를 고르고 인터뷰할 때 도움을 준다.[60] 정부는 탈북민들에게 주택을 무상으로 제공해주고 정착 초기 생활비도 지원해준다.

1990년대 중반에 탈북민들은 서울에서 22~33제곱미터 면적의 아파트를 살 수 있는 지원금과 최저임금으로 30~100만 원을 일시불로 받았다. 그들은 북한에 관한 유용한 정보를 제공하면 받는 보상금 외에도 아주 다양한 인센티브를 추가로 받았다.[61]

하지만 탈북민 가운데 많은 사람이 시간이 지나면서 탈북을 후회하고 북한으로 돌아가고 싶다고 밝혔다. 이들은 경쟁과 개인주의, 소외, 다른 사람들에 대한 공감력 부족 등의 완전히 새롭고 낯선 현실을 제대로 받아들일 수 없었기 때문이다. 이것은 바로 북한 현실에서 볼 때 정말 쉽지 않은 행동인 미지를 향한 탈주를 감행한 사람들에 관한 이야기다. 예를 들면, 북한으로 되돌아간 탈북민 사례는 2012~19년에만 29건을 기록했다.[62]

탈북민들이 고향으로 되돌아가고자 하는 동기이기도 한 이러한 경향은 가장 최근에 나온 자료에서 확인된다. 한국 통일부 자료에 따르면, 최근 10년 동안 북한으로 되돌아간 탈북민 수는 모두 31명이다(2012년과 2013년 각각 7명, 2014년과 2015년 각각 3명, 2016년과 2017년 각각 4명, 2019년과 2020년, 2022년 각각 1명). 이들이 고향으로 되돌아간 주된 이유로는 '한국 정착과 적응 과정의 어려움'과 '북한에 사는 가족에 대한 그리움'이었던 것으로 알려졌다.[63] 물론, 이 수치가 그리 높지는 않지만, 탈북의 어려움과 위험성에 주목한다면, 또 되돌아가기로 한 사람들에게 닥칠 결과(고향으로 돌아갔을 때 그들에게 일어날 수 있는 결과)를 생각해본다면, 이 통계 수치는 탈북민 대다수가 남한 현실을 받아들이지 못한다는 사실과 배치되는 빙산의 일각만 보여줄 뿐이다.

그렇게 활동적이지 않고 법을 잘 지키는 북한인 대다수의 행동 패턴도 새로운 현실을 충분하게 인지하고 적응하는 데 걸림돌이 된다. 남북 상호 합의에 따라 2010년대부터 남한 당국이 탈북민들을 북송하기 시작했다는 사실도 지적할 필요가 있다. 오랫동안 한국은 과거에 우세했던 전통적이고 집단 중심적인 자의식 대신에 개인주의적인 동기가 강조되는 서구화와 서구식 '소비 사회' 건설의 길을 사실상 걸어왔다. 사기업 윤리와 사업기술, 국가가 개인에게 해줘야 하는 사회적 기능과 의무에 대한 완전히 새로운 인식 등 이 모든 것은 동양적 전통의 특성이 있음에도 불구하고 남한 사람들의 규범과 일상생활에 조금씩 스며들었다. 탈북민 사례는 현재 남한 상황을 명징하게 보여준다.

사회 전체의 형성과 교육, 구성원들의 개인적인 내면 문화, 전반적인 전통과 행위 모델에서 볼 때 북한은 완전히 다른 길을 걸어왔다. 이것은 유교 정전을 토대로 위계질서가 강한 구조를 띠고 있는 동양 사회의 권위주의 전통에서 나온 자연스러운 결과물이다. 동시에 이것은 전체주의적인 토대 위에 존재하는 북한 사회의 조직 체계이기도 하다. 하지만 이것은 경제적 기회들이 제한된 상황에서 의식적으로 건설한 사회적 관계의 내적 메커니즘이기도 하다.

이처럼 사태의 단면을 폭넓게 펼쳐놓고 보면, 독일식 통일 시나리오를 실행하든지, 북한을 현재의 한국처럼 점진적으로 변화시키는 계획안을 실행하든지 간에 상당한 어려움과 잠재적 장애물들이 분명하게 존재한다. 사실 이러한 상황 파악은 우리가 볼 때 과거에 양측에서 제안된 가장 현실적인 평화통일 계획들에도 잘 나타나 있었다.

통일 문제와 민족대단결

이런 점에서 볼 때, 한반도 통일 가능성이나 한반도 문제 해결을 모델화하는 문제에 담긴 또 하나의 중요한 양상으로 생각되는 것을 논의해보자. 남북한 간의 직접적인 지리적 관계, 국경의 근접성, 남북한에 동시에 똑같이 영향을 미치고 각자의 자체 발전에 매우 중요하기도 한 안정과 안보 문제에 대한 공통된 관심사를 고려해보면 남북 화해 역사에서 흥미로운 종속성이 관찰된다는 점을 지적하지 않을 수 없다. 남북 관계 상황은 북한과 한국에 간접적인 영향과 함께 종종 직접적인 영향을 끼치곤 한다. 국방비 지출은 말할 것도 없이 구체적인 경제 분야들과 심지어 사회·정치 체제 분야들까지도 발전시키거나 현대화하는 프로젝트 실행을 위한 자체적인 장기 계획들은 남북한 협력 수준에 좌우되기도 하고 그 반대로 남북한 대치 상태에 좌우되기도 한다. 이와 반대로 어느 한쪽의 국내 정치 양상들이나 경제 구조 특징들도 양국 관계에 영향을 미친다.

한국에서는 신정부가 들어서면 국내 정치 세력 판도에 변화가 일어나고 남북 관계에서만 아니라 한반도 주변 지역에서도 긴장 상황이 펼쳐진다는 것을 앞서 살펴보았다. 대외정책은 국내 정치의 연장이다. 이 명제는 한반도의 두 국가 사례에서 여러 차례 입증된 바 있다.

한국의 장래 발전과 현대화 전략은 정치체제 문제에도 영향을 끼칠 것으로 보이는데, 이는 한국 정치인들의 입에서 자주 나왔던 말이다. 한국의 현행 헌법은 대통령 임기를 5년 단임제로만 규정하고 있다. 5년은 중대한 변화를 가져오기에는 지나치게 짧은 기간이다. 이와 동시에 한반도 문제 해결은 장기 전략이 필요한데, 이 전략에서 차이를 보이거나 전략을 180도로 바꾸면 받아들일 수 없고 생산적이지도 않다.

이고리 톨스토쿨라코프가 정당하게 지적하고 있듯이, 남북 간에 전면적 접촉과 협력이 발전하고 있는 상황에서 시대착오적인 것으로 분명해 보이는 일부 기본법을 재검토할 필요가 있다. 예를 들어 그는 한국에서 지금까지도 발효되고 있는 국가보안법과 관련하여 "(남한 정부의 이익에 대한 배반과 대한민국 북부 지방을 불법 군사 수단으로 일시적으로 통제하고 있는 적대 세력에 대한 공공연한 지원에서) 현재 한국 지도부도 국가보안법 위반으로 처벌받아야 한다"[64]라고 말했다.

이와 관련하여 북한은 한반도 상황과 남북 관계에서 일어나는 변화를 자국 법률에 점진적으로 반영하면서 커다란 일관성을 보여주었다. 예를 들면, 1992년에 북한은 통일 문제의 새로운 해결 방안과 대남 관계를 반영하는 일부 수정안을 헌법에 도입했다. 특히, 한반도 통일 과정을 미군 철수와 연계시키고 있는 헌법 제5조에서 '외세 축출' 요구를 배제했다. 이는 북한이 한반도 문제의 국제적 측면에 대한 접근에서 어느 정도 긍정적인 변화를 보이고 있음을 뒷받침해준다.[65] 한국이 예전처럼 한반도 전체를 자국 영토로 간주하는 상황에서 북한이 평양을 수도로 정하고(과거에는 서울이 수도였다) 헌법 내용을 수정한 사실을 지적할 필요가 있는데, 한국 헌법과 국가보안법에서 보면 북한은 '반국가 단체'이다.

한국의 대외정책 전략도 한반도 문제 해결 과정에서 선택하는 노선에 따라 변화를 보일 것이다. 한편으로는 국제무대 핵심 행위자들이 남북한과 관련하여 대립적인 이해관계와 상호협력을 보이고, 다른 한편으로는 이들이 한반도에서 계속되는 현상유지 상태에 관심을 더 많이 보이는 현재 상황에서 한국은 미국, 중국, 일본, 러시아 같은 나라들과 효과적으로 협력할 수 있게 해주는 대외정책 노선을 입안할 필요가 있다. 유감스럽게도 북한 핵 프로그램의 적극적인 개발 때문에 한국의 대외정책은 북한에 가장 큰 위협이 되는 미국과 군사동맹을 유지하는 가운데 평양과의 대화 유지 필요성과 정치·외교적, 경제적, 심지어 군사적인 대북 압박 참여 사이에서 요동칠 것이다. 한편, 북한은 오로지 남한 정계의 민주 진영과만 협력할 용의가 있음을 보여주고 압박 수단으로 공동 경제 프로젝트를 노골적으로 이용하면서 '정경 분리' 원칙을 깨뜨리고, 그럼으로써 상호신뢰에 타격을 입히면서 남한의 거대자본에 가하는 위험성을 배가시킬 것이다.

한반도 통일 문제의 맥락 안에서 현대화 과정은 사회 분야에도 영향을 미치지 않을 수 없다. 대통령이 새로 선출될 때마다 사회적 변화 문제들이 어떤 식으로든 강조된다. 급속한 도시화와 한국민의 점진적인 노령화, 노동력과 전문기술 인력 부족 문제, 현대 한국 사회의 기타 문제들이 단순히 주의만 끌게 하는 것이 아니라 단호한 대책을 마련하지 않을 수 없게 한다. 모든 대통령 후보의 대선 프로그램에서 가장 중요한 요소 가운데 한 가지가 바로 통일 문제이며 북한에 대한 여론 역시 중대한 역할을 담당한다.

신세대 한국인들은 전쟁과 이산, 힘겨운 전후 복구를 기억하지 못하고 산업화와 경제 성장의 어려운 시대를 겪지 않았다. 아버지와 할아버지들과 완전히 다른 경제 환경에서 자란 한국의 젊은이들은 주변 세계를 전혀 다르게 인식하고 있고 북한에 대한 관심도 빠르게 잃어가고 있다. 하지만 중요한 것은 왜 통일이 필요한지를 이해하는 것이다. 조국 통일 시나리오가 무엇이든지 간에 통일과 같은 대사건은 사회가 폭넓게 참여하고 지지하는 것이 필요하다. 따라서 남한 지도부 역시 합당한 조국 통일 전략을 실행하는 데 필요한 사회적 통합을 목표로 하는 사회정책이 필요하다.

최근 일어난 사건들을 보면, 한국의 향후 발전 문제들이 한반도와 남북 관계 상황, 한반도 문제 전체를 둘러싼 상태에 의해 상당 부분 결정되고 있다는 것이 분명하게 드러난다. 한국 정부는 새로 등장할 때마다 대북 관계 정립 문제를 나름대로 해결하려고 하지만, 해결 방안들은 모두 평화적 해결안과 무력 해결안 두 가지로 좁혀진다. 남북 양국 정부가 평화공존과 의미 있고 정말로 평등한 관계로 점진적으로 꾸준하게 나아가거나 아니면 상황이 긴장 고조 시나리오에 따라 전개되거나 한다. 다른 방법은 존재하지도 존재할 수도 없어 보인다. 현재 상황은 매우 우려스럽다. 어느 순간 좋지 않은 시나리오로 발전할 가능성이 크기 때문이다. 북한은 이미 오랫동안 국제적 고립 속에 놓여 있고 대북 경제 제재가 적용되고 있으며 군사·정치적, 외교적 압박이 멈추지 않고 있다. 북한 국경 주변에서는 제삼 국가들이 참여하는 대규모 군사훈련이 정례적으로 시행되고 있다. 이와 동시에 북한 최고 지도부가 내놓는 조속한 통일 필요성에 대한 성명은 그저 정치적 수사일 뿐이다.[66] 남한 보수 세력의 대북 일반노선은 현 정권의 붕괴를 앞당기거나 현 정권을 변화시킬 목적으로 북한에 압박을 가하는 것이다. 결국 이런 행동은 바람직한 결과를 가져오지도 못할 뿐더러 그렇지 않아도 어려운 남북 관계를 주기적으로 심각하게 악화시키면서 상황을 충돌 직전까지 몰고 갈 것이다.

그러나 현재 북한은 수십 년 전 모습과 상당히 다르다. 북한은 최신형 대량파괴 무기와 발사 수단을 개발하여 실험까지 성공적으로 완료하고 나서 어엿한 핵 강국으로 탈바꿈했다. 북한이 비록 인정받지 못했더라도 새로운 위상을 획득하고 대외정책 문제에서도 주체성을 강화함에 따라 한국 보수파의 노선은 타당성을 점점 잃어갔다. 많은 전문가가 지적하고 있듯이, 이는 북한 경제가 20세기 말과 21세기 초보다 더 성장하고 주민 복지도 향상된 덕분에 가능했다. 한국은행 평가 자료에 따르면, 북한 경제는 2016년에 1999년 이후 가장 높은 성장세를 보여주었고 국내총생산은 2015년 대비 3.9% 증가했다. 북한 경제의 주요 부문들이 성장을 이끌었다. 광산업은 8.4% 성장했고, 전기에너지와 중공업은 각각 22.3%와 6.7% 성장했다.[67]

따라서 남북 관계 수립 전략을 재검토할 필요가 있음을 인정해야 한다. 한국이 1980년대와 1990년대 사이에 통일 문제에서 주도권을 장악하게 해준 고도 경제 성장은 이제 핵심 역할을 다했다. 조금씩 형성된 북한의 새로운 위상이 자국의 이해관계를 고려해주지 않을 수 없게 했기 때문이다.

교류와 대치 사이

최근 남북 양자 관계가 전례 없이 악화한 가운데 햇볕정책의 성과와 관련된 모든 것은 이제 달성하기가 거의 불가능할 정도로 요원해 보인다. 하지만 정확하게 자주성과 불간섭 원칙에 따라서 남북한을 화해시키고 한반도 전체에서 긴장을 해소하는 방법으로 햇볕정책보다 더 효과적인 것은 아직 없다. 이런 점에서 햇볕정책의 실행 경험은 여전히 실질적인 의미를 잃지 않고 있다. 여기서 중요한 양상은 정치적 요소와 경제적 요소의 상호관계에 관해 잘 알려진 명제이다. 햇볕정책은 경제 교류를 통해 정치적 과제를 해결할 가능성을 보여주었다. 하지만 경제 교류를 실행하려면 정치적 의지와 토대가 필요하다. 실수와 착오를 포함한 햇볕정책 실행 경험을 분석해보면, 현재의 위기에서 벗어나게 해주는 방법들을 찾을 수 있을 뿐만 아니라 평화통일로 나아가는 안정된 기반도 구축할 수 있을 것이다.

김대중은 한반도가 다른 세계와 따로 떨어져 있지 않기 때문에 역사적인 측면에서 볼 때 통일 문제 해결은 가까운 이웃 나라들의 참여와 결부되어 있다고 자신의 저술에서 여러 차례 말했다. "4대 강국의 협력은 우리 민족이 열망하는 통일의 전제조건이다. 우리가 원하든 원하지 않든 우리는 이 4대 강국과 운명적으로 긴밀하게 맺어져 있다는 것을 항상 기억해야 한다."[68]

유감스럽지만, 악명높은 외부 요인이 햇볕정책의 중단과 보수 회귀 전반에 어느 정도 영향을 미쳤다는 사실을 분명히 밝힐 필요가 있다. 지금까지 한반도는 세계 지도에서 주요 긴장 지대 가운데 한 곳으로 남아 있고 전 세계의 지정학적 과정들이 한반도 상황에 어떻게든 영향을 미치고 있다.

미국이 중동 지역에서 공격적인 정책을 펼치면서 다양한 핑계를 대고, 종종 자신도 설득하지 못할 핑계를 대며 이라크와 아프가니스탄를 침공하고 북한을 향해 호전적인 말을 퍼붓는 등의 모든 행동은 물론 한반도 상황에, 특히 북한의 대외정책과 군사 독트린에 반영되었다. 남북공동성명에서 선포되고 기록됐던 평화통일 원칙 가운데 하나인 자주성의 중요성이 다시 한번 확인되었다. 이것은 한반도 상황 안정화에 실제로 필요한 객관적인 조건이다.

대북 햇볕정책의 복귀는 타당성이 있을까? 1972년과 1991년, 2000년과 2007년에 나온 기본 공동성명에서 승인된 원칙들을 토대로 수립됐고 현행 체제와 이념 안에서의 신중한 정치·경제 협력과 공존을 전제하는 햇볕정책 모델과 비슷한 통일안이 현재로서는 사실상 유일하게 실행 가능한 한반도 문제 해결 전략인 것으로 보인다. 현대의 경향과 현실에 부응하는 더 완전한 정책을 마련하려면 햇볕정책의 긍정적이고 부정적인 경험을 주의 깊게 연구할 필요가 있다. 달라진 대내외 상황을 고려하면서 햇볕정책의 요소들을 진지하고 자세하게 분석하여 보완해야 한다. 물론, 햇볕정책과 유사한 정책 틀 안에서 작동하는 정치적, 사회적 구조들, 특히 비즈니스 구조들의 구체적인 메커니즘들도 진지하게 연구해야 할 것이다. 다시 말해 1972년 7·4 남북공동성명에서 민족대단결로 명시했던 것을 연구해야 한다.

한반도 통일은 복잡하고 다면적인 문제이다. 이것은 전략적인 과제이다. 이 과제의 해결 과정은 사회·정치적, 경제적, 이념적 차이점을 고려하여 장기적이고 단계적으로 밟아나가야 한다. 그리고 햇볕정책이나 그와 비슷한 전략적 개념은 이런 과정의 구성 요소일 뿐이다. 이때 성공은 명확하게 수립된 단일한 노선을 얼마나 일관성 있게 추진하느냐에 따라 직접 좌우된다. 남북 간 단계적 협력과 함께 평화 공존을 중단하지 않으려면, 한국에서 이미 여러 번 있었던 것과 같은 단기적 이익을 위한 정치 투쟁의 장 밖으로 이 문제를 끌고 나가는 것이 매우 중요하다. 분단된 한민족의 화해 과정을 불안하게 만드는 주된 요인들로는 신정부가 들어설 때마다 빚어지는 잦은 노선 변경, 외부로부터 정기적으로 가해지는 대북 압력과 제재, 이에 대한 북한의 맞대응이 있다.

물론, 북한도 평화 협력에 대한 의지와 세계 경제·정치 과정 안으로 점진적으로 통합해 들어가겠다는 의지를 남한에만 아니라, 전 세계에도 분명하고 확실하게 보여주는 적절한 호응 행보가 필요하다.

한반도 통일을 위해 선포된 자주성 원칙의 준수도 그만큼 중요하다. 분명한 것은 단기적으로나 장기적으로도 대외정치 요인이 남북 화해 과정에 미치는 영향을 피할 수 없다는 점이다. 하지만 이런 점에서 국제사회도 평화롭고 자주적인 남북 대화와 한반도에서 학수고대해온 '해빙'의 재도래를 방해하지 않고 촉진하려면, 남북한 정부가 채택한 통일 원칙들에 부합하는 해결책 마련을 위해 확실하게 노력해야 할 것이다.

이 장의 마무리는 유리 바닌이 휴전선 양쪽의 정치인들에게 했던 말을 인용하는 것으로 대신하면 좋을 것 같다. "야심적인 게임을 벌이고 정쟁을 일삼고 민족의 기본 이익을 망각하면 값비싼 대가를 치른다는 것을 이제는 깨달아야 한다. 필요한 것은 어느 한쪽이 다른 한쪽을 '흡수하는' 약삭빠른 계획도 아니고 상대편 진영을 뒤흔드는 위기에 위험스럽게 기대거나 모종의 기적을 바라는 것도 아니다. 그것은 지혜와 선견지명, 그리고 한민족의 최대 목표인 한반도 통일 달성을 위해 참을성 있게 타협을 모색하고 대담하게 결정할 수 있는 능력이다."[69]

제4장

한반도 통일 정책: 소련에서 러시아까지

소련의 한반도 정책

과거 소련이 그랬듯이 오늘날 러시아도 한반도의 지정학적 세력 판도에서 특별한 위치를 차지한다. 이런 상황은 지리적 근접성, 공통 국경과 역사, 긴밀한 경제·정치·문화 교류, 러시아와 조선 사이에 외교 관계가 수립됐던 1884년 이후부터 계속된 전통적인 우호 관계, 공동의 안보 문제 해결 필요성에서 만들어졌다.

1945년에 35년간의 일본 식민주의 압제에서 학수고대하던 해방을 한민족에게 가져다주고 한민족 국가의 부활과 재건을 여러 차례 도와준 나라가 바로 소련이었다. 이와 동시에 소련은 제2차 세계대전에서 일본에 대해 승리를 거둔 이후 한반도에서 발생한 분단과 두 국가의 출현에도 직접 관련되어 있었는데, 이에 따라 우리나라는 이 지역과 세계 안보를 위해 한반도 문제를 해결하는 데 노력을 기울이지 않을 수 없게 되었다.

소련은 존재한 기간 거의 내내 한반도에서 오직 북한 한 국가만 인정했고 한국과는 붕괴 직전에야 비로소 경제·외교 관계를 수립했다. 냉전의 대결 논리는 한반도 통일 문제에서 정면으로 대립하는 전략을 강제했고 그래서 소련은 사회주의 원칙에 따라 북한의 조국 통일 노력을 지지했다. 남북 접촉 문제에서 주도권은 사실상 북한이 쥐고 있었음에도 통일 문제에서 소련의 공식 입장은 이념적으로 확고했다. 즉 북한이 한반도에서 유일하게 합법적인 국가였다.

사회주의 진영 붕괴 이후에 러시아연방이 사회·정치적 발전 방향을 바꿨음에도 1990년대의 짧은 기간을 제외하고 러시아는 남북한 양국과 선린 관계를 유지하며 지지하고 있다. 현대 러시아의 한반도 정책이 소련과 기본적으로 다른 점이 바로 여기에 있다. 그러나 오늘날 국제정세는 역내 핵심 국가들의 이해관계에서 심각한 대립이 존재한다는 점을 입증해 준다. 게다가 이 대립의 경계선은 38선을 따라 이어진다. 이는 한반도 문제 해결 일반이나 남북 협력 심화를 위한 구체적인 개별 행보들이 남북한 당사자들에 의해 좌우되는 것이 아니라 국제정세에 의해 좌우된다는 것을 의미한다. 한반도 주변에서 긴장이 첨예화하거나 격화되는 경우도 마찬가지인데, 이로써 역내 갈등 해소에 주변 국가들이 참여할 필요성이 제기된다.

오늘날 복잡한 국제정세에서 러시아와 중국, 북한의 이해관계가 많은 점에서 일치하고 있고 바로 여기에 상황의 특별함이 존재한다는 점을 지적하는 것이 중요하다. 소련이 존재하던 당시에는 이들 국가의 전략에서 나타난 정치·이념적 차이점 외에도 한반도 문제 해결은 사회주의 건설 문제들에서 나타난 소련과 중국의 심각한 갈등으로 어려움을 겪었기 때문이다. 단·중기적으로 볼 때 한반도 문제 해결에서는 많은 것이 러시아와 중국, 남북한이 공통의 이해관계를 충분하게 인식하고 단일한 대외정책 노선을 형성시킬 수 있느냐에 따라 결정될 것이다.

앞서 지적했듯이, 동북아시아에서 러시아의 대외정책 추구는 러시아 영토가 이 지역에 걸쳐 있다는 점과 이에 상응하는 정치·경제적 이해관계가 있다는 점, 러시아 극동 발전을 위해서나 더 나아가 모든 인접 국가들의 평화로운 협력 실현을 위해서도 역내 안정을 유지할 필요성이 있다는 점에서 뒷받침된다.

과거 소련과 마찬가지로 러시아도 한반도 주변의 세력 판도에서 특별한 역할과 위치를 차지하고 있다. 역사적으로 러시아는 바로 이러한 세력 구도 형성에 직접 관련되어 있다. 소련이 북한 정부의 수립과 강화에 직접 참여했고, 우호협력조약으로 굳건해진 소련과 북한의 군사동맹은 오랜 세월 동안 역내 안보 구축을 위한 토대 가운데 하나였다.

현재 러시아가 남북한에 대해 보여주고 있는 조금 더 균형 잡힌 정책을 고려할 때, 문제 해결 과정의 참여자로서 러시아의 잠재력도 증대되고 있다. 이 과정 안에서 한반도 통일 복원 문제만 아니라 역내 평화와 안정 문제를 해결하는 데 필요한 노력을 기울여야 하기 때문이다. 더욱이 2000년에 새롭게 체결된 조로선린우호협력조약 제4조는 "국제적 긴장의 항구적 요인이 되는 한반도 분단의 조속한 타파와 자주성과 평화로운 재결합, 민족단결의 원칙에 따른 한반도 통일이 한민족 전체의 민족적 이해관계에 완전히 부합하고 아시아와 전 세계 평화와 안정에 이바지한다"[1]라고 직접적으로 명시하고 있다.

다름 아닌 한반도 분단이 긴장 요인이자 따라서 이 상황에서 기인하는 많은 역내 문제의 원인이 되고 있음을 여기서 강조하는 것이 매우 중요하다. 실패로 돌아갔지만, 현재까지 나온 유일하게 나온 무력 통일 시도가 소련 지도부 등의 동의를 받아 이뤄졌다는 것은 잘 알려진 사실이다.[2] 이후 한반도 문제에 대한 소련 지도부의 입장은 근본적으로 재고되었다. 1953년 한반도에서 군사행동이 중단됨에 따라 소련 정부에서 통일 문제는 장기적이고 복합적인 과제로 이해되었고 따라서 실제 정책에서 대부분 우선적인 성격이 아닌 선언적인 성격을 띠었다. 이때부터 붕괴 직전까지 소련은 "평화적이고 민주적인 토대에서" 가능한 한반도 통일 방식을 제외하고 다른 방식은 거부했는데, 이는 1961년 소련과 북한이 체결한 선린우호협력조약 제5조에도 명시되어 있다.[3]

분명한 점은 분단을 결정적으로 고착시킨 한국전쟁 이후 남북한이 사회·경제적 기반이 근본적으로 다른 국가를 각자 계속해서 건설해 나갔다는 것이다. 이러한 건설이 더 멀리 나아가면 갈수록 조속한 조국 통일 가능성은 그만큼 더 어려워졌고 특히 한반도 문제 해결의 장기적 성격이 더 분명해졌다. 한반도 남북에서 국가가 수립되고 경제적, 외교적, 군사·정치적 관계와 안보 분야의 이해관계 등이 남북에서 각자 자체적으로 형성되면서 한반도 문제 해결에 참여하는 국제사회의 역할도 커졌다.

한반도 통일은 국제관계 맥락에서도 각기 다르게 보였다. 세계는 사회·정치적으로 대립하는 두 체제의 대결 논리에 따라 남한과 북한 편으로 갈렸다. 하지만 한반도에서 발원하는 역내 평화·안정 위협 때문에, 또 두 체제의 대립이 남북한을 중심으로 한 커다란 국제 분쟁으로 비화할 가능성 때문에 국제사회는 역내 상황을 서둘러 정상화하고 남북한 양국의 대화를 촉진하는 방향으로 돌아섰다. 남북한 양국에서는 지도부가 자체 발전 모델('북진통일' 또는 '남한 내 혁명')을 승인하며 통일 계획을 준비하고 있었지만, 남북 관계의 조속한 정상화와 남북 대화 조성, 한반도 문제 전반에 대한 수용 가능한 해법을 마련하기 위한 역내 주요 강대국들 사이의 협력을 목표로 하는 행보들이 국제관계 관점에서는 더 우선적인 것으로 보였다. 이런 점에서 소련은 단호한 조국 통일 계획을 주도하는 북한 지도부의 '열기를 식혀주는' 억제 역할을 담당했다.

예를 들면, 오랫동안 소련-북한 관계 문제를 연구해 온 라리사 자브롭스카야는 "소련의 한반도 정책의 핵심 과제가 새로운 전쟁 방지에 있음을 북한도 잘 알고 있었다"[4]라고 지적한다. 이러한 생각은 바딤 트카첸코의 저술에도 나타나 있는데, 여기서 그는 무엇보다도 당시 소련 지도부와 북한 대표들 사이에서 진행된 회담에 대해 이렇게 회고했다. "소련은 북한이 군사적 긴장을 고조시켰다는 비난을 사지 않으려면 상대편을 도발하지 않도록 북한 지도부에 자제력을 발휘하라고 여러 차례 당부했다. [...] 과거에 군인이었던 [...] 레오니트 브레즈네프 소련 공산당 서기장은 한민족에게 슬픔과 파괴밖에는 아무것도 가져다주지 않았던 무력 통일 시도가 한 번으로 족하다고 여러 번 상기했다."[5] 실제로, 가장 힘든 전쟁을 겪었던 소련으로서는 특히 1950~53년 한반도에서 일어난 사건 이후에 새로운 전쟁 방지가 확실한 우선순위였다.

그러나 북한이 이미 제시한 계획안에 따라 긴장 고조 없이 평화적인 방법으로 한반도 문제 해법을 찾을 필요가 있었다. 소련의 공식 프로파간다는 남한을 미국의 완전한 통제 아래 있는 꼭두각시 국가로 낙인찍었다. 소련 한국학 연구자들의 저술에서는 남한 인민대중이 어려운 상황에 놓여 있고 남한과 외국 자본의 착취를 당하고 있으며 인권 침해도 받고 있다고 썼다. 또 야당과 민주주의가 탄압받고 있으며 지배층은 북한과 접촉에 나서 남북 관계 해결 문제를 논의해야 하지만 그렇게 할 생각이 없다고도 썼다. 소련은 이런 국가를 인정하고 외교 관계를 수립할 수가는 없었다. 만약 그렇게 한다면, 이는 소련-북한 우호 관계에 심각한 상처를 입히는 것일 뿐만 아니라, 노동자들이 착취에서 벗어나게 해주려고 싸우는 국가로서 소련의 체면을 세계 사회주의 공동체가 보는 앞에서 손상할 수도 있다.

여기에는 그럴 만한 배경이 있었음을 지적할 필요가 있다. 국제사회가 볼 때 매우 권위주의적인 군부 독재국가인 남한의 이미지는 적지 않은 문제를 불러일으켰고 이 주제는 다양한 국제 인권 단체에서 논의 대상이 되었다. 이와 관련하여 바딤 트카첸코는 이렇게 썼다. "남한 정권의 합법성과 인권 준수 문제는 당시 소련에서만 아니라 미국과 국제단체들에서도 이야기했던 것으로 기억한다. 남한 대통령들이 수십 년간 미국에 초대받지 않은 것은 어쩌면 우연이 아닐지 모른다."[6]

그러나 1970년대 초에 들어서서 남한의 내부 개혁이 첫 성공을 거두고 박정희 정권의 정통성이 강화되는 가운데 국제정세를 완화하려는 강대국들의 정책에서 남한에 대한 태도가 약간 달라지기 시작했다. 앞서 언급했듯이, 중앙당 기구와 특히 한반도 분야에서 오랫동안 일했던 바딤 트카첸코는 소련 권력 상층부에서 남한에 대한 태도가 조금씩 변화하는 과정을 직접 지켜본 목격자였다. 따라서 그의 회상록은 매우 가치 있으며 한반도 문제에 대한 소련의 정책 형성과 관련한 중요한 대목들을 상당히 많이 담고 있다. 예를 들면, 자신의 회상록에서 트카체코는 소련이 1960년대 말에 남한에서 혁명운동을 조직하는 방법으로 통일을 강제하는 구상을 단념토록 할 목적으로 북한 동지들에게 어떻게 영향력을 행사하려고 했는지를 이야기하고 있다. 1960년에 김일성이 북측이 제시한 통일안을 토대로 한반도에 임시 연방제를 창설하자고 제안했을 때 니키타 흐루쇼프가 보인 반응을 관찰한 흥미로운 내용(개인 문서고 기록)도 지적할 필요가 있다. 당시 흐루쇼프가 김일성의 제안에 대해 긍정적으로 반응하면서 이것이 국가와 사회 체제 프로파간다에서 북한의 우위성을 실현할 수 있으므로 그 상황에서는 가장 현실적인 통일 방안이라고 평가했다는 점을 주목할 만하다.[7] 이는 당시 소련 지도자가 통일은 결국 북한식 모델, 다시 말해 사회주의식 모델을 따라서 실현되어야 한다고 전제했음을 입증해 준다.

하지만 이런 입장은 공식 성명에 반영되지 않았다. 통일 문제에 대한 소련의 공식 입장은 평화적인 대화가 필요하다는 것이었는데, 최대 걸림돌은 미국이 남한을 점령하고 있으면서 평화로운 남북 화해 과정을 도와주려고 하지 않는다는 것이다. 이런 입장은 특히 1970년 12월 7일 자 이즈베스티아 신문에 실린 소련 정부의 성명문에 반영되어 있었다.[8]

이런 상황은 북한이 경제 발전에서 처음에 거둔 성공과 관련되어 있었다고 가정해 볼 수 있다. 그러나 남북한의 성장 속도가 같아지면서 북한의 추월이 이미 무의미해지자, 소련 지도부는 미래에 한반도 통일이 이뤄지면 사회주의 국가 체제가 되어야 한다고 계속해서 비공식적으로 주장했고 이는 북한에서도 의심의 여지 없이 동의하는 것이었다. 트카첸코의 저술은 새로운 공산당 서기장이 된 브레즈네프와 조선노동당 정치국원 박성철이 나눈 개인적 대화에서 한 대목을 인용하고 있는데, 브레즈네프는 사회주의에 기초한 한반도 통일의 성격 문제에 관한 소련 지도부의 비공식 입장을 다음과 같이 확인해주었다.

"우리가 (남북) 교류 발전에 대해 생각하는 것은 여러분이 한반도가 북한의 원칙과 조건에 따라 통일될 수 있도록 사업을 끌고 나가리라는 것이다. 요컨대, 미래의 한반도는 사회주의적이어야 한다. 나와 김일성 동지는 하나의 관점을 지지했는데, 한반도의 통일은 사회주의를 토대로 이뤄져야 한다는 것이다. 통일된 한반도는 사회주의 국가여야만 한다."[9]

앞서 말했듯이, 1972년 봄과 여름에 남북한 사이에서 처음 이뤄진 접촉은 많은 점에서 국제정세 변화에서 비롯됐다. 자신의 저서에서 트카첸코는 당시 소련 지도부가 남북 간 접촉이 조성될 필요가 있음을 이해하고 있었다고 썼다. "소련 측은 '사회주의 국가들의 영향이 남한 사회 각계각

층에 미칠 수 있게 노력하는 것'을 생각해 보도록 제안했다."[10]

그러나 소련 지도자들은 북한이 남한과 접촉을 확대하도록 떠밀면서 1972년 7월에 공식적으로 발표된 것과는 다른 결과를 기대하고 있었다. 민족대단결이 미래의 통일 한반도를 위한 이념적 토대가 되었는데, 이는 예상되는 남북 화해에서 계급적인 성격이 아니라 민족주의적인 성격을 강조하는 것이었다. 소련의 우려를 불러일으킨 또 한 가지는 1980년에 김일성이 통일 문제에 대해 제안한 중립적인 고려민주연방공화국 창립 방안이었다. 트카첸코가 지적하고 있듯이, 소련이 공식 성명에서 오랫동안 고려민주연방공화국에 대한 언급을 피한 것은 우연이 아니다.[11]

소련과 북한 사이에 드러난 견해 차이는 소련 지도부가 북한의 통일 계획안에 보인 신중한 태도의 결과였을 뿐만 아니라 북한 지도자가 동맹국의 선임 지도자로부터 점점 거리를 두면서 독자적인 행보를 보인 결과이기도 했다.

한반도 문제 해결 모색과 통일 분야 정책에 관련된 핵심 규정들이 중-소 분쟁이 계속되는 상황에서 소련과는 상의하지 않고 중국의 눈치는 보면서 채택되는 일이 자주 벌어졌는데, 이에 따라 1960년대에 북한의 조국통일 정책이 국제사회가 보는 앞에서 폄하되곤 했다. 앞서 이미 지적했듯이, 이런 상황 덕분에 결국 사회주의 진영 국가들은 한반도 통일 의제를 굳게 밀고 나가면서 일정 단계에서 자신들의 경제적, 정치적 장점을 실현할 수 있었다.

한국전쟁이 끝나고 나서 소련은 한반도 무력 통일론을 수용하지 않는 노선을 일관되게 유지했고 이는 소련 지도부의 성명에서도 여러 번 강조되었다. 그러나 소련 지도부는 중국과의 관계가 복잡하고 북한의 행동이 통제에서 점점 더 벗어나서 더 독자적으로 나아가고 있는 가운데 남한이 소련의 인정을 받지 못하고 있는 상황에서 역내 상황에 정치적·외교적 영향력을 발휘할 기회가 극히 적다는 것을 조금씩 깨닫게 되었다. 한반도 상황은 소련이 통제하기에 점점 더 쉽지 않았다.

한국전쟁 이후 북한이 처음으로 내놓은 조국 통일 계획들은 남한 내부의 공산주의 지하운동 형성과 북한에 충성하는 정치인 지원, '혁명 상황' 조성 촉진과 '혁명' 실현을 상정하고 있었다. 이런 계획들이 성공하게 되면 남한 권력을 전복시켜야만 했는데, 그렇게 되면 무력 충돌이 일어나고 더 나아가 분쟁이 남한 밖으로까지 비화하는 사태를 배제할 수 없었다. 하지만 소련 지도부는 주로 미국의 첩보함 푸에블로호 나포 위기(앞에서 언급했음)로 촉발된 위험한 행동을 북한이 감행하지 못하도록 막을 수 있었는데, 이 위기는 소련이 상황을 분쟁으로 몰고 갈 의사가 없음을 북한 측에 분명하게 보여준 계기였다. 여기에 덧붙여서 트카첸코의 견해에 따르면, 푸에블로호 나포 위기는 북한에 모종의 전환점이 되었다. 이 위기는 당시 상황에서 소련도 미국도, 심지어 중국조차도 위험을 무릅쓰면서까지 자국의 이해관계를 관철할 용의가 없었다는 점과 소련과 미국이 긴장 해소를 위해 외교적인 방법을 마련할 계획이었음을 명확하게 보여주었기 때문이다.[12]

이런 상황에서 1970년대 초에 전 세계에 걸쳐 긴장이 전반적으로 완화하자, 북한 지도부는 무력 통일 방법을 점차 포기하고 외교 쪽으로 노력을 기울일 수밖에 없었다. 남한과 공동으로 조국 분단 문제를 해결할 방법을 모색해야만 했는데, 그 결과 1972년 7월 4일에 남북공동성명이 나왔고 남북 관계 정상화로 가는 길에서 매우 중요한 이정표가 되었다. 남북공동성명에 대한 소련 지도부의 반응은 확실하지 않았다. 트카첸코가 지적하고 있듯이 소련과 북한은 이전에 한반도의 통일이 사회주의를 토대로 이뤄져야만 하고 통일된 한반도 국가는 사회주의 국가가 되어야만 한다는 것을 서로 확실하게 이해하고 있었기 때문이다(1971년 10월 8일 북한 외무상인 박성철과 브레즈네프가 나눈 대화의 한 대목을 참고하라).[13]

하지만 소련은 이 분야에서 북한이 향후 보여준 행동을 가로막지 않았고 덕분에 북한은 1980년 무렵에 통일된 한반도 국가 체제의 사회주의 원칙을 훨씬 더 '완화한' 새로운 제안을 들고나올 수 있었다. 위에서 지적했듯이, 소련 지도부는 북한의 계획안에 어떤 반응도 보이지 않았다.

1980년대 후반에 소련 지도부는 남한 불인정 노선이 쓸모없음을 확실하게 인식하여 외교가와 학계 대표들의 지지를 받았고 이는 결국 1990년에 소련과 한국의 외교 관계 수립으로 이어졌다.[14] 소련 붕괴와 사회주의 진영 국가들의 소멸 직후 러시아연방이 한국과의 교류로 방향을 크게 틀자, 북한과의 관계는 급랭해졌다.

물론, 소련의 한반도 정책은 변화가 필요했다. 아·태 지역에서 이미 꽤 힘 있는 행위자로 발돋움한 한국과 협력하지 않는다는 것은 소련과 같은 강대국의 이해관계에 부합하지 않았기 때문이다. 하지만 소련은 한반도 문제 중재 과정에 적극적인 영향을 미칠 기회가 사실상 없었고 북한의 통일 정책을 그저 따라가는 것밖에는 할 일이 없었다.

라리사 자브롭스카야는 소련과 한국 사이에 있었던 단편적인 접촉의 역사를 다룬 저술에서 소련의 대한 정책을 특징지으면서 이렇게 썼다. "소련 지도부가 소극적인 가운데 소련의 대외정책이 한반도 문제를 주변화하고 중국과의 관계에 관심을 집중한 것이 소련과 한국의 공식 외교 관계 수립 시간을 더 뒤로 늦추게 했고 이는 양국 교류의 정치·경제적 효율성을 상당히 떨어뜨렸다."[15]

물론, 국제정세 개선과 역내 국가 간의 전면적 협력이라는 관점에서 볼 때 소련과 한국의 외교 관계 수립은 오랫동안 지체되었고 따라서 객관적으로 필요했다. 평화와 안정 달성이 목적이라면 대치와 불인정 정책은 그렇게 효과적이지 않은 수단이라는 점을 역사적 경험이 확실하게 보여주었다.

러시아 학자들 대다수가 소련과 한국의 외교 관계 수립을 분석하면서, 북한 측에 그런 계획이 없다고 수도 없이 확신시켜 놓고도 사전 통지가 없었기 때문에 한-소 수교가 "최고의 방식으로 이뤄지지는 않았다"라고 평가했을지라도 이것은 소련과 한국에, 그리고 양국의 미래에 중요하고 긍정적인 행보였다.[16]

1990년대 전반의 짧은 시기에 러시아 지도부 역시 최고의 모습을 보여주지 못해서 역내 전체에서 대외적 영향력을 단기적으로 상실했다. 그러나 1990년대 후반에 가서 한반도를 향한 러시아연방의 대외정책 노선은 시정되기 시작했다. 한반도와 동북아시아 전체에서 러시아의 입지를 보존하고 강화하는 가장 효과적인 수단은 러시아가 남북한 양국에 대해 균형 관계를 유지하면서 자국의 국익에 부합하는 독자적인 정책을 실행하는 것임이 분명해졌다.[17]

러시아의 한반도 정책

러시아 지도부가 한반도 정책에서 초기에 마주친 중요한 문제 중에는 소련과 북한이 1961년에 체결한 우호협력·상호원조 협정의 운명을 앞으로 어떻게 처리할 것이냐는 문제가 있었다. 이 조약은 10년간 효력을 갖는 것으로 규정되어 있었고 어느 한쪽이 만료 1년 전에 조약 폐기를 통보하지 않는다면, 5년간 효력을 유지하고 그 이후 자동으로 연장되었다. 그러나 1995년에 러시아가 조약 기한을 연장하지 않겠다고 북한에 통보하면서 1996년에 조약의 효력이 정지되었다.

"그 결과 소련과 북한 사이의 정치 협의가 중단되었고 경제·과학기술 문제에 관한 정부 간 양자 협의회도 활동을 멈췄다. 교역량은 1993년 4억 3천만 달러에서 1995년 1억 달러로 줄었고 러시아가 이전에 제공한 대북 융자금의 상환도 동결되었고 문화·과학 교류도 중단되었으며 직항편도 단절되었다."[18]

러시아는 유엔 안전보장이사회의 대북 제재 도입 결정에 찬성했고(중국은 반대함) 북핵 문제 회담 형식인 '2+2'(남한, 북한, 중국, 미국) 참여에 초대받지 못했고 한반도에너지개발기구인 케도(KEDO) 프로젝트에도 포함되지 못했다.[19]

이 단계에서 남북한 국가와 러시아의 상호관계를 특징지으면서 발레리 데니소프는 이렇게 썼다. "러시아의 한반도 정책은 다시 균형을 잃어버렸다. 균형추를 남쪽으로 기울이면서 러시아는 대북 관계를 축소하기로 했다. 당연히 이것은 한반도에서 러시아의 입장에 부정적으로 영향을 미쳤고 동북아시아에서 러시아의 입지를 약화시켰다."[20]

러시아가 분명한 오산과 비생산적인 행보를 보인 끝에 한반도에서만 아니라 동북아시아 전체에서도 자국의 모든 전략을 근본적으로 재검토할 필요가 있다고 깨닫기까지 몇 년의 시간이 흘렀다. "새로운 세대의 지도자들이 등장하고 자국의 행동과 상대국의 행동을 양측이 더 냉철하게 평가하게 되면서 상황이 더 좋은 방향으로 바뀌었다."[21]

1990년대에 소련과 북한 사이에 짧았지만, 상당히 괴로웠던 냉각기가 끝나고 나서 러시아 지도부만이 그러한 대북 정책이 유익하지 못했음을 깨달은 것은 아니었음을 지적할 필요가 있다. "북한은 부정적인 감정과 모욕감을 서서히 극복하면서 러시아와 더 합리적인 관계가 필요하다는 점을 인식하기 시작했고 이는 미국, 남한과의 대화에서 자국의 입지를 다소 균등하게 해줄 기회를 북한에 제공해주었다."[22] 무력을 동원한 나토의 유고슬라비아 내정간섭과 미국의 이라크 폭격에 단호히 반대한 러시아의 입장도 일정한 역할을 담당했다. 이것은 그 이전까지 러시아를 절대적인 동맹국으로 간주했던 북한 지도부에 특히 중요했다.

2000년 블라디미르 푸틴 러시아연방 대통령의 방북 과정에서 양측은 선린우호협력조약을 체결했다. 이는 러시아-북한 관계에서 근본적으로 새로운 단계를 시작하는 것이자 러시아의 한반도 정책에서도 새로운 장을 새로 여는 것이었다.

새로운 조약은 양측이 유엔 정회원국 자격으로 체결했다. 따라서 양측이 유엔 헌장의 목적과 원칙을 존중할 의무가 있다고 특별 조항으로 명시되었다. 이 조약은 제삼국의 이해관계에 역행하지 않는다고 양측이 특별히 강조한 점도 중요한 양상이었다. 이는 한반도에서 일어난 지정학적 판도 변화를 반영한 것이었다. 과거의 조약과 달리 어느 한쪽의 평화와 안정을 위협하는 상황이 발생하면 다른 한쪽이 즉각적인 군사 원조를 제공하지 않고 양측은 단지 즉각적으로 접촉해야만 했을 뿐이다. 러시아연방은 자국의 정책을 재검토하고 양측의 관계 회복을 위해 상당한 노력을 기울인 덕분에 남북한 양국과 외교, 경제, 과학·기술 교류를 유지하고 선린 관계를 지지하고 있다. 결국 러시아는 한반도로 복귀했고 역내 안정과 안보 강화에서 러시아가 담당하는 역할은 지금까지도 매우 막중하여 남북한에서 동시에 인정받고 있다. 2013년 2월 12일 푸틴 대통령이 승인한 러시아 대외정책 개념의 일반 규정은 "중대한 정치적 노력이 접경국들과의 선린 관계 형성에 집중되어야 하고, 러시아연방의 인접국들에서 존재하는 긴장과 갈등 요인을 제거하고 또 이들이 새롭게 발생하지 않도록 방지하는 데 집중되어야 한다고 직접 명시했다."[23] 한반도에서 러시아의 이해관계는 전통적으로 평화와 안정을 확보하고 한반도가 러시아에 대한 안보 위협의 원인이 되지 않도록 방지하는 데 있었다.[24]

러시아의 한반도 정책은 한반도 분단 문제를 둘러싼 객관적인 현실과 정치·이념적, 사회·경제적 체제가 각기 다른 남북한 양국의 공존을 인정하는 데서 출발한다. 러시아는 이러한 상황이 앞으로 해결돼야 한다는 구상을 지지한다고 여러 차례 밝혔고 남북 문제의 평화적인 해결을 위한 양측의 노력을 환영했다. 이에 대해 북한-러시아 공동선언은 이렇게 기술하고 있다. "남북공동선언에 따라 한민족이 일치단결하여 한반도 통일 문제를 독자적으로 해결하려는 노력을 환영하면서 러시아와 북한은 이 과정에서 외부 개입을 허용하지 않는다는 단일한 의견을 준수하며 모든 관심국이 이 과정을 지지하는 것이 중요하다고 생각한다. 러시아는 남북한 사람들이 이와 관련하여 합의한 사항들을 지지한다는 점을 확인해주었다."[25]

러시아의 이런 입장은 의심의 여지 없이 남북 대화를 촉진하고 남북한 양국 차원에서 통일 문제를 해결하는 방법을 모색하는 데서 소련 시대보다 더 많은 기회를 열어주었다. 지금은 한반도 통일 전략을 마련할 때 정치·이념적 성분은 중시되지 않는다. 게다가 세계에는 이미 사회·정치 체제와 사회·경제 체제가 서로 다른 국가들의 통합 사례가 일부 존재한다. 38선 양쪽에서 입안된 기존의 한반도 통일 프로그램들은 바로 이런 접근법을 사실상 반영하고 있고 러시아도 지금은 이와 비슷한 통일 계획안들을 전적으로 지지하고 있다.

러시아 지도부가 한반도 통일 문제를 향한 입장을 마련하지 않았을지라도, 한반도의 두 국가 전체와 특히 한반도 문제 해결에 관한 정책의 구성 부분으로서 러시아의 공식 입장을 담은 통합 문서가 존재하지 않을지라도, 러시아가 한반도 통일이 실현 가능하다고 보게 해주는 주요 우선순위나 기본 원칙을 규정하는 개별 단평들을 담고 있는 중요한 문서가 몇 개 존재한다. 이 문서들과 함께 대통령 등 러시아연방 고위 관리들의 발언들은 러시아가 한반도 통일 가능성을 어떻게 보고 있는지 등의 여러 문제에 대한 러시아 입장을 충분하고 명확하게 그려볼 수 있게 해준다.

무엇보다도 먼저 러시아연방은 무력으로 문제를 해결하는 방안을 절대 받아들이지 않고 이런 방안이나 폭력 사용을 전제하는 어떤 방안에 대해서도 반대한다. 이는 러시아연방 대외정책 개념에 다음과 같이 반영되어 있다. "러시아연방은 국제사회의 집단행동을 토대로 하여 지역 분쟁을 정치·외교적으로 해결한다. 현대의 분쟁들은 무력으로 해결되지 못하며 분쟁 해결 방법은 모든 당사자가 대화와 협상에 참여하면서 찾아야지 당사자 중 어느 한쪽을 고립시키면서 찾을 수는 없다.[26] 여기에는 북한을 겨냥한 고립 정책 실행과 북한을 '깡패 국가'로 선포하고 어떤 형태의 대화도 무시하는 것을 부정적으로 바라보는 러시아의 입장이 매우 구체적으로 표현되어 있다.

러시아 당국 대표들은 자신들의 발언을 통해서 러시아가 어떤 나라의 사회·경제적, 정치적 체제가 무엇이든 상관없이 그 나라의 국가 주권을 존중하는 입장을 견지한다고 여러 차례 강조했다. 이런 원칙에 따라서 러시아연방은 북한과 한국의 국가 주권을 동등하게 존중하며 불량 국가 전복을 목적으로 하는 시도와 대외정치적, 군사적 압박을 비난하고 지지하지 않는다. 이라크와 리비아, 시리아, 우크라이나에서 일어난 사건들과 관련하여 러시아 공식 인사들이 이 문제를 바라보는 관점은 부정적인 성격을 명확하게 표현하고 있다.

2016년 9월 29일 모스크바에서 이고리 모르굴로프 러시아 외교부 아·태 지역 담당 차관과 김홍균 한국 외교부 한반도평화교섭본부장이 회동했을 때 러시아 측은 특히 정치적, 군사적 압박의 방법으로 한반도 문제를 해결하려는 노선이 비생산적이라는 점을 지적했다.[27] 2016년 9월 제71차 유엔 총회 연설에서 세르게이 라브로프 러시아 외무부 장관은 불량 정권을 교체할 목적으로 주권국가에 영향력을 행사하려는 외부 시도에 대한 러시아 입장을 이렇게 밝혔다. "유감스럽게도 멘토링, 우월감, 배타성, 그리고 공정하고 평등한 관계를 해치는 모든 방법을 동원해 자신의 이익을 관철하려는 행태가 여러 국가의 정치 엘리트 사이에 깊이 뿌리 내리고 있다. 이런 행태는 가장 복잡한 분쟁과 위기를 위험천만하게 일방적으로 밀어붙일 때 자신의 잘못이 없다고 생각하는 데서 기인한다. 우리는 이런 사례를 중동과 북아프리카 지역에서 일어난 유혈사태에서 목격하고 있다."[28]

분명히 라브로프의 발언은 시리아 내부 위기 상황을 배경으로 일반적인 성격을 띠고 있지만, 특히 한반도에서 잠재적으로 일어날 사태 전개와도 관련될 수 있다. 무력 해결 시나리오에 대해서만 아니라 군사·정치적 압박과 이런저런 인도주의 임무를 핑계로 주권 국가들의 내정에 간섭하는 행위에 대해서도 부정적으로 바라보는 러시아의 태도는 앞서 언급했듯이 푸틴 대통령의 방북 결산 자리에서 그와 김정일 위원장이 서명한 2000년 7월 20일 자 러시아-북한 공동선언에도 직접적으로 반영되어 있다. 이 선언문 제5항은 이렇게 명시하고 있다. "각국이 자신만의 정치적, 경제적, 사회적 발전 방법을 선택할 주권을 갖고 있음을 확인하면서 러시아와 북한은 '인도주의적 개입' 등을 핑계로 다른 나라들의 내정을 간섭하는 행위를 반대하며 자주성과 주권, 영토적 통일성을 수호하는 상호 노력을 지지한다."[29] 러시아와 북한의 선린우호협력조약 제3조는 러시아와 북한이 "제삼국들과 조약·협정을 체결하지 않아야 하고 상대방의 주권과 자주성, 영토적 통일성에 반하는 어떤 행위나 조치에도 참여하지 않아야 한다고 규정하고 있다."[30]

푸틴 대통령의 초청에 따라 2002년 8월 4~5일에 이뤄진 김정일의 러시아 답방 과정에서 양측은 러시아와 북한의 모스크바 선언문에 서명했다. 이 선언문 제7항은 러시아가 지지하고 있음을 보여주는 2000년의 남북 합의 사항을 다음과 같이 따로 적시하고 있다. "양국 정상은 2000년 6월 15일 남북공동선언에 따라 한민족 자신이 일치단결하여 조국 통일 문제를 독자적이고 평화로운 방법으로 해결하려는 노력에 대한 지지가 한반도 통일 문제 해결에 이바지한다는 점에 동의하며 이 문제 해결 과정을 방해하는 행위를 용납하지 않을 것임을 밝힌다."[31] 여기서 남북공동선언을 인용한 것이 흥미롭다. 양국이 새로운 우호조약 문안 합의를 조율하는 과정에서 북한 측은 러시아가 고려민주연방공화국 형태의 통일 프로그램을 지지한다는 조항을 포함해야 한다고 고집했기 때문이다.[32] 이 제안이 러시아의 지지를 얻지는 못했지만, 남북 합의 사항을 모스크바 선언문에 포함한 것은 통일로 가는 길에서 남북한 양국이 보여준 공동 노력에 대해 러시아가 지지한다는 입장을 강조해주었다. 이런 기본 입장은 러시아 지도부의 다른 성명들에서도 확인되고 있다.

위에서 지적한 것처럼, 한반도 문제에 대한 러시아의 입장에서 굉장히 중요한 대목은 이 문제 자체의 근간에 바로 통일 조국의 분단이 자리 잡고 있고 조국 분단은 다시 한반도와 주변 지역에서 일어나는 모든 대치와 분쟁, 온갖 종류의 급변 사태에서 근본 원인이 된다는 관점이다. 조로 선린우호협력조약 제4조는 다음과 같이 직접 명시하고 있다. "양측은 국제적 긴장의 원인이 되는 한반도 분열을 조속히 종식하고 자주·평화·민족단결 원칙을 토대로 한반도를 통일하는 것이야말로 한민족 전체의 민족적 이해관계에 부응하는 것이자 아시아와 전 세계의 평화와 안보에 이바지하는 것이다."[33] 1972년 7월 4일 공동성명에서 남한과 북한이 합의한 통일 원칙들이 여기에 분명하게 인용되어 있는데, 이것은 이 통일 원칙들이 타당성이 있고 러시아의 완전한 지지를 받고 있음을 말해준다.

통일 한반도의 분단이 남북 양쪽 사이의 경제 교류가 완전히 단절된 때인 1948년에 남북한 두 국가가 공식적으로 선포되기 전에 형성되기 시작했다는 점은 이전 장들에서 보여주었다. 민족경제를 복원하려면 (소련과 미국의) 두 점령 지역을 재통합하고 한반도 영토 전체에 단일 경제 공간을 창설해야만 했다. 해방 이후 38선을 따라 조국을 양분한 것은 남북의 경제적 특수성과 한반도 경제가 어떻게 작동했는지를 고려하지 않고 이뤄졌다.[34] 바로 이러한 단일 경제 공간의 분할과 이후 분할 상태의 유지 필요성이 막 시작된 조국 분단을 심화시켰고 분단은 곧이어 터진 전쟁으로 고착화되었다.

이전에 러시아의 입장은 정치 문제 해결책 모색이 경제 문제 해결과 불가피하게 결부되어 있다는 점을 상당히 분명하게 강조했다. 말하자면, 경제 협력을 통해 정치적 해결을 달성할 수 있다는 것이다. 바로 이런 이유에서, 통일을 달성하기 위해 제안된 대책으로서, 또는 러시아의 견해에 따르면 2013년 '러시아연방 대외정책 개념' 제84조에 있는 합의와 의무 정신에 부합하는 일반 개념을 마련하기 위해 제안된 대책으로서 남북 간 정치·경제 협력이 역내 평화와 안정, 안보 유지에 가장 중요한 조건으로 지정되었다.[35]

그러나 2016년에 나온 대외정책 개념에서는 이러한 입장이 빠져 있고 그 대신에 "러시아는 한반도에서 대치 수준을 낮추고 긴장을 완화하고 정치적 대화를 발전시켜서 남북 화해와 협력을 달성할 것이다"라고만 기술되어 있다.[36] 대외정책에서 나타난 이러한 변화는 2016년에 남북 관계에서 일어난 복잡한 상황에서 기인한 것으로 보인다. 이때 국제 제재와 남한의 제재로 남한과 북한의 경제 협력이 사실상 중단되었기 때문이다. "2013년 남북한 관련 입장에서는 남북 양국과 러시아 사이의 다양한 협력, 남북 간의 정치적 대화와 경제적 협력 지지, 역내 평화와 안정, 안보, 그리고 한반도 비핵화 형성 과정에 대한 러시아의 지원 의사에 방점이 찍혔다. 반면 2016년 대외정책 개념은 한반도에서 대치 수준을 낮추고 긴장을 완화한다는 점을 강조했다."[37]

이러한 상황은 러시아의 대외정책 개념이 현재 현실을 반영하고 있고 객관적 현실에 의지하고 있음을 말해준다. 그러나 이것은 러시아 지도부가 남북 경제 협력에 대한 지지를 상황이 허락하면 언제라도 철회할 수 있음을 의미하는 것은 절대 아니다.

한반도 통일이 미래에 일어나야 한다는 것을 보여주는 러시아 대통령의 관점은 잘 알려져 있다. 2013년 방한 당시 푸틴 대통령은 한국방송공사(KBS)와 인터뷰하고 특히 한반도 통일 가능성을 묻는 말에 이렇게 답변했다. "당연히 우리는 한국인들의 민족 통일 열망을 지지한다. 이것은 자연스러운 과정이다. 하지만 나는 이 과정이 완전히 평화적인 방법으로 남북한의 이해관계를 모두 고려하면서 이뤄져야만 한다고 생각한다." 그는 또 이렇게 강조했다. "우리는 오직 평화적인 방법으로 진행되는 과정만 지지할 것이며 분쟁과 비극, 파괴를 낳는 것이 아니라 긍정적인 결과로 이어지는 수단의 사용만 지지할 것이다."[38]

다양한 흡수 통일 시나리오(이 경우에 누가 흡수 대상이고 주체인지는 전혀 의미가 없다)와 관련하여 푸틴 대통령은 통일 문제에서 자신만의 접근법과 어느 한쪽에 의한 통일 실현 구상을 강제하는 것을 받아들일 수 없다고 강조했다. "상대방에게 아무것도 강제하지 말아야 한다. 만약 그렇게 한다면 통일로 가는 과정은 긍정적인 성과 없이 파괴적인 성격을 띠게 될 것이다. 이와 반대로 상대방의 이해관계를 고려하고 사람들의 절대적인 열망을 염두에 둔다면(나는 모든 한국인이 자신의 정치적 견해와 상관없이 조국 통일 가능성에 대해 생각하고 있다고 속으로 생각한다), 이러한 과정은 매우 창조적이고 긍정적일 수 있고 국제정치와 역내 안보 보장, 역내 경제에 긍정적인 결과를 가져다줄 수 있다."[39] 이런 식으로 푸틴 대통령은 통일이 남북한을 통틀어 한민족의 이해관계를 고려하여 이뤄져야 한다고 분명하게 밝혔다.

위에서 인용한 문서와 발언들은 러시아가 한반도 통일 가능성에 대해 어떻게 생각하고 있는지를 매우 분명하고 확실하게 보여준다. 남북한 국가의 자주성과 주권에 대해 존중하는 태도를 강조하면서 러시아연방은 한반도 통일 과정에 강대국들이 간섭하지 않아야 한다는 점을 지지하고 38선 양쪽의 남북한 주민들이 자신들의 운명을 스스로 해결할 권리가 있음을 지적했다.

대체로 우리는 한반도 통일 문제에 관한 러시아의 입장이 남북한이 1972년 공동성명에서 독자적으로 합의하고 강화했고 2000년과 2007년 선언에서 확인했던 원칙들에 완전히 부합한다는 것을 알 수 있다. 러시아는 통일 시나리오를 남북 관계 정상화와 긴장 해소, 경제 협력 재개, 삼각 경제 프로젝트 등 합작 프로젝트 수립이 장기적·점진적·단계적으로 이뤄지는 과정으로 파악하는 것 같다. 그리고 이에 상응하는 한반도 주변의 대외 상황과 역내 핵심 국가들의 협조가 이 과정에서 절대적으로 필요하다.

러시아는 무력 또는 분쟁을 통한 시나리오나 한 국가가 다른 국가를 흡수 통일하는 시나리오를 받아들이지 않을 것이다. 러시아가 볼 때 이런 시나리오는 남북 공동 합의에도 어긋나고 국가 간 합의와 공동선언에 따라 러시아가 이행하는 의무사항에도 어긋나기 때문이다. 분명한 점은 러시아가 국제법과 남북한 국가 주권의 관점에서 이런 시나리오들을 수용하지 않다는 것이다. 러시아는 모든 관심국이 직접적이고 솔직한 대화에 참여하는 데서 통일 문제 해결 방안을 모색한다.

이런 식으로 푸틴 대통령은 통일이 남북한 국민의 이해관계를 고려하고 어느 쪽도 자신의 비전을 강제하지 않는 가운데 이뤄져야만 한다고 확실하게 밝혔다. 이러한 입장은 매우 중요하다. 흡수 통일 방안들은 많은 전문가가 볼 때 결국 분쟁과 불안정으로 이어질 것이고, 만약 이런 일을 피할 수 있다고 하더라도 통일 국가의 틀 안에서 한반도의 두 부분이 발전하는 데서 심각한 인구학적, 사회적 문제들, 불평등과 불균형으로 이어질 것이고, 이는 다시 역내 불안정을 낳을 것이기 때문이다.

현재 러시아는 한반도 문제 해결에서 어떤 무력 시나리오도 단호하게 반대한다. 많은 점에서 볼 때 이런 입장은 소련의 슬픈 경험에서, 다시 말해 1950~1953년 한국전쟁 당시 무력 통일 시도의 실패에서 유래한다. 물론, 현대 러시아가 대외정책 노선을 어떻게 계승하고 있고 특정 목표 달성을 위한 무력 사용을 어떻게 바라보는지도 여기서 알 수 있다.

유감스럽게도 지금은 하이브리드 전쟁 개념이나 군사·외교적 압박을 통해서 동결된 분쟁을 깨뜨리고 무력 시나리오를 실현하려는 경향이 증대되고 있다.

불행하게도 2020년대 초에 동결된 분쟁들이 급격하게 활성화되고 있고 새로운 긴장 지대가 생겨나고 있다. 국제적 대치가 급격하게 첨예화하고 있는 가운데 국방비와 군사비 지출이 늘고 있다. 불씨가 꺼지지 않고 연기를 내뿜고 있는 지역들이 현재 세계 거의 모든 지역에 존재하며 한반도는 잠재적 발화 지점 가운데 하나이다.

이와 관련하여 지적할 점은 "현대의 분쟁들은 무력으로 해결할 수 없으며 분쟁 해결 방법은 모든 당사자가 대화와 협상에 참여하는 데서 찾아야 한다"라고 명시한 2013년의 표현이 새로운 러시아 대외정책 개념에서 사라졌다는 것이다. 이것은 물론 러시아가 대외정책 전략을 수립할 때 그러한 경향을 찾고 있지만 않고 고려하기도 한다는 것을 시사한다.

국제법의 관점에서 볼 때, 한국전쟁은 종결되지 않고 여전히 진행 중인 연기된 분쟁이다. 지금까지 정전협정만 존재하고 있고 심지어 모든 당사자가 여기에 서명하지도 않았다. 이 밖에 수십 년간 북한에 가해진 정치·외교적, 군사적 압박과 최근에는 미국과 유엔 안보리에서 상당히 강력한 대북 경제 제재 압박까지 나와서 한반도 상황을 전쟁 직전까지 여러 번 내몰았다. 소련과 달리 오늘날 러시아는 상황이 점진적으로나 급격하게 격렬한 분쟁으로 비화한다면 이를 억지할 효과적인 수단을 갖고 있지 않다는 것을 인정해야만 한다.

과거에는 1960년대 말 한반도 상황을 둘러싼 첨예한 긴장이 미군 정찰함 푸에블로호 납치와 북한 특수부대의 남한 영토 침투 시도, 미군 정찰기 격추 등 일련의 사건으로 절정에 달했을지라도, 제삼자가 북한을 공격하면 조약에 따라 북한에 즉각 군사 원조를 제공하기로 한 소련이 중대한 분쟁 억지 요인이 되었고 무엇보다도 대치 해소를 위한 정치·외교적인 방법을 찾을 수 있게 해주었다.[40]

현재 이러한 군사 원조는 러시아와 북한이 새로 체결한 조약에서 빠져 있으며 2016~17년 위기는 몇 개국의 다각적인 외교적 노력으로 극복되었다. 러시아도 이들 국가에 포함되어 있었지만, 오늘날 역내 대외정책 실행 문제에서 러시아는 중국 노선을 따라가고 있다. 이것은 역내 정치에서 러시아의 현재 역할이 근본적으로 달라진 상당히 중요한 상황을 보여준다. 그러나 당연히 합의된 집단적 노력이 역내 안보와 안정 유지에서 중요하고 이것이 결과적으로 효과도 크다.

한반도 문제는 발생한 순간부터 국제관계 문제였고 이 문제 해결은 역내 핵심 국가들의 관계에 의해 좌우되었다. 오늘날 상황은 이런저런 역내 국가들의 이해관계가 상당히 충돌하면서 복잡해졌지만, 20세기 후반에 이 문제는 북한이 주도하는 사회주의 모델의 통일 전략을 상당히 무력화시킨 또 다른 상황에 맞닥뜨렸다.

1950년대 말과 1960년대 초 무렵 사회주의 진영 국가들 사이에서 일어난 내부 이념 갈등 때문에, 특히 스탈린 개인 숭배를 비판한 제20차 소련 공산당 대회 이후 소련과 중국 사이에서 발생하여 1960년대에 심각하게 격화한 이념 갈등으로 인해 세계에서 가장 큰 두 사회주의 국가의 대외정책 협력이 사실상 중단되었다.

소련과 중국 간의 대립은 북한이 중국과는 밀착하고 소련과는 소원해지는 결과로 이어졌다. 이는 통일 정책 실행에서 북한의 자주성이 더 많이 발휘되는 계기를 제공했다. 그러나 1960년대 중엽에 강제 통일을 지향하며 북한이 보여준 깜짝 놀랄 만큼 위협적인 대외정책 수사는 역효과를 불러일으켰다. 앞서 언급했듯이, 1968년 1월 북한군 특수부대의 박정희 대통령 암살 미수와 미군 정찰함 푸에블로호 나포 등 북한이 연루된 상당히 심각한 사건들이 잇따라 터지면서 북한 지도부의 통일 열망에 담긴 공격적인 성격을 보여주었고 사회주의 진영 전체의 평판을 떨어뜨렸다. 1968년 위기는 소련과 미국의 노력 덕분에 극복될 수 있었지만, 이는 소련 지도부가 1961년 체결된 조약 등의 틀 안에서 대북 군사 원조를 바라보는 자신의 시각을 진지하게 재검토하는 계기가 되었다.

그러나 소련 정부는 대체로 남북 대화를 지지했다. 이러한 대화가 한반도와 역내 전체의 긴장 완화에 이바지했기 때문이다.[41] 소련과 북한 지도자들이 비공식 회담에서 미래의 통일 한반도에 사회주의 체제가 수립되리라는 데 기대를 걸었을지라도 현실에서는 남북한 사람들이 이념을 배제하고 민족 공통의 이해관계를 중시하면서 통일 원칙들을 독자적으로 결정했다.

이런 식으로 우리는 한반도 통일안과 한반도 문제 해결안 마련 문제에서 남북한 사람들이 이념 성분을 배제하는 방향으로 나아가고 있었음을 알 수 있다. 모든 수준에서 남북의 점진적 화해와 협력, 민족 정체성 자각이 최우선 순위였다. 현재 상황은 우리가 거대 행위자들의 이해관계에서 각기 다른 체제들의 이념적 대결 대신에 약간의 뉘앙스를 풍기며 사회·경제적 발전 모델들의 경쟁을 낳는 대립을 목격하고 있다는 점에서 소련 시대와는 모든 것이 다르다. 그러나 구체적인 통일 프로그램들을 입안할 때 사회·경제적, 정치·이념적 양상들은 뒷전으로 물러난다. 문제의 국제적 상황이 더 중요하게 나타난다. 달리 말하면, 통일된 한반도가 두 개의 다른 국가-체제의 연방제를 대표하는지, 그 안에 하나의 단일 정부가 들어서느냐 아니면 두 개의 서로 다른 정부가 들어서느냐 등등은 중요하지 않다. 중요한 것은 통일 한반도가 역내에서 어떤 위치를 차지하느냐와 통일 한반도의 대외정책이 무엇이냐는 것이다. 그리고 이런 점에서 러시아의 이해관계는 무시될 수도 없고 무시되어서도 안 된다. 통일 한반도가 어떤 모습이 되느냐는 우리에게 중요하지 않고 한반도가 통일되었다는 것이 중요하다는 주장은 전혀 옳지 않으며 다소 무책임하다. 앞서 인용한 푸틴 대통령의 발언은 우호적인 한반도와 이웃하는 것이 러시아의 이해관계에 부합하는 것임을 분명하게 말해준다.

어떤 진영에 합류한 통일된 한반도가 아니라 중립적인 통일 국가의 형성이 러시아의 이해관계에 부합한다는 생각은 여러 러시아 학자의 저술에 잘 나타나 있다. 바로 이런 형태의 통일 한반도야말로 다른 강대국들의 이해관계가 충돌할 때 긴장과 대립의 원인이 되지 않을 수 있다. 이런 생각은 바딤 트카첸코가 다음과 같이 가장 잘 기술하고 있다. "이 지역에서 러시아 대외정책의 매우 중대한 요소는 러시아가 기본적으로 한반도의 통일 전망을 긍정적으로 바라본다는 것이다. [...] 그러면 (다시 말해 통일을 달성하면) 러시아 국경에서 가까운 곳에서 긴장 지대가 제거될 수 있기 때문이다." 하지만 그렇게 되려면 "통일 한반도가 러시아에 적대적인 국가가 되지 않아야 한다. 아니면 제삼국과의 군사·정치 동맹에 참여하지 말아야 한다." 더 나아가서 "한반도가 중립적인 독립 국가가 된다면 한반도의 지정학적 지위는 실질적인 안전이 보장되는 방식으로 확보되어야 한다."[42]

다행히도 바로 이런 입장이 한반도 문제 해결과 한반도 통일을 다루는 현대 러시아 정책에서 관측되고 있다. 현재 한반도 통일과 관련된 러시아의 전략은 남북 관계의 장기적, 단계적, 점진적 정상화 과정과 단계적 긴장 해소, 경제 협력 재개, 삼각 프로젝트 등 공동 경제 프로젝트 시행에 있다. 당연히 이에 부합하는 한반도 주변 상황이 조성되어야 하며 역내 핵심 국가들도 이 과정에 이바지해야 한다. 러시아는 무력이나 분쟁을 통한 통일 시나리오도 어느 한 국가가 다른 국가를 흡수 통일하는 시나리오도 받아들이지 않을 것이다. 러시아의 견해에 따르면 이런 방식은 남북 공동 합의와도 일치하지 않고 국가 간 조약과 공동선언에 따라 러시아가 이행해야 하는 의무사항과도 일치하지 않는다.

현재 러시아와 중국, 북한의 이해관계가 많은 점에서 일치하고 있고 바로 여기에 한반도 문제 해결을 둘러싼 국제정세 상황의 독보성이 있다는 점을 지적하는 것이 중요하다. 단기적·중기적으로 볼 때 한반도 문제 해결은 많은 부분에서 러시아와 중국, 남북한이 공통의 이해관계를 인식하고 단일한 대외정책 노선을 형성할 수 있느냐에 따라 좌우될 것이다. 한반도 문제에서 러시아와 중국이 공동 행보를 보인다는 점도 말할 필요가 있는데, 이것에 관해서는 다음 장에서 자세히 다룰 것이다.

러시아 대외정책의 모순

러시아는 한반도 문제의 평화적인 해결을 지지하고 한반도 문제 해결에 협상으로 접근하는 방법밖에는 대안이 없다는 점을 지적하고, 또 제재정책이 효과적이지 않다는 점을 강조하지만, 실제로는 다르게 행동하면서 사실상 북한의 경제통상 봉쇄로 이어지는 대북 제재 압박에 꼬박꼬박 가담하고 있다. 심지어 러시아는 북한과 마찬가지로 여러 나라의 대북 제재가 불법이라고 간주하면서도 이런 행동을 보인다.

러시아 외무부 공식 인터넷 사이트에 게재된 문서인 '러시아와 한반도 상황 해결'은 이렇게 말하고 있다. "유엔 안보리 제재가 정확한 대상에 가해져야 하지 인도주의적 대재앙을 초래할 수 있는 완전한 경제통상 봉쇄 직전까지 가는 북한 고립으로 이어져서는 안 된다는 것이 러시아의 한결같은 입장이다."[43] 러시아 공식 인사들도 대북 제재가 비대칭적이며 북한 주민에게 직접 해를 끼치고 있다고 여러 차례 밝혔다.[44]

하지만 2006년에서 2017년 최근 결의안이 나오기까지 러시아는 유엔 안보리 대북 제재가 나올 때마다 이에 가담했다. 심지어 2013년 북한의 인공위성 발사 이후에 제재가 도입됐을 때도 그랬다. 물론, 핵무기 비확산 불허와 자국 국경 부근의 안정 유지에 관련된 러시아의 정책은 북한의 핵실험에 대해 대응 조치를 취할 필요가 있었다.

전문가들은 2016년에 북한이 보인 도발적인 행동과 관련하여 러시아의 대북 협력 접근방식에서 전체적인 방향이 바뀌었다고 지적했다. 러시아의 공식 집단에서만 아니라 여론에서도 호의적이고 중립적인 접근방식 대신에 부정적인 태도가 관측되었다.[45] 이와 함께 모스크바의 견해에 따르면, 경제 제재는 정치·외교적 해결을 방해한 훨씬 더 긴장된 상황을 조성했다.

대북 제재는 북한의 정상적인 국가 기능을 마비시키고 있고 대외 경제 활동에 제약을 가하며 향후 발전을 방해하고 있으며 필요한 상품과 자원에 대한 접근도 막고 있다. 이는 북한의 국가 주권을 심각하게 훼손하는 것이다. 이것이 2000년 조로공동선언 제2항이나 양측이 "제삼자와 조약이나 협정을 체결하지 않고 상대방의 주권과 자주성, 영토적 통일성에 반하는 어떤 행동이나 조치에도 참여하지 않는다"[46]라고 명시하고 있는 조로선린우호협력조약 제3조에 배치된다는 점은 의심의 여지가 없다.

앞서 언급한 문서 '러시아와 한반도 상황 해결'도 이렇게 쓰고 있다. "러시아는 관련 당사국들 사이에 존재하는 문제들을 일괄 타결하는 방식으로 핵 문제 등 한반도 문제 해결에 접근해야 한다고 한결같이 지적하고 있다. 이는 비핵화에 직접적으로 필요한 바람직스러운 여건을 조성해줄 수 있을 것이다." 이런 식으로, 러시아는 현재의 위기(핵미사일 문제와 관련된 위기)를 큰 문제 가운데 일부분으로 파악하고 있고 이 위기의 해결은 '일괄 타결'의 맥락 안에서 모색해야 한다고 공식적으로 밝혔다.[47] 달리 말하면, 여기서 중요한 것은 한반도 문제 전체의 일괄 타결이지 이 문제 해결에 부분적으로 접근하는 것이 아니다.

러시아는 현재의 핵무기 비확산 체제를 유지하는 것을 일관되게 지지해 왔고 이러한 입장은 러시아 대외정책 개념에도 반영되어 있다. 게다가 여러 가지 규정도 한반도 비핵화 지위를 지적한다. 예를 들면, 대외정책 개념 제89항은 이렇게 명시하고 있다. "러시아는 한반도 비핵화를 한결같이 지지하며 6자 회담이 비핵화를 달성할 수단이라고 보면서 한반도 비핵화에 최대한 이바지할 것이다. 러시아연방은 동북아시아 평화와 안보 유지 메커니즘을 구축하는 데 노력을 기울이고 역내 경제 협력 확대를 위한 대책을 마련할 것이다." 러시아는 북한의 핵확산방지조약(NPT) 탈퇴를 비난하고 한반도 비핵화를 촉구했다. 그러면서도 북한의 안보를 확실하게 보장해야 한다는 조건을 달았다. 러시아는 북한이 오랜 세월 동안 매우 어려운 상황에서도 대량파괴 무기와 발사 수단을 자체적으로 개발할 수밖에 없었던 이유를 잘 알고 있다. 이 주제와 관련하여 2017년에 푸틴 대통령은 "그들(북한)은 안보가 불안하다고 느끼면 풀을 먹고 살더라도 이 프로그램을 포기하지 않을 것이다"라고 설득력 있는 견해를 밝혔다. 이 연설에서 푸틴은 북한이 핵 야망을 포기하도록 강제하는 제재 도입에 대해 "제재를 가한다면 북한이 대량파괴 무기 개발에 착수한 노선을 포기할 것으로 생각하는가?"라며 매우 합리적인 견해를 계속해서 밝혔다. 그의 견해에 따르면, "제재 도입은 이미 소용없고 효과적이지 않다."[48]

한반도 문제 해결과 관련한 러시아의 대외정책에서 나타난 이러한 비일관성은 조로선린우호협력조약에서 문서로 강화된 양자 의무사항(특히, 앞서 언급한 제3조)과 배치되고 현재 위기와 한반도 문제 전체의 해결에서 수용할 만한 방법에 대해 러시아가 이해하고 있는 것과도 배치된다는 것을 인정해야 한다. 이러한 대외정책 행동은 한반도 상황의 안정에 도움이 되지 못하고 따라서 러시아의 이해관계에도 배치된다.

2012년 북한은 헌법에 수정안을 도입하여 이에 따라 자국을 핵무기 보유국으로 선포했고 그로부터 10년 후에는 언론이 '북한 핵 독트린'으로 명명한 '핵 무력 정책에 관한 법'이 발표되었다. 이런 식으로 북한은 핵무기를 포기하지 않을 것이고 비핵화 회담도 앞으로 없을 것임을 명확하게 천명했다. 김정은은 이렇게 밝혔다. "핵무기 보유는 조국의 존립, 국민과 국가 주권이 달린 합법적이고 양도할 수 없는 자위권이다. 우리는 이것을 포기할 뜻이 없다."[49]

북한의 사실상의 핵 지위는 국제사회와 정치인들의 의식 속에 이미 굳게 자리 잡았다. 그러나 이것이 한반도 문제 전반의 해결을 둘러싸고 나오는 수사를 대폭 바꿔놓지는 않았다. 최근에 북한 핵미사일 프로그램 개발을 두고 '이해한다'라는 태도를 보였던 러시아 등의 대외정책 전략은 현재 상황에서 수정이 필요하다.

최근 국제정세에서 러시아가 대외정책에 기울이는 노력이 분명히 중동과 시리아, 특히 서구 쪽에 집중된 상황에도 주목할 필요가 있다. 한반도는 중요성에도 불구하고 최우선 순위에 들어 있지 않다. 이는 주요 언론 지면과 최고위 지도부의 성명에서 한반도가 언급되는 빈도수만 봐도 상당히 잘 드러난다. 그러나 한반도가 러시아 극동 국경에 접해 있다는 점과 함께 극동의 안보와 안정을 둘러싼 이해관계, 한반도 문제 해결에서 러시아가 가진 잠재력, 새롭게 점점 고조되는 다극 세계질서 형성 경향은 러시아가 이 방향에서 더 적극적인 행동을 취해야 하면서 가장 어려운 상황 전개 시나리오에 대비하고 대응해야 하고 잠재적 위협을 소멸시키고 전면적이고 평화로운 대화를 촉진할 수 있도록 하게 한다.

현재 상황이 매우 어렵지만, 러시아연방은 남북 관계 정상화와 분단된 한반도의 조속한 평화통일 달성을 지지한다. 러시아의 입장은 전면적인 지역 발전 심화를 위한 남북 교류 잠재력을 충분하게 사용하는 것을 전폭적으로 지지하고 도모하는 데에 있다.

제5장

러시아와 북핵 문제

한반도 핵 위기와 러시아의 입장

한반도와 역내 전체 상황 해결을 둘러싼 핵심 문제 가운데 하나는 최근 수십 년간 성공적으로 발전하고 있는 북한 핵미사일 프로그램이다. 현재 유엔 안보리와 미국, 한국 등 여러 국가가 북한의 핵 야망에 대해 도입한 대북 제재는 남북 대화도 이 문제에 관한 다자 협력도 사실상 마비시켜 놓았다. 역내 안정과 안보의 심각한 위협 외에도 북한의 핵미사일 프로그램은 21세기에 통일 가능성은 차치하더라도 남북 간 통합 과정 실현으로 가는 길에서 커다란 '걸림돌' 가운데 하나이다. 그러나 북한이 어떻게 해서라도 핵무기를 보유하고자 하는 열망은 분명히 역사적인 맥락과 북한 자체의 입장, 역내와 세계 전체에 걸친 국제 상황과 주변 현실에서 초래되었다. 이 역사적인 맥락은 미해결 상태의 한반도 문제, 다시 말해 통일 조국의 분단에 깊이 뿌리 박고 있다. 매우 구체적이고 종종 위험천만한 충돌이 빚어지는 아주 다양한 모순을 낳고 있는 것이 바로 한반도 분단이다.

많은 전문가 견해에 따르면, 이 문제의 가능한 해결에서 특별한 역할은 러시아연방이 담당할 수 있다. 북한에서 원자력에너지의 최초 개발은 평화로운 원자력이 지리적으로 불리한 상황에서 에너지 공급 부족을 겪고 있는 젊은 국가에 객관적으로 필요하다고 생각했던 소련의 원자력 제공과 도움으로 이뤄졌다. 이와 동시에 미리 지적하자면, 소련은 무력 통제와 핵무기 비확산 분야에서 국제 협정을 엄격하게 준수하면서 핵무기 제조에 필요한 기술을 북한에 전달하지 않았다. 그러나 핵무기 제조 분야에서 북한 전문가들이 자체 개발한 무기는 소련의 기술과 도움을 토대로 한 것이라고 주장할 만한 충분한 이유가 있다.

북한 핵 문제를 해결하기가 어려운 이유는 현대 세계의 현실에서 핵무기가 매우 위험함에도 외부 공격을 억지하고 국가 주권을 유지할 수 있는 실질적인 수단이 된다는 데에 있다.

20세기에는 세계 초강대국이었던 소련과 미국에 거대한 핵무기고가 존재했다는 점과 핵 분쟁이 터지면 얼마나 끔찍한 결과가 빚어질지를 사람들이 잘 알고 있었다는 점 덕분에 위기 상황에서 공격 계획을 억제하고 정치·외교적인 해결 방법을 모색할 수 있었다. 이것을 보여준 가장 대표적인 사례로 1962년 가리브해 위기를 들 수 있을 것이다. 북한의 경우에는 1968년에 새로운 전쟁을 거의 촉발할 뻔한 미군 첩보함 푸에블로호 나포 사건을 들 수 있다.

북한 당국은 이 모든 것을 보고 이해하지 않을 수 없었다. 북한은 자립·자주 정책을 선포하면서 특히 '큰형님들'인 소련과 중국 사이에 빚어진 심각한 갈등과 냉각 기류 속에 이들에 대한 의존에서 벗어나고자 했다.

현재 북한 핵미사일 프로그램 문제를 둘러싼 상황이 새로운 국면에 접어들면서 또다시 악화하는 이유는 북한이 자체 핵무기만 아니라 대륙간 발사 수단도 보유하고 있는 핵 강대국 지위를 법적으로는 인정받지 않았더라도 사실상 획득했다는 데에 있다. 이런 상황은 역내에서 최근 50년간 형성된 세력 판도와 균형을 크게 바꿔놓고 있고 기존의 핵무기 비확산 체제에 도전하고 있다. 이런 도전은 특히 국제정치에서 대결이 첨예해진 상황에서 예측 불가능한 결과를 초래할 수도 있다. 현재의 경향은 러시아 연방의 이해관계에도 매우 직접적으로 배치되고 러시아의 역내 안보와 안정을 위협하고 있다. 러시아는 일관되게 핵무기 비확산 체제 위반을 반대하고 한반도 비핵화 유지를 지지한다.

전문가들의 견해에 따르면, 북한은 2017년에 탄도 미사일을 연달아 발사하면서 미사일 프로그램에서 큰 진전이 있었음을 보여주었고 핵융합 폭탄과 수소 폭탄 실험을 성공적으로 끝마침으로써 상당한 핵무기고를 보유하고 있다는 것을 입증했다.[1]

2017년 11월 29일 북한은 그 당시에 가장 완전한 대륙간탄도미사일 '화성-15'를 발사했다. '화성-15'는 초대형 고중량 핵탄두를 탑재할 수 있고 전문가들의 의견에 따르면 미국 본토 전체에 걸쳐 목표물을 타격할 수 있다. 북한 정부의 공식 성명에서 지적했듯이, 김정은 위원장은 "국가 핵 사업을 완성하는 위대한 역사적 사업이 실현되었다. 핵 강대국 건설의 위대

한 사업이 실현되었다"라고 밝혔다.[2]

우리가 알고 있듯이, 1990~91년 남북한이 관계 조정과 정상화로 가는 길에서 이룩한 가장 중요한 성과는 한반도 비핵화 선언 서명이었다. 그러나 그 뒤로 이어진 사건들과 앞서 얘기한 북한 핵미사일 프로그램 성공은 그동안 북한 지도부가 매우 장기적인 다른 계획들을 실현해 오고 있었음을 분명하게 입증해주었다.

이미 여러 차례 지적했듯이, 소련 붕괴와 사회주의 진영 국가들의 소멸 이후 북한은 매우 중요한 군사 동맹국이자 경제 지원국이었고 자국 생산품 수출 시장이기도 했던 소련을 잃고 나서 몹시 어려운 상황에 빠져 있었다. 소련의 법적 계승자였던 러시아연방은 자국 경제를 시장경제로 서둘러 재편하면서 남한으로부터 상당한 재정 지원을 기대했고 이와 관련하여 1961년에 체결되어 발효됐던 소련과 북한의 우호협력상호원조조약 연장을 거부해 버렸다. 우리의 기억에 따르면 이 조약 제1조는 외부 공격이 발생하면 군사 원조를 보장한다고 명시했다. 이런 식으로 북한은 강력한 핵심 동맹국을 잃어버렸다.

이 모든 일과 1990년대 전반기에 발생한 국제관계 체제에서 일어난 전반적인 구조적 변화로 인해 북한 지도부는 자국의 안전을 확보하고 현 체제를 유지하기 위해 핵무기 생산 프로그램을 자체적으로 가동하지 않을 수 없었다.

현재 우리는 20세기 말에 믿기 어려울 정도로 힘겨운 상황에서 북한 지도부가 돈과 시간이 많이 들고 기술적으로도 복잡한 프로젝트들에 정말 소중한 자원들을 쏟아부었을 때 핵무기 보유가 북한에 얼마나 중요한 의미가 있었는지를 상상해볼 수 있다.

북한 핵미사일 프로그램은 오랜 역사를 갖고 있다. 일부 평가에 따르면 이 프로그램의 시작은 북한이 원자력 분야 연구를 처음 실행하면서 관련 인프라가 생겨나고 과학기술 요원 양성을 위한 국가 프로그램이 채택된 1950년대 초로 거슬러 올라간다.[3] 천연자원이 제한되어 있고 대규모 수력발전소를 건설하여 이용하기에는 지리적으로 불리한 조건에서 북한은 원자력에너지 이용에 관심을 가질 수밖에 없었다. 북한은 확인된 석유 매장지가 없었고 북한 전체에 걸쳐 오랫동안 전력이 매우 부족했다. 북한 전력 중 50%는 수력발전소에서 생산되었고 나머지 약 50%는 화력발전소에서 생산되었다.[4] 북한에서 원자력 분야 개발을 시작하기로 한 결정은 전력을 자체적으로 확보할 필요가 있다고 고려하면서 나왔고 바로 이것을 근거로 북한은 원자력에너지 이용 분야에서 소련과 중국의 협력과 도움이 필요하다고 호소했다. 이에 따라 1950년대 초에 북한은 소련과 협정을 체결했고 곧이어 중국과도 협정에 서명했다. 그로부터 10년 후 북한 북서부에 있는 영변 과학연구센터에 소련의 소용량 원자로가 설치되었다.

북한이 자체 원자력에너지를 개발하고 더 나아가 가능하면 핵무기도 생산하겠다는 열망에 영향을 미친 또 한 가지 요인은 1950년대 말부터 남한이 국제원자력기구(IAEA)에 가입하고 미국의 도움을 받지 않고 원자력 분야 개발을 자체적으로 시작하여 1978년에 완전한 형태의 원자력발전소를 처음으로 가동하기 시작한 일이었다. 그러나 중요한 점은 대략 그 당시에 미국이 전술핵무기를 남한에 비밀리에 배치하기 시작했고 일부 평가에 따르면 이와 동시에 1967년 미군 기지에 약 950개의 핵탄두가 배치됐다는 것이다. 총 33년간 남한 영토에 열한 가지 유형의 핵무기가 배치되어 있었다.[5]

북한이 이런 사실을 눈치채지 않을 리 없었고 엄중한 남북 대결의 맥락 안에서, 또 자본주의와 사회주의 체제의 세계적 대치 상황 안에서 북한으로서는 핵무기 보유가 최우선 전략 과제 가운데 하나가 될 수밖에 없었다. 북한 지도부가 자체 핵무기 개발을 위해 소련의 도움을 받으려고 했지만, 소련은 북한이 이 분야의 군사 기술에 접근하는 것을 제한했다.[6]

게다가 북한은 소련의 압력을 받고 국제원자력기구와 핵안정협정을 체결했고(1977) 소련이 북한의 원자력발전소 건설에 도움을 주기로 한다는 보장 아래 NPT에도 가입했다. 1991년에 미국의 전술핵무기가 남한 영토에서 철수하고 나자 북한은 1992년 2월 19일 발효된 한반도 비핵화에 관한 공동선언에 남한과 함께 서명했다.

그렇지만 북한은 자체 핵무기 개발 프로그램의 진짜 규모를 숨기는 데서 거의 성공했다. IAEA와 맺은 협정도, 특히 NPT 가입도 강요받은 조치이기도 했지만, 필요한 조치이기도 했다. 1980년대 초엽에 북한은 원자력에너지를 개발할 내부 자원이 고갈되어서 거대한 원자로를 구축하려면 무엇보다도 소련 등에서 구매할 필요가 있었던 전문 장비가 요구되었다.[7] 바로 IAEA의 첫 번째 사찰은 소련도, 국제사회도 북한 핵 프로그램 개발 상태를 심각하게 과소평가하고 있었음을 보여주었다.[8]

이때 러시아와 북한의 관계는 결정적으로 냉각되었고 이는 러시아가 자국의 직접적인 이해관계에 해당하는 가장 중대한 문제 해결에 전혀 참여하지 않는 데에 잘 반영되었다. 이 밖에도 러시아에는 북한의 원자력에너지 생산에 직접 관련되었고 그들의 지식이 유익할 수 있었던 전문가들이 존재했다.

IAEA는 북한 핵 프로그램에 관련될 수 있었던 모든 시설에 대한 접근을 허용하도록 북한에 요구했다. 그러나 이 요구는 거부되었고 이후 북한은 IAEA 전문가들의 접근 허용 문제를 유엔 안보리에 이관하여 검토하겠다는 위협과 함께 심각한 정치·외교적 압력을 받았다. 대략 이 무렵에 어쩌면 북한에 압력을 가할 외교적 노력을 강화할 목적으로 미국과 남한은 '팀 스피리트' 연합 군사훈련을 재개했다.[9] 이에 맞서 1993년 3월 12일 북한은 유엔 안보리에 NPT 탈퇴를 공식적으로 통보했지만, 같은 해에 미국과 회담하고 나서 조약 탈퇴 절차를 중단한다고 밝혔다. 1993년 6월 11일 북한과 미국의 공동성명은 북한 정부가 "NPT 탈퇴 이행을 필요하다고 생각하는 만큼 늦추기로 일방적으로 결정했고 미국이 1993년 6월 14일 이에 관해 유엔 안보리에 보고했다"라고 밝혔다.[10]

북한 핵 프로그램을 둘러싸고 처음으로 일어난 심각한 위기는 결국 1994년 10월 21일 미국과 북한의 제네바 합의 체결로 이어졌다. 이 합의에 따라 양측은 양자 관계를 정상화하고 외교 대표부를 교환하기로 했다. 북한은 NPT에 그대로 남았고 플루토늄을 생산할 수 있는 원자로 가동을 동결했다. 미국은 북한에 핵무기를 사용하지 않는다고 보장했고 북한에

경수로를 건설해주겠다고 약속했다. 그러나 이것이 가동하기 전에 연간 50만t의 중유를 북한에 공급해줘야만 했다.[11] 그리고 이 합의 실행을 위한 국제 컨소시엄으로 한반도에너지개발기구(KEDO, 케도)가 조직되었다.[12]

북한 핵 프로그램은 10년간 여론의 관심에서 벗어나 있었지만, 완전하게 실행에 옮겨진 합의 사항은 아무것도 없었다. 이 프로젝트는 예상된 것처럼 처음부터 그렇게 활발하게 실행되지 못했다. 원자로 건설 문제에 관한 회담이 지연되는 가운데 준공식도 일 년간 늦어졌다. 제네바 합의에 따라 첫 번째 원자로가 2003년에 가동될 예정이었지만, 2003년 무렵에 프로젝트 실행은 여전히 시작 단계에 머물러 있었다. 이 밖에 두 기의 원자로 가운데 첫 번째를 가동하기 전까지 미국은 50만t의 중유를, 그것도 매달 4만t씩 정례적으로 매년 공급해줘야 했다. 하지만 미국은 이 합의 사항을 한 번도 이행하지 않았다. 2002년 11월 14일 미국은 2002년 12월부터 대북 중유 공급을 중단하기로 공식적으로 결정했다.[13] 이런 식으로 제네바 합의는 사실상 갈등을 해결하지 못했고 이 갈등이 다음 단계로 발전하는 것을 지연시키기만 했을 뿐이었다.

새천년이 시작될 무렵에는 제네바 합의의 기술적 부분을 이행하는 것이 사실상 물 건너갔다. 예정된 원자력발전소 건설과 가동에 필요한 재정 동원 문제가 컨소시엄 참여국들의 합의에서 가장 어려웠다. 주요 전문가들 사이에서는 미국이 세계 사회주의 체제가 붕괴하고 북한의 영원한 지도자 김일성이 사망하고 나서 북한과의 제네바 합의에 나섰다는 시각이 존재한다. 이런 상황에서 북한 정권이 오래갈 것으로 믿은 사람은 많지

않았다.[14]

미국에서 공화당이 조지 부시 주니어의 대통령 당선과 함께 집권하자, 특히 2001년 9월 11일 미국에서 테러 공격이 발생하자 미국의 대외정책만 아니라 대북 수사도 변화를 겪었다. 북한이 이른바 '악의 축'에 포함되었고 핵무기 사용 가능성을 노골적으로 시사하는 등 대북 제재 정책과 위협이 재개되었다. 게다가 이런 위협은 당시 국방부 장관이었던 도널드 럼스펠드의 입을 통해 공식 차원에서 나왔다.[15] 이러한 상황은 유엔 주재 북한 상주 대표의 서한에 기술되어 있었다.(아래 참조)

2003년 1월 10일 북한은 미국이 1994년 제네바 합의를 위반했고 핵무기 사용 위협 등 대북 '적대 정책'을 계속하고 있다면서 NPT 제10조를 인용하며 조약 탈퇴를 공식적으로 발표했다. NPT 제10조는 다음과 같이 명시하고 있다. "자국의 국가 주권을 행사하는 모든 조약 가입국은 본 조약 내용과 관련되는 예외적 상황이 자국의 최고 이익을 위태롭게 한다면 조약에서 탈퇴할 권리가 있다. 각 가입국은 탈퇴 3개월 전에 모든 조약 가입국과 유엔 안보리에 탈퇴를 통지한다. 통지문은 탈퇴국이 자국의 최고 이익을 위태롭게 하는 것으로 간주하는 예외적 상황에 관한 설명을 포함하고 있어야 한다."[16]

북한은 IAEA 회원국 자격도 중단하고 한반도 비핵화에 관한 남북 공동선언 효력도 중지된다고 발표했다. 북한은 미국의 정치 상황이 담겨 있는 제네바 합의 조항들에 호소하기도 했다. 미국이 북한을 겨냥해 핵무기를 사용하지 않고 핵무기 사용으로 북한을 위협하지도 않으며 "정치적,

경제적 관계의 완전한 정상화"로 나아간다는 등의 '공식 보장'을 제시한 제네바 합의 조항들을 들먹였는데, 이 조항들에는 미국의 정치 상황이 담겨 있었다. 유엔 공식 인터넷 사이트에는 위에서 언급한 2003년 1월 24일자 유엔 주재 북한 대표가 안보리 의장에게 보낸 서한이 온라인판으로 게시되어 있다. 이 서한은 실현되는 데 10년이 걸린 북한의 행보에 담긴 상황들을 자세히 설명하고 있다.[17]

북한은 핵 없는 한반도 평화와 안전을 달성하기 위한 1993년 6월 11일자 북미 공동성명 원칙들과 북미 양측이 "주권을 존중하고" "내정에 간섭하지 않으며" "평등과 공정"을 토대로 "정부 간 대화"를 계속해서 진행해야 한다고 규정한 제네바 합의문에서 반복되었던[18] 원칙들을 미국이 여러 번 선포했으면서도 실제로는 한 번도 실행하지 않았다고 타당하게 지적했다.[19]

조선중앙통신은 북한 정부의 NPT 탈퇴 결정이 "미국의 대북 적대 정책으로 한민족의 주권과 북한의 안보가 침해받는 심각한 상황"을 고려하여 이뤄졌고 이와 함께 북한이 핵무기를 생산할 의사가 없다는 성명을 발표했다. 이 성명은 현 단계에서 북한의 핵 활동이 무엇보다도 전력 생산을 위해 오직 평화적인 목적으로만 이뤄질 것이라고 밝혔다.

되돌아보자면, 이 무렵에 러시아는 한반도로 '복귀하여' 2000년에 새로운 조로우호협력조약을 체결하고 나서 한반도 문제 해결 과정에 합류했다. 김정일 북한 국방위원장과 푸틴 러시아 대통령의 상당히 따뜻하고 우호적인 관계 덕분에 러시아는 자국의 역내 영향력을 회복했고 바로 러시아 측의 노력으로 6자(참여국 수) 회담의 모든 관심국 사이에 정치·외교적 대화 메커니즘이 구축될 수 있었다.

북한 핵 문제를 둘러싸고 새롭게 들어선 위기 단계를 외교적으로 돌파할 목적으로 2003년부터 사실상 (마지막 라운드가 열렸을 때인) 2008년까지 북한과 남한, 미국, 러시아, 중국, 일본이 참여하는 연쇄 회담이 열렸다. 회담 과정의 연대기와 주요 단계들은 학술 문헌에서만 아니라 언론에서도 잘 기록되고 기술되어 있다.

이 책에서 나는 6자 회담의 논의 과정을 되풀이하여 이야기하지 않겠지만, 1990년대 초 첫 번째 위기 당시 이미 이런저런 방식으로 드러났던 주요 대립 사항들이 회담 과정의 참여자들 사이에서 사실상 다시 나타났음을 지적할 필요가 있다.[20]

그런데도 2005년에는 모든 당사자가 일정한 합의에 도달하여 북한 측이 "원자력에너지 사용 권리"를 고수했지만, 그와 동시에 "모든 핵무기와 실행 중인 핵 프로그램을 포기하고 NPT에 복귀하며 IAEA 사찰도 받는다는 의무사항을 이행한다"라고 확인했던 문서에 서명할 수 있었다. 다른 회담 참여국들은 경수로를 북한에 장기간 공급하는 문제를 논의하기로 합의했다. 1993년과 1994년에 그랬던 것처럼 북한과 미국은 상대국 주권을 존중하고 평화롭게 공존하면서 관계 정상화에 노력할 의사가 있다고 밝혔다.[21]

그러나 이번 합의들도 미국이 2005년 북한의 돈세탁과 위조달러 제조, 마약 밀매매를 비난하며 금융·경제 제재를 도입하고 몇몇 북한 기업의 해외 계좌를 동결하면서 사실상 다시 파기되었다. 이로 인해 북한은 미국이 이미 도달한 합의를 깨뜨리고 회담 과정을 방해하기 위해 새로운 구실을 날조했다고 비난하면서 다음에 있을 회담을 중단해버렸다.[22]

6자 회담이 진행되는 과정에서 북한 핵미사일 프로그램 역사에서 중요한 두 가지 사건이 발생했다. 북한 외무성에서 자국이 핵무기를 생산했다고 공식적으로 발표했다. 보도에 따르면, 북한의 핵전력은 '전적으로 방어적인' 것이므로 '핵 억지력'으로 남는다. 2006년 10월 6일에 이미 북한은 첫 번째 지하 핵실험을 단행했다. 외무성 발표 이후, 북한의 공식 성명에 특징적인 과장하고 허풍떠는 스타일('남한과의 전쟁 상태 돌입' 발언 등)을 고려할 때 핵실험 주장의 신빙성을 두고 국제사회에 일부 회의론이 여전히 남아 있었지만, 2006년 가을에는 의심의 여지가 없었다. 북한 핵 프로그램 문제를 해결하려는 모든 시도가 물거품이 되었다.

2006년 10월 14일 유엔 안보리는 핵미사일 프로그램 중단과 탄도 미사일 발사 일시 중지를 요구하고 특히 우라늄 농축 등 군사적 목적으로 사용될 수 있는 제품과 기술의 대북 공급을 제한하는 결의안 제1718호를 채택했다.[23] 한반도 비핵화를 일관되게 지지한 러시아와 중국도 결의안 채택에 참여했는데, 이는 많은 점에서 이후 대북 정책을 결정지었다. 한편, 북한은 미국의 위협이 감지되지 않는 경우에만 핵전력을 포기한다고 약속했다.

이후 미사일 발사와 핵실험이 있을 때마다(이 책 집필 시점 기준으로 2006년, 2009년, 2013년, 2016년, 2016년, 2017년 모두 여섯 번 있었다) 한결같이 유엔 안보리의 대북 강경 제재가 도입되었다. 하지만 북한은 유엔 안보리 제재의 합법성을 인정하지 않고 미국의 있을 수 있는 타격에 대한 방어 수단으로서만 아니라 미국의 '적대 정책'에 대한 대응으로서도 핵미사일 프로그램을 보란 듯이 계속해서 개발하고 있다. 북한 조선중앙통신과 남한 연합통신이 보도한 북한 외무성 성명은 (조지 부시 주니어의) "미국 행정부가 북한을 파괴하려고 하는 시도를 지켜보면서 우리는 NPT에서 단호하게 탈퇴하고 자위권 차원에서 핵무기를 제조했다."[24]

이런 점에서 당시 도널드 럼스펠드 미국 국방부 장관이 북한을 겨냥해 핵무기를 사용할 수도 있다고 밝혀 큰 논란을 일으켰다는 사실을 상기하면 공정할 것 같다.[25] 핵실험과 탄도 미사일 발사 금지의 합법성과 북한의 NPT 탈퇴 동기를 놓고 개별적인 논의가 있었다. 알렉산드르 제빈은 서방 강대국들과 특히 미국의 대북 정책에 이중잣대가 분명히 존재한다고 공정하게 지적했다. 그는 1998년부터 2012년까지 인도와 파키스탄(덧붙여 말하면, 이들은 NPT에 가입하지 않았다)이 군사용 미사일을 120회 이상 시험 발사했고 그중 상당수가 핵탄두를 장착할 수 있었다고 상기했다. 그러나 미국은 2013년 인도-파키스탄 국경에서 일어난 유혈사태 때문에 뉴욕타임스가 수십 년간 계속되고 있는 인도-파키스탄 분쟁 지역이 전쟁 발발 가능성이 가장 큰 화약고 가운데 하나임을 인정할 수밖에 없었음에도 당시 양국의 미사일 발사가 평화를 전혀 위협하지 않는다고 "끊임없이 주장했다." 제빈은 누구도 이에 대해 유엔 안보리를 소집하라고 요청하지 않았다고 지적했다. 이와 동시에 당시 북한은 총 네 번에 걸쳐 로켓을 발사했고 발사할 때마다 유엔 안보리의 관심 대상이 되었다.[26]

북한과 중국이 여러 차례 항의하는데도 북한 국경 부근에서 대규모 한·미 군사훈련이 (일 년에 몇 번씩) 정기적으로 시행되는 맥락에서 보면 북한의 우려감은 그만한 이유가 충분히 있다. 대규모 군사훈련을 중단하든지 아니면 다른 곳으로 옮겨서 시행하든지 하라는 북한의 요구는 무시되었다.

알렉산드르 보론초프는 이와 관련하여 현재 한반도 상황을 다음과 같이 꽤 정확하게 평가했다. "2017년 남북한 양쪽의 군사 활동으로 긴장이 전례 없이 고조되어 걱정스럽다. 3~4월에 있었던 한·미 연합 군사훈련에는 32만 명의 군인이 참여했다. 이 훈련의 시나리오는 북한에 쳐들어가서 북한 지도부를 제거하는 작전계획 5015를 연습하는 것이다. [...] 11월 11~14일에는 최근 10년간 가장 강력한 해군 훈련이 한국 해군 함정 7척을 포함한 미군 함모 전단 3개(!)를 중심으로 시행되었다.[27]

미국의 위협은 북한을 자극했고 이에 대한 대응으로 북한은 미국의 괌 군사기지를 타격하는 계획만 발표한 것이 아니라 비행 거리가 꾸준히 증가하는 미사일을 시범 발사하기도 했다. 미국은 북한발 위협을 핑계로 역내에서 자국군 주둔을 증대시키고 있고 일본의 군사화도 점점 눈에 띄고 있다.

미국과 그 동맹국들의 전례 없는 정치·군사적, 외교적 대북 압박이 '북한 위협'을 중심으로 교묘하게 히스테리를 자극하는 언론의 선전으로 더 증폭되어 심각한 위험이 되고 있다. 이 모든 것은 모종의 상황을 인위적으로 조성하고 있다. 모든 것은 공개적인 북한 침투나 북한 시설물에 대한 미사일 타격이 "위협을 방지하고 평화·안전을 유지하는 등의 목적으로" 이뤄지므로 국제사회가 볼 때 당연한 것으로 간주되는 상황을 조성하고 있다.

도널드 트럼프가 바깥 세계와 소통하는 특별한 방식도 대중이 지켜보는 가운데 긴장을 고조시켰다. 트럼프는 온라인(사회관계망서비스 트위터 내 미니블로그)과 자신의 직접 성명을 통해서 북한 최고위층 대표들과 아주 기꺼이 설전을 벌였다. 허세가 가득하고 감정적이고 전혀 외교적이지 않은 언어가 북한 최고위층에 특징적이었다고 한다면, 미국 대통령이 쌍시옷 표현(X)을 서슴지 않고 '강렬한' 말투를 구사한 방식도 대중이 볼 때 놀라웠다. 그리고 2017년 7월 말 북한의 탄도 미사일이 또 한 번 발사되자 이에 대한 제재가 도입되면서 벌어진 유엔 안보리와 북한 사이의 대결에 이어서 '신랄한' 말의 외교전이 펼쳐졌다. 북한 측보다 더 특징적인 문구들이 미국 대통령의 입에서 쏟아져 나왔기 때문이다.

도널드 트럼프는 "세계가 지금까지 보지 못한 화염과 분노로" 북한 측에 응수할 것이라고 약속했다. 이 말은 북한이 자신들에게 적대적인 행위를 벌이면 "서울이 불바다로 변할 것이다"[28]라며 남한을 향해 자주 퍼붓곤 했던 위협을 상기시킨다.

트럼프의 말은 아마도 조선중앙통신이 이전에 발표한 북한 외무성 성명에 대한 응수였을 것이다. 이 성명은 미국 행정부의 행동을 신랄하게 비판했고 특히 "핵 억지력 전략으로 미국에 본때를 보여주겠다"라고 말했다. "만약 미국이 우리를 겨냥해 군사적 모험주의 정책과 제재 강화를 앞으로도 계속 견지한다면, 우리는 그에 대해 혹독한 행동으로 응수할 것이다."[29]

'말의 전쟁'과 강렬한 공격적 언어는 한반도에서 긴장이 고조될 때 특징적으로 나타나는 현상이다. 게다가 그 당시 양측이 모두 격렬한 성명을 쏟아냈지만, 이 문제에서 북한 측은 그들이 사용하는 어휘가 특별하여 더 '돋보였다.'

2016~17년 위기 시기가 흔히 보던 것이 아니었을지라도, 어쨌든, 그때까지 한반도에서는 말과 행동의 분리 원칙이 작동하고 있었고 격렬한 발언이 그에 상응하는 행동으로 이어지지는 않았음을 기억해야 한다.

예를 들면, 2017년 봄에 미국은 항공모함 칼 빈슨호가 한반도로 향하자 전 세계가 미국의 군사행동이 다시 한번 벌어지리라고 예상하며 숨을 죽이고 있었을 때 북한 시설물에 대한 예방 타격을 가하기 직전까지 갔다. 그러나 그런 일은 아무것도 일어나지 않았다. 심지어 칼 빈슨호가 떠나고 나서 북한이 탄도 미사일을 또다시 발사하자 유엔 안보리는 다시 제재 강화로만 응수했을 뿐이었다. 이는 2016년 11월과 2017년 6월에도 그랬듯이 전례 없는 반응이었다.

한반도를 둘러싼 상황의 특수성은 역내 핵심 행위자들의 이해관계가 맞물려 있다는 것이며, 이는 한국전쟁 이후 형성된 현상유지에 이바지하고 있고 이 상태가 공개적인 군사 분쟁으로 비화하지 않게 해준다.

현재의 긴장 단계에서도 이전처럼 전통적으로 두 개의 대립 진영이 형성되었다. 한편으로는 미국과 그 동맹국들(한국과 일본)이 있다. 이들은 대북 제재 압박을 강화하는 방안을 지지했을 뿐 아니라 문제를 무력으로 해결할 수도 있다는 시나리오를 시사하기도 했다. 다른 한편으로는 중국과 러시아가 있다. 이들은 전통적으로 평화적이고 정치·외교적인 분쟁 해결과 함께 한반도 비핵화 유지를 지지했다.

협상 테이블에 앉자고 여러 차례 촉구했지만, 번번이 무시되었고 이번에도 응답이 없었다는 점이 특징적이다. 가장 적절한 위기 해결 방법은 2017년 7월에 러시아와 중국이 제안했던 것으로 보인다. 러시아와 중국은 한반도 문제에 관한 양국 외교부의 공동성명을 통해 "중국 측이 제시한 '이중 동결'(북한 핵미사일 발사와 대규모 한·미 연합훈련) 구상과 한반도 비핵화 및 평화 메커니즘 형성으로 가는 '동시 전진' 구상을 토대로 하고, 이와 함께 러시아가 내놓은 한반도 문제의 단계적 해결 계획을 바탕으로 하는 공동 이니셔티브를 제안했다.[30] 최근에 북한도 이와 비슷한 제안을 내놓으며 '사전 단서 없이' 협상 테이블에 앉자고 촉구했다.[31]

이 모든 제안은 응답이 없었다. 북한이 핵무기와 발사 수단 개발을 위한 자체 프로그램을 빠르게 발전시키자 역내 세력 균형 구조가 심하게 변화할 위험에 놓였다. 북한이 핵무기와 발사 수단을 개발하는 자체 프로그램을 중단하지 않고 더 나아가 포기하지도 않을 것임은 자명하다. 사실상의 핵 강대국이 또 하나 등장하여 이른바 핵 잠재력 국가(Threshold State)[32]의 핵무장 과정을 촉발할 수 있다는 것은 의심의 여지가 없다. 이는 NPT 회원국들의 이해관계에 전혀 부합하지 않으며 유엔 안보리의 전략에도 맞지 않고 국제사회 전체의 비난을 받고 있다.

당사자들에게 타협할 만한 정치적 의지가 없는 막다른 상황은 어떤 의미에서 러시아와 중국이 미국의 정책을 따라서 북한이 핵 야망을 포기하게 할 목적으로 대북 제재 압박을 가하지 않을 수 없게 하고 있다. 게다가 유엔 안보리 결의안이 새롭게 나올 때마다 그 내용을 입안하는 과정에서 러시아와 중국이 직접 압박을 시험해보고 있다. 북한 경제의 완전한 '질식사'를 방지하고 제재 강도를 가능한 한 낮추는 것이 이들의 관심사이기 때문이다. 이처럼 비일관적인 행동에도 불구하고 그와 동시에 바로 이런 상황으로 인해 러시아는 제재 압박을 중단시키고 회담 과정을 신속히 개시하는 데 상당한 외교적 노력을 기울이고 있다.

마리야 자하로바 러시아 외교부 공식 대변인은 이렇게 밝혔다. "우리는 한반도 문제의 평화적인 해결 방법을 찾기 위해 다양한 수준에서 모든 당사자와 함께 적극적으로 작업하고 있다. 우리는 제재를 포함한 대북 최대 압박 정책이 힘을 다했다고 확신한다." 자하로바의 말에 따르면, "이 정책의 최종 결과가 동북아시아의 군사적 재앙이 되거나 북한의 인도주의적 재앙이 될 것임이 분명하다."[33] 세르게이 라브로프 외교부 장관 역시 비슷한 성명을 여러 번 발표했다. 리아노보스티 통신의 보도에 따르면, 렉스 틸러슨 미국 국무부 장관과의 전화 통화에서 라브로프 장관은 "러시아는 더 강화된 대북 제재 압박이 비생산적이고 위험하다고 생각한다"라고 강조했다.[34]

그러나 대북 제재와 정치·외교적 압박이 실질적인 결과를 보여주지 못하고 실제로 힘을 다하자 미국에서는 아무도 협상 테이블에 앉으려고 하지 않았고 반대로 군사적인 방법으로 문제를 해결하려는 움직임이 힘을 얻었다. 미국의 군인과 정치인들은 자신들의 의도를 숨기지 않고 북한 체제 교체 필요성에 대해 공개적으로 말했으며 이미 지적했듯이 한·미 연합훈련이 북한 영토에 전격적으로 침투하는 시나리오에 따라 시행되었다. 미국 국방부의 작전계획들(OPLAN 5015, OPLAN 5027, OPLAN 3100 등)에 대한 정보가 계속해서 언론에 누출된 점은 그럴 만한 이유가 있었다. 이 계획들에는 '지도부 제거,' 북한 최고 지도부 집무실에 '표적 타격 훈련,' '평양 장악 훈련'과 다른 공격작전들에 관해 기술되어 있었다.[35]

북한은 자국에 무력을 사용한다면 혹독하게 응수하겠다고 위협했다. 북한 외무성 성명은 이렇게 밝혔다. "우리는 적대 세력의 공격적인 전쟁에 정의로운 전쟁으로 대응하고, 핵 위협에는 핵 억지력 강화로 대응하는 전략을 변함없이 견지할 것이다. 적들이 군사훈련을 할 때마다 우리의 핵 타격 가능성도 급격히 강화될 것이다."[36] 일본과 한국 내 미국 군사 기지들은 북한의 직접 사정권에 들어 있다. 남한 주둔 기지는 중거리포 사정권에 들어 있다. 북한은 자국 영토가 타격을 받으면 사정권 안에 있는 미군 기지를 대응 타격할 것임을 숨기지 않는다.

만약 미국과 그 동맹국들이 북한에 대해 비교적 빨리 승리한다고 하더라도 향후 사태 전개가 역내 전체에 파국적인 결과를 가져올 수 있다는 데서 대다수 전문가의 의견이 일치한다. 이런 시나리오가 러시아와 중국의 이해관계에 전혀 부합하지 않는다는 점은 의심의 여지가 없다. 중국이 볼 때 현재 상태의 북한은 남한에 배치된 미군 부대 전진기지로부터 중국을 엄폐해주는 일종의 완충 국가이기 때문이다. 중국도 러시아도 자국 국경 부근에서 전쟁이 일어나는 것을 원하지 않는다. 게다가 국지적 핵 분쟁으로 비화할 위험이 있는 전쟁은 절대 원치 않는다. 러시아와 중국은 북한 핵미사일 문제에 대한 군사적 해결을 수용할 수 없다고 여러 차례 밝히며 미국에 대북 무력 사용을 자제하라고 경고했다. 현재까지 미국은 북한과의 협상 촉구를 깡그리 묵살하면서 북한에 대해 정치·외교적, 군사적 압박으로만 일관했다. 미국은 북한이 핵미사일 실험을 중단하면 그 대가로 북한 국경 부근에서 주기적으로 시행하는 한·미 군사훈련을 중단해야 한다는 러시아와 중국의 요구에 주의를 기울이지 않았다.[37]

앞서 지적했듯이, 러시아는 한반도 문제의 평화적 해결을 지지하고 한반도 문제를 협상으로 접근하는 것밖에는 대안이 없다고 지적하고 제재 정책도 효과적이지 않다고 강조하면서도, 심지어는 러시아도 중국과 마찬가지로 여러 나라가 도입하고 있는 대북 제재가 불법이라고 간주하면서도 실제로는 다르게 행동하면서 대북 제재 압박에 꼬박꼬박 가담하고 있다.[38] 그런데 우리가 북한의 탄도 미사일 발사나 핵실험과 한·미의 정기적인 연합 군사훈련에 대해 상황을 불안정하게 하는 것으로 똑같이 평가한다면, 왜 한쪽(북한)은 꼬박꼬박 '처벌하면서' 다른 쪽(미국과 한국)의 (우리 견해에 따르면) 그와 같은 도발 행위에 대해서는 전혀 반응하지 않는 것일까?

한반도 문제 해결에서 러시아의 대외정책이 보이는 현재의 비일관성은 조로선린우호협력조약에서 문서로 못 박은 쌍무 의무사항과도 일치하지 않는다.[39]

현재 러시아 외교 방향에서 어떤 식으로든 일정한 수정을 요구하는 상황이 또 한 가지 있다. 한편으로 러시아는 한반도 상황 정상화와 비핵화에 지대한 관심을 기울이고 있다. 다른 한편으로 러시아는 주요 강대국들의 이해관계가 상당히 엇갈리고 있는 상황을 반영하는 현재의 국제정세에서 볼 때 분명히 현재 북한이 도달해 있는 연구 단계에서 핵무기를 포기할 가능성이 적다는 점을 명확하게 이해하고 있다. 게다가 북한은 자국의 핵 지위에 관한 규정을 헌법에 명시했다. 유리 바닌은 "우리나라는 '불인정' 부분에서 일정한 경험이 있다"라고 말하며 이 점에 주목했다. 소련은 오랫동안 인정받지 못했지만, 공고했고 발전했다. 한편, 우리 자신도 한국을 40년 이상 인정하지 않았지만, 이것이 한국이 현대 세계에서 단단한 입지를 차지하는 데 방해하지는 않았다. 우리가 북한의 핵 지위를 '불인정'하더라도 북한은 이미 핵미사일 강국이 되었다."[40] 실제로, 한편으로 우리는 북한의 핵무기 보유를 사실상 인정하고 있고 북한이 핵무기를 포기하지 않을 것이며 그럴 만한 이유가 북한에 있음을 심지어 공식 차원에서도 밝히고 있다. 다른 한편으로 러시아는 북한의 핵 지위를 인정하지 않는다고 똑같은 차원에서 밝히고 있다. 현재 상황을 둘러싼 갈등이 (어쨌든 북한이 볼 때) 더 심화하고 있는 이유는 러시아도 서방 국가들의 제재 압박을 받고 있고 이런 행동을 불법으로 간주하고 있는데도 한반도가 러시아 편이라고 인정한 몇 안 되는 국가 가운데 하나인 북한에 대한 제재에 러시아가 가담하고 있다는 사실로 설명된다.

많은 점에서 볼 때 성공적인 정책의 예술은 현 상황과 경향을 올바르게 평가하고 상황 전개를 예측하여 정치적 과정의 후미가 아니라 선봉에 설 수 있는 능력에 따라 좌우된다.

한반도 상황이 상당히 급박하게 돌아가고 있으며, 이미 지적했듯이, 현재 추세를 과거와 같은 현상유지 상태로 되돌리기가 사실상 불가능하다고 판단할 만한 근거도 차고 넘친다. 현재 핵 위기와 한반도 문제 전체를 무력으로 해결하는 방법은 재앙적인 결과를 낳을 것이고 따라서 수용할 수 없다. 러시아 지도부도 인정했듯이, 어쩌면 정치·외교적 해결책이 북한이 핵무기 보유를 포기하게 할 수 있을 것이다. 러시아의 대외정책과 외교가 역내에서 선언적 수준에 그치지 않고 실제 상황에 더 빨리 부응하면 할수록 러시아는 그만큼 더 빠르고 효과적인 결과를 실제로 얻기 시작할 것이다. 앞서 지적했듯이, 러시아 대외정책 노선에 나타나는 비일관적인 요소들은 한반도와 역내 전체 상황 개선에 이바지하지 못한다. 다시 말해 러시아의 이해관계에 특히 부합하지 않는다.

***

가만히 보면, 2010년대 후반에 들어서 북한 핵미사일 프로그램을 둘러싸고 첨예화하는 상황은 북한이 이룬 명백한 성공과 중대한 진보에서 기인하는 것이지만, 동시에 역내에서 주요 강대국들의 이해관계가 전통적으로 일치하지 않고 있다는 점을 보여주는 것이기도 하다. 북한이 핵폭탄 실험을 처음으로 단행한 지 벌써 15년 이상 흘렀고 그동안 정치·외교적 압박과 제재 압박이 계속됐음에도 북한은 핵무기를 포기하려 들지 않고 있다. 유엔 등 국제사회와 강대국들도 북한이 대량파괴 무기 등 자국의 무력을 완성할 계획을 포기하도록 강제하지 못했다. 그런데도 대북 압박은 앞으로도 계속해서 이어질 것임이 분명하다. 하지만 이전의 긴장 시기와 달리 현재의 위기에는 오히려 밑바닥까지 떨어진 상황을 반등시킬 기회가 많이 있다. 가능성 있는 해결책들이 한반도에 고착된 현상유지와 세력 균형을 어떤 식으로든 바꿔놓고 있기 때문이다.

여러 차례 강조했듯이, 역내 평화와 안정 유지만 아니라, 이 지역을 진정으로 평화롭고 번영하는 곳으로 만들고자 하는 열망도 러시아에는 중요하다. 바로 이런 점에서 볼 때, 러시아 외교부가 새로운 국제관계 구조에서 형성되는 전제조건들과 새로운 장기 전략 입안을 위한 지역 안보 체제 구성에서 생성되는 필요조건들을 매우 예의주시하고 있다는 점을 말할 필요가 있다. 늘 그렇듯이 러시아는 남북 대화 재개를 제안하고 외교적 방법을 통한 사태 해결을 가로막는 대북 제재의 부분적 해제도 제안하고 있다.

이 책에서 여러 차례 언급된 조로선린우호협력조약에서 "한반도 분단이 국제적 긴장의 원천"이라는 규정은 남북 화해 전반의 맥락에서 다양한 문제의 해결을 모색할 때 자주 간과되고 있다.[41] 한반도 상황을 완화하고 안정화하는 데서 주된 걸림돌은 북한의 핵 야망이 아니라, 바로 한반도의 긴장 수준을 통제할 만한 수준에서 인위적으로 유지하고 그럼으로써 역내 전체에서 자국군의 주둔을 정당화하려는 미국의 열망이라는 시각이 러시아 한국학계에서는 상당히 우세하다. 이러한 추세는 현재 뒤얽힌 위기 국면이 성공적으로 해결된다고 할지라도 미국의 향후 대외정책에서 어떤 식으로든 계속해서 유지될 것 같다.

위에서 이미 지적했듯이, 역내에서 주기적으로 반복되는 불안정 상황이 러시아의 이해관계에만 아니라 중국의 이해관계에도 부합하지 않기 때문에, 이에 대응하여 한반도 상황을 점진적으로 정상화하는 대외정책 개념 전략을 공동으로 입안하는 것이 합리적으로 보인다. 그리고 남북한 사이에서 점진적으로 이뤄지는 정치·경제적 화해가 이 전략의 근간을 형성할 수도 있다.

이런 전략의 근간에는 남북 관계의 점진적·단계적 정상화 과정, 긴장 해소, 경제 협력 재개, 남·북·러 삼각 경제 프로젝트 등 공동 경제 프로젝트 시행을 통해서 한반도 문제 전체를 해결할 필요가 있다는 원칙도 포함될 수 있을 것이다. 물론, 이런 전략에 대한 외부 지지를 확보하려면 역내 핵심 행위자 사이에서만 아니라 국제사회에서도 이 문제를 타협으로 해결하는 방법을 모색하며 새로운 접근방식을 개발해야 할 필요가 있다. 이런 과제를 해결하려면 전 세계와 국제단체들의 지지를 받는 가운데 모든 나라의 공동 노력이 필요하다.

사회주의 진영 붕괴는 기대했던 국제정세 완화로 이어지지 않았고 그 반대로 세계 상황이 점점 더 악화하고 있고 지역 분쟁 수가 늘고 있고 강대국들의 충돌이 자주 빚어지는 가운데 국제 규범과 법률이 종종 무시되고 있다. 현재 상태의 국제사회와 국제법 실행 메커니즘은 장기적인 안전을 보장해줄 수 없다. 한반도 안보 문제를 정치·외교적으로 풀어보려는 시도 사례에서 확신할 수 있었듯이, 합의 사항이 지켜지지 않고 당사자들의 입장도 바뀌고 있기 때문이다. 그러나 북한의 입장에는 합당함이 존재한다는 점을 인정해야 한다. 그런 상황에서는 대량파괴 무기 보유가 대내외 정세가 매우 어려운 가운데서도 북한의 국가 주권을 지켜줄 수 있는 효과적인 방법이기 때문이다. 분명한 점은 첫 핵실험 이후 15년 이상이 흐르는 동안 이 노선이 북한의 정책에서 변하지 않았고 북한이 이 정책을 버려야 한다고 판단할 근거도 없다는 것이다.

러시아 국경 코앞의 안보에만 아니라, 국제적인 핵무기 비확산 체제에도 심각한 위협이 되는 한반도 문제의 이 부분을 둘러싸고 해결책을 모색하는 데서 러시아가 담당할 역할에 대해 말하자면, 무엇보다도 먼저 러시아가 바로 이 문제의 역사에 직접 관련되어 있다는 점을 지적해야 한다. 우리는 북한의 핵무기와 발사 수단 보유로 촉발된 현재 위기가 지난 세기 중반에 발생하여 그 이후로 근본적인 해결점을 찾지 못하고 있는 한반도 대치 상황의 연장선 위에 있다고 생각한다. 과거에 이 위기를 끝낼 방법을 찾으려고 시도하면서 나온 모든 행보는 단일 국가의 분단에 숨어 있는 질병의 일차 원인보다는 질병의 증상에 맞서 싸운 투쟁과 더 닮아 있었다.

현재 러시아는 역내 위치가 여러모로 독보적이므로 모든 관련국과 건설적인 대화를 진행할 수 있다. 게다가, 우리는 이 문제의 발생 역사에 직접 관련되어 있고 전문가들의 특별한 수준 등에 걸쳐 좋은 관계를 쌓아왔으며 잠정적으로 가능한 해결책 수립에 참여할 때 필요한 기술 지식도 보유하고 있다. 러시아는 북한의 처지를 잘 이해하고 있고 러시아 최고 지도부도 여러 차례 발표한 성명에서 현재 국제정세와 국제관계 상황에서 볼 때 북한이 핵무기 보유를 포기할 가능성은 사실상 거의 없다고 분명하게 판단하고 있다. 이런 판단은 푸틴 대통령이 "북한은 '풀을 먹더라도' 핵 프로그램을 절대 포기하지 않을 것이다"[42]라는 말로 설득력 있게 표현한 바 있다.

러시아는 북한과 좋은 관계를 맺고 있고 북한 지도부에도 영향을 미칠 수 있지만, 그와 동시에 한반도 문제를 질병의 증상으로 보고 해결하려 한다면 절반 아니면 겨우 일부분밖에 해결할 수 없음을 잘 알고 있다는 점을 지적하는 것이 특히 중요하다. 이 문제는 일괄적·포괄적으로 해결해야 한다. 다시 말해서 표적 제재를 통해서가 아니라 한반도 문제의 국제적 해결이라는 틀 안에서 완벽하게 해결되어야 한다. 이것은 문제 해결 과정의 모든 참여자가 관여되는 장기적이고 다단계적이며 안정적인 전략의 문제이다. 이 전략의 결과물이 될 수 있는 것은 오직 한반도 문제라고 불리는 일차 질병 원인 자체의 완벽한 소멸뿐이다.

결론

최근 국제정세가 굉장히 악화했다. 경제 제재 압박으로 일어나는 강대국들의 이해관계 충돌이 체계적인 성격을 띠면서 불가피하게 세계가 심각한 국제 분쟁에 말려들고 있다. 평화적인 방법으로 갈등을 해결하라고 촉구하는 국제기구와 단체들의 비중도 점점 더 작아지고 있다. 세계 곳곳에서 국방예산과 파견부대가 증가하고 있고 대량파괴 무기 등 현대적 무장 수단이 향상되고 있고 갈등 해소 방안으로 정치·외교적 해법을 모색하는 대신에 국지적 분쟁이 더 늘어나고 있다. 이 모든 것이 오늘날 서글픈 현실을 보여준다.

2차 세계대전은 70여 년 전에 끝났고 냉전은 30여 년 전에 막을 내렸다. 냉전이 낳은 서글픈 결과물 가운데 하나가 바로 한반도 분단이었다. 한반도는 처음에 일본 군국주의를 괴멸시킨 군대(소련군과 미군)에 의해 두 개의 점령 지역으로 분할되었고 그 후에는 두 개의 적대 국가로 분단되었다. 20세기 중반에 전후 세계 재건 결과로 일어난 한반도 분단은 한국전쟁 이후 고착되어 냉전 시대에 계속 유지되다가 냉전이 끝난 뒤에도 지금까지 이어지면서 한반도와 동북아에서 항구적 긴장의 원천이 되고 있다. 이는 분단의 원인이 지난 세기에 있었던 두 세계 체제의 대립에만 존재하지 않음을 말해준다.

소련군 지휘부가 맨 처음에 내린 조치들은, 1945년 9월 20일 자 붉은 군대 최고사령부 지령문에 규정되어 있듯이, 부르주아 민주주의 권력에 초석을 놓아준 것이 아니라, 민중적인 사회주의 체제 국가에 초석을 놓아주었다. 바로 이 점이 북쪽 주민 대다수의 요구에 부합되었고 이 조치들은 미군정이 과거 식민주의 권력을 사실상 대체했던 남쪽에서 일어난 것과 다르게 대단한 열기 속에 받아들여졌다.

이후 북쪽에서 권력은 공산주의자들이 적극적인 역할을 담당했던 인민 위원회들로 점진적으로, 그러나 확실하게 이양되었다. 이와 동시에 남쪽에서는 부르주아 민족주의 세력이 미군정과 밀착하여 식민지 시대 이후 한반도에 매우 필요한 개혁 실행을 서두르지 않으면서 좌익 세력을 공격하기 시작했다. 이렇게 해서 미래 한반도의 권력을 잡기 위한 투쟁에서 한민족의 내분이 이미 시작되었다. 남북 정치 세력 지도자들이 무능력한 가운데 한반도의 두 부분에서 북쪽은 소련 군정에, 남쪽은 미국 군정에 의존하게 되자, 이후 두 지역은 불가피하게도 반대 방향으로 나아갈 수밖에 없었다.

남북에서 두 국가가 공식적으로 수립된 이후 남북한 각국은 자국이 유일하게 합법적인 국가라고 선포했고 미래의 분쟁이 새로운 힘으로 가

열되기 시작했다. 소련과 미국 사이에서 이미 진행되던 냉전은 이후 더 깊어진 통일 조국의 분단을 부채질하기만 했을 뿐이고 세계열강들의 대립은 유엔에서 분쟁을 해결할 가능성을 배제했다.

세계는 사회주의와 자본주의 두 진영으로 결정적으로 분열되었다. 한반도에서 전쟁을 피할 수 없게 되었지만, 전쟁은 통일 문제를 해결해 주지 못했고 중국도 합류한 세계열강들의 대립만 강화해 줬을 뿐이었다. 한국전쟁 발발에서 소련 지도부가 일정한 역할을 담당했지만, 이것이 당시 극적인 사건들에 참여한 국가들이 책임에서 벗어나게 해주지는 않는다는 점을 인정해야만 한다. 한반도에서 군사행동이 끝나자, 소련은 한반도의 무력 통일 구상을 완전히 포기했다. 그러나 38선 양쪽 주민들에 대해서는 이렇게 말해서는 안 되었다. 파괴적인 전쟁이 낳은 아주 힘겨운 여파로 전쟁 지속 가능성이 배제되었다. 남북한 양국은 각자 동맹국의 도움을 받아 전후 복구에 착수했고 경제 발전에서 도달한 우위가 통일 문제에서 자신들의 입지를 우세하게 해준다고 판단하여 경제 경쟁에 돌입했다. 북한이 먼저 '격차'를 벌렸다. 그러나 사회주의 진영 국가들 사이의 내분과 남한 내 정치 상황에 대한 북한 지도부의 부정확한 판단으로 말미암아 남한 내 혁명 봉기를 강제하는 전술이 선택되고 도발 행위가 발생하면서 한반도 긴장 수위가 인위적으로 고조되었고 이는 결국 북한의 통일 정책 실패로 이어졌다.

한편, 남한에서는 군부가 쿠데타로 집권했다. 이들은 국가 질서를 확립하고 대규모 경제 개혁을 단행할 수 있었다. 결과는 곧바로 나타났다. 남북한 양국 경제가 상당히 빠르게 균등화되었고 1970년대 중엽에는 남한이 북한을 추월했다.

북한은 1960년대 통일 정책 실패와 국제 상황 변화로 인해 자국의 전략을 재검토할 수밖에 없었고 그 덕분에 남한은 남북 대화 추진을 위한 계획안을 실행할 수 있었다. 결과적으로 양측은 미래의 통일 원칙들에 합의했고 이 원칙들은 남북 관계 정상화와 화해 실현 방법을 모색하는 데서 지금까지도 개념적 지침으로 남아 있다. 1972년 남북공동성명에서 소련 지도부가 전제했던 것과 같은 사회주의가 아닌 '민족단결'이 미래 통일을 위한 이념적 토대로 선포됐지만, 소련은 대체로 이 통일안을 지지했다.

통일로 향하는 남북한의 이후 행보는 세계 사회주의 체제 붕괴와 함께 러시아가 전혀 참여하지 못하는 가운데 이뤄졌다. 소련은 사라졌고 새로운 러시아는 당시 자국의 근시안적 정책 때문에 한반도 업무에서 잠시 벗어나 있었다.

21세기가 시작되고 나서야 비로소 러시아는 한반도에서 자국의 영향력을 회복하여 남북한 양국과 선린 관계를 유지할 수 있었다. 이런 식으로 러시아의 입지는 소련 시절보다 훨씬 더 유리해졌다. 이 시기는 남북 관계에서 일어난 돌파구와 이전에 적대적이었던 두 국가의 역사상 유례없는 상호협력 시기와 일치했다.

이후 한반도에서 벌어진 사건들은 북한의 핵미사일 프로그램 활성화와 이 문제를 협상으로 해결하려는 시도와 주로 관련되어 있었다. 여기서 러시아가 자국의 대외정책에서 커다란 잠재력을 보여줬음을 지적해야 한다. 그러나 또다시 악화한 국제정세 속에서 주로 미국의 공격적인 대외정책 노선으로 인해 북한의 핵 야망을 단념시킬 수 없었다. 미국은 자신들이 보기에 '생각이 불순한' 국가들의 내정에 점점 더 노골적으로 간섭했다. 이런 국가들에는 물론 다시 미국의 견해에 따르면 북한도 포함되었다. 유고슬라비아와 이라크, 리비아, 시리아에서 일어난 잘 알려진 슬픈 사건들은 발사 수단과 함께 핵무기를 보유하는 것만이 외부 위협으로부터 자국을 지키고 주권을 유지할 수 있는 유일한 방법이라는 점을 북한이 더 강하게 확실할 수 있게 해주었을 뿐이었다.

남북 관계는 주로 남한에서 보수 세력이 집권하고 나서 이전 정부들이 이룩한 모든 성과를 사실상 매장해 버린 결과 냉전 시절로 곤두박질쳤다. 대외정치적·외교적 대북 압박, 심지어 군사적 압박까지 강화되었고 남한은 북한 정권의 조속한 붕괴를 기대한다는 것을 숨기지 않았고 독일식 통일 시나리오 실행을 준비했다.

2000년대 후반에 러시아와 미국의 관계가 급속히 나빠지기 시작했고 미국은 중국의 경제 발전이 자국의 세계 패권에 위협이 된다는 것을 점점 확실하게 인식하기 시작했다. 신냉전의 윤곽이 점점 더 분명하게 드러나기 시작했고 이때 한반도에서는 한편으로 한국-미국-일본 3개국과 다른 한편으로 북한-중국-러시아 3개국의 지정학적, 경제적 이해관계가 충돌하고 있었다.

남한 보수파의 대북 정책 실패와 남북 관계를 이전 수준으로 회복시킬 준비가 된 온건 성향의 대통령 당선이 첨예하게 악화한 상황을 완화해 주기는 했지만, 사태를 근본적으로 바꿔놓지는 못했다. 남북한과 미국 지도자들 사이에 역사적인 정상회담이 여러 번 열렸지만, 그들 사이의 근본적인 대립이 너무나 확고하여 협상 과정이 마침내 막다른 길에서 막히고 말았다.

코로나19 팬데믹으로 국제협력 메커니즘에 중대한 변화가 일어났고 그로 인해 북한 국경도 굳게 닫혔다. 하지만 이런 상황에서도 러시아에는 모든 관심국과 연결되는 교류 채널이 남아 있었다. 게다가 2016~17년 핵 미사일 위기가 최고조에 달했을 때 러시아와 중국 외교부가 내놓은 제안은 심각하게 악화한 상황을 타개할 공동 행동 가능성을 대외정책에서 보여주었다.

당사국들이 보여준 노력과 성과에도 불구하고 최근에 우리는 상황이 30년 전으로 후퇴하는 것을 목격하고 있다. 이는 점점 더 고착되는 한반도 분단을 심화시킨다. 역사적 기준에서 보면 짧은 이 시기는 21세기 벽두에 상황 전환 가능성을 기대케 하는 희망의 선물을 가져다줬지만, 이후 전개된 사태는 분단의 내부 원인도 외부 원인도 이전과 마찬가지로 극복되지 못했음을 보여줬다.

결론적으로 말하면, 이 책이 아우르는 시기에 등장하여 남북 대화 과정에서 긍정적 변화를 가로막았던 근본적으로 보이는 일부 문제에 관한 생각을 몇 가지로 정리하면 다음과 같다.

1. 서로 다른 정치·이념적, 사회·경제적 체제가 남북한 두 국가에서 수십 년에 걸쳐 형성되었고 이는 국가와 경제, 사회의 내적 구조를 만들어

줬을 뿐 아니라 사고방식, 사유, 세계관, 문화에도 중대한 영향을 미쳤고 일정한 인간적 품질과 행동 패턴, 현실에 대한 일반적 태도를 길러주거나 압박하기도 한다. 한 세대의 정치인과 사회활동가, 사업가, 문화계 대표들만 교체된 것이 아니다. 사회적 물질의 운동과 발전을 구현하고 실현하는 모든 사람이 교체되었다. 남한에서도, 북한에서도 이들은 세계에 대해서 다르게 인식하고 반영한다. 미래의 통일 국가에 대해서도 마찬가지다. 조국 통일의 핵심 원칙 가운데 하나인 민족대단결을 방해하는 적잖이 중요한 요인이 바로 여기에서 나온다.

2. 남과 북 사람들의 기본적인 사회적 동기화의 근저에서 근본적으로 다른 동기들이 강화되고 있었다. 북한에서 적절한 경제적 토대와 정치적 상부구조 덕분에 동아시아 민족들에 전통적인 집단주의를 상당히 보존할 수 있었다고 한다면, 한국에서는 이러한 전통이 점차 희미해졌고 이른바 고도 발전 소비사회에 특징적인 개인주의 의식이 강해졌다. 한국 사회의 분열은 주요 정치 세력인 보수 세력과 민주 세력에 대한 태도를 보면 가장 잘 드러난다. 최근 치러진 모든 선거 결과를 보면 각 진영에 투표하는 비율이 거의 비슷하게 나타난다. 말하자면, 한반도 통일 문제를 포함하여 사회·국가 발전의 기본 문제들에서 한국은 통일된 의견이 없다. 이런 상황에서는 장기적인 통일 전략 실행에 필요한 여론 일치 형성이 매우 어려워 보인다.

3. 유감스럽게도 1972년에 남북 사이에 처음으로 접촉이 이뤄지고 상호 합의에 도달한 순간부터 수십 년이 흐른 세월 동안 휴전선 양쪽의

주민들은 통일된 한민족의 진정한 기본적 이해관계를 형성해 내지 못했다. 이것을 이해하지 못하면 단일한 연방제든 공동체든 무엇을 건설해도 피부로 느낄 수 있는 결과물을 얻어내기 어렵다. 남북한 양국 지도부는 공통의 이해관계를 위해 자신의 주권을 희생할 만한 준비가 되어 있지 않다. 공통의 이해관계는 많은 점에서 표현이 비슷하지만, 그들은 이것을 각기 다르게 생각한다. 아쉽게도 지난 20년간 남북 관계에서 사람들은 상호 불신도 극복해 내지 못했다. 결국, 전략과 해결책, 과제 등을 입안할 때 전 민족적 이해관계가 아니라 남북한 각자의 이해관계가 우선시되었기 때문이다.

4. 긴밀한 관계를 유지하며 많은 점에서 국제 금융자본에 통합된 한국의 대기업들도 민족적, 국가적 이해관계를 형성하는 데서 적잖이 중요한 역할을 담당했다. 이들의 이해관계는 여러 가지로 한국 정부 정책과 구체적인 지도자들의 정치적 의지에 좌우되고 대외경제 상황과 국제정세에도 좌우되기 때문에 전 민족적인 한반도 통일 구상에 어느 정도 종속될 수 있다. 그렇지만 한국에서 1960~80년대의 급속한 현대화 틀 안에서, 특히 2000년대 햇볕정책 실행 과정에서 있었던 국가와 거대자본의 협력 경험은 이 조합이 어려운 과제를 달성하는 데서 특이한 효과를 발휘했음을 보여주었다. 재통합의 가장 중요한 수단 가운데 하나는 한반도 전체에 걸쳐 잃어버린 경제 교류를 재개하고 공동 경영 체계를 점진적으로 수립하는 것이다.

5. 1972년에 남북한이 미래의 통일 문제 해결과 관련된 최초의 공동

문서에 서명한 시점부터 이미 50년 이상의 세월이 흘러갔다. 그러나 모든 노력에도 불구하고 남북 협력을 조직할 수 없었고 불신을 극복하지 못했으며 한반도 상황을 안정화하지도, 주기적으로 발생하는 한반도 긴장 요인들을 제거하지도 못했다. 따라서 남북 관계 정상화와 전반적인 상황 안정화, 다각적인 협력 메커니즘 복원 문제들이 이전처럼 남북한과 역내 핵심 행위자 모두의 우선순위로 남아 있다. 이런 일들이 이뤄지지 않는다면, 한반도의 평화통일 과제를 해결하는 데서 어떤 진전도 이룩할 수 없다. 한반도 분단 극복과 통일은 연기된 미래의 선언적 과제로 남아 있다.

6. 사회주의 진영이 붕괴하고 소련 이후의 세계질서가 지배하면서 흘러간 수십 년 동안 남북한도 역내 핵심 국가들도 한반도에, 특히 북한에 희망적인 안전 보장 체제를 확립하지 못했다. 사실, 이 모든 세월 동안 국제사회의 대중 의식 속에는 북한 국가 체제와 이념의 '비정상성', '부당성'에 관한 주장이 북한을 노골적으로 악마화하고 '악의 축', '깡패' 국가 등으로 취급할 정도까지 체계적으로 뿌리를 내렸다. 많은 국가가 북한의 주권을 인정하고 있고 북한이 유엔 등 다양한 국제기구 회원으로 가입되어 있는데도 북한은 세계의 많은 주요 강대국에서 자체적인 이해관계를 가진 완전하고 동등한 국제사회 일원으로 사실상 받아들여지지 않았다. 국가 체제의 '일반 규범'에 따라 현 정권을 교체하고 사회·정치 체제를 바꿔놓고 사회·경제 체제를 개편하기 위해 이런저런 형태의 정치·경제적 압박이 북한에 끊임없이 가해졌다.

북한 지도부 제거 시나리오를 종종 매우 노골적으로 연습하는 대규모 군사훈련이 북한 국경 부근에서 주기적으로 시행되면서 그때마다 북한이 일어날지도 모르는 위협에 대응하여 풍족하지 않은 내부 자원을 동원하지 않을 수 없게 강제했다. 이렇게 극히 비우호적이고 적대적인 대외 상황 속에서 북한은 자국의 주체성을 수호하고 유지하는 방법을 모색해야만 했고 이는 결국 북한의 핵미사일 프로그램 개발로 이어졌다.

7. 한반도 문제는 상당 부분 국제관계 문제로 남을 것이다. 이 책에서 살펴본 남북 화해와 통일 방안 모색의 역사는 남북한 주민들이 관계가 어렵고 불신이 존재하는데도 독자적으로 합의할 수 있고 양자 관계에서 가장 어려운 양상들을 논의할 준비가 되어 있음을 보여주었다. 그러나 외부 참여자의 개입 없이 한반도 문제는 해결되지 못했고 해결되지도 않는다. 세계열강들의 공동 참여 없이 통일을 독자적으로 달성할 수 없다는 점을 역사는 보여준다. 안타깝지만, 역내 강대국들의 이익 충돌이 늘어나는 경향을 보이고 있고 남북한은 또다시 이들의 대립 속에 말려들고 있다.

***

전통적으로 한반도와 그 주변 지역에서 러시아의 역할은 역내 안보와 세력 균형, 안보를 유지하는 데 있었고 정치·외교적 방법으로 대립을 해소하려는 노력이 주된 특징이었다. 러시아의 대외정책 노선은 과거에 자신이 범했던 실수와 소련-남북한 관계의 경험을 고려하여 수립되었다. 러시아는 한반도 문제 해결에서 어떤 무력 수단도 반대한다.

대체로 한반도 문제 전체와 그중에서 특히 분단 극복과 관련한 러시아의 입장은 대외정책 개념과 남북한과 각각 서명한 공식 쌍무문서에 피력되어 있고 고위직 공식 인사들의 발언에서 계속해서 확인되고 있으며 평화롭고 동등한 토대 위에서 양측의 이해관계를 고려하는 남북 대화와 협력을 지지하고 고무한다. 중요한 점은 러시아가 한반도를 둘러싼 문제들의 근원을 다름 아닌 분단에서 찾고 있다는 것이며 분단 극복, 다시 말해 조국 통일이 남북한 당사국들만 아니라 인접국들에도 공통된 과제라고 생각한다는 것이다.

러시아는 북한 핵미사일 프로그램 문제를 정치·외교적 방법으로 해결하려고 끈질기게 시도하고 있지만, 미국과 그 동맹국들, 한국 지도부 내 일부 세력의 일관성 없고 생산적이지 못한 입장은 문제를 긍정적이고 평화적으로 해결할 기회를 배제하면서 상황을 악화시키기만 할 뿐이었다. 현재 북한은 여러 유형의 핵무기만 아니라 발사 수단까지도 대규모로 보유하고 있어 사실상의 핵 강국이며 이는 역내 세력 균형을 현저하게 바꿔놓으면서 한반도 주변의 국제관계 체제를 재검토하게 만들고 있다. 북한은 자국의 핵 방패를 포기할 의사가 없음을 이미 여러 차례 밝혔고 이러한 입장은 북한의 선행 정책 전반으로부터 매우 자연스럽게 나온 것이다. 이처럼 새로운 상황은 핵심 국가들 사이의 관계 정상화, 특히 남북한의 관계 정상화를 위한 노력을 계속하는 데서 러시아의 적절한 행동과 변화가 필요하다.

현재 러시아의 입지가 상당히 어렵고 이른바 집단적 서구 국가들과 대립이 고조되고 있어 한반도 분야에서 러시아의 대외정책 잠재력은 제한되어 보인다. 그렇지만 이 지역에서 위험이 주기적으로 발생하고 있어서 상황이 악화할 가능성을 방지하려면 진지한 노력이 요구된다. 이런 점에서, 역내에서 비슷한 대외정치적 이해관계를 가진 우호국들과 연합하여 행동하는 것이 합리적일 듯하다. 현재 한반도 문제 전반을 포함한 모든 문제를 두고 건설적인 대화를 계속해 나가려면 합의를 이룬 집단적 노력이 필요하다. 러시아는 가장 가까운 이웃이자 파트너들의 측면에서 남북한 화해와 통합 추세를 촉진하는 데에 최대한으로 관심을 기울여야 한다.

유감스럽게도 최근 러시아 정책에서는 대북 제재 압박 지지와 관련하여 일관되지 않은 행보가 지적되었다. 러시아도 일부 국가의 제재를 받는 가운데 독립 국가들을 겨냥한 경제적 성격의 비대칭적 제재를 도입하는 것을 여러 번 반대했지만, 대북 관계에서는 이런 입장이 그다지 확실하지 못했다. 결국, 러시아는 자국의 경제적 이해관계만 아니라 역내 안보 이해관계에도 여러 가지로 불리하게 행동했다.

분명히, 2020년대 초에 급격하게 악화한 세계 상황을 고려해서 그리고 한반도 세력 균형이 사실상 새롭게 형성되는 가운데 북한이 자국의 핵미사일 프로그램을 포기할 가능성이 매우 작고 북·미 및 남북 대화가 막다른 길에 이르고 미·중 관계가 악화하고 러시아와 서구 여러 나라가 진짜 대치하고 있으므로 러시아는 자국의 대외정책 노선 전반에서, 특히 한반도 방향에서 진지한 변화를 모색할 필요가 있다. 앞서 말한 러시아의 정책이 많은 점에서 재편되고 푸틴 대통령이 발표한 '동방 선회' 개념이 정말로 의미 있는 결실을 얻으리라고 믿을 만한 충분한 이유가 있다.

미주

제1장 한반도 분단: 역사의 시작

1 Ванин Ю. В. Внутренние истоки раскола Кореи // История Кореи. Избранные статьи. Москва: Институт востоковедения РАН, 2016. С. 365.

2 Cumings B. The Korean War: A History. New York: Modern Library, 2011. P. 62.

3 Ким Ён Ун. Раскол Кореи: уроки и перспективы // Корея: уроки истории и вызовы современности. Москва: ИДВ РАН, 2013. С. 40.

4 Вайнцвайг Н. К. Разгром фашистского блока и освобождение Кореи // Корейская Народно-Демократическая Республика / Ред. Н. К. Вайнцвайг, В. В.Лезин. Москва: Изд. АН СССР, 1954. С. 218.

5 Шабшина Ф. И. Захватническая политика США в Корее и борьба народных масс Южной Кореи за независимость (август 1945 г. — июнь 1950 г.) // Корейская Народно-Демократическая Республика / Ред. Н. К. Вайнцвайг, В. В.Лезин. Москва: Изд. АН СССР, 1954. С. 267.

6 См. например: Трактовка некоторых проблем корейской истории в историографии КНДР. Москва: 1963. № 43 (Специальный бюллетень Института народов Азии АН СССР).

7 Ткаченко В. П. Корейский полуостров и интересы России. Москва: Восточная литература РАН, 2000. С. 54.

8 Воронцов А. В. Роль института востоковедения АН СССР/РАН в первоначальном этапе подготовки к установлению дипломатических отношений между СССР / Российской Федерацией и Республикой Корея, Россия и Корея: добрые соседи. Сборник материалов международной научно-практической конференции, посвященной 30летию установления дипломатических отношений между СССР / Российской Федерацией и Республикой Корея. Москва: Аванлайн, 2020. С. 24-25.

9 Шабшина Ф. И. Можно ли распутать корейский узел? Мнение советского ученого // Известия. 01.09.1989.

10 Ткаченко В. П. Корейский полуостров и интересы России. С. 161.

11 См. например: Жебин А. З. Две истории одного праздника на Корейском полуострове // Независимая газета. 16.08.2021. — Электронный ресурс: URL: https://www.ng.ru/vision/2021-08-16/6_8226_vision.html (Дата обращения: 01.10.2021).

12 Жебин А. З. Геополитические интересы США в СВА и некоторые аспекты корейского урегулирования // Корея: десятилетие новых возможностей. Москва: ИДВ РАН, 2011. С. 14-15.

13 Шабшина Ф. И. Южная Корея 1945-1946. Записки очевидца. Москва: Наука, 1974. С. 105.

14 Там же. С. 103.

15 См. например работы крупнейшего американского историка Корейской войны Брюса Камингса: Cumings B. The Korean War: A History. New York: Modern Library, 2011; а также отечественных корееведов: Торкунов А. В. Загадочная война: корейский конфликт 1950-1953 годов. Москва: РОССПЭН, 2000; Ванин Ю. В. Корейская война (1950-1953) и ООН. Москва: ИВ РАН; Наука, 2006, и др.

16 Мазуров В. М. Создание антинародного режима в Южной Корее (1945-1950 гг.). Москва: Восточная литература, 1963. С. 58.

17 Мазуров В. М., Шабшина Ф. И. Освободительное демократическое движение в Южной Корее // Южная Корея. Экономическое и политическое положение (1945-1958 гг.). Москва: Восточная литература, 1959. С. 206-252.

18 Денисов В. И. Корейская проблема: пути урегулирования. 70-80е годы. Москва: Международные отношения, 1988. С. 5.

19 Садаков Д. А. Принципы организации и результаты советско-американского взаимодействия в процессе корейского урегулирования в 1943-1947 гг. // Известия Уральского федерального университета (Сер. 2: Гуманитарные науки). 2018. Т. 20. № 2 (175). С. 26-37.

20 Богатуров А. Д., Аверков В. В. История международных отношений. 1945-2008. Учебное пособие для студентов вузов. Москва: Аспект Пресс, 2010. С. 35-37.

21 Ланьков А. Н. КНДР: вчера и сегодня. Неформальная история Северной Кореи. Москва: Восточная литература, 1995. С. 35.

22 Санакоев Ш. П., Цибулевский Б. Л. Тегеран. Ялта. Потсдам. Сборник документов, Москва: Международные отношения, 1970. С. 19.

23 Садаков Д. А. Указ. соч. С. 26.

24 Korean unification. Source materials with an introduction. Vol. 1 / Ed. by Se-Jin Kim. Seoul: Research Center for Peace and Unification, 1976. P. 25-26.

25 Минкова К. В. Советско-американские противоречия в решении корейского вопроса (1944-1945 гг.) // Вестник Российского университета дружбы народов. Сер.: Международные отношения. 2017. Т. 17, № 4. С. 845.

26 Война и память / Автор-составитель Н. Г. Романова, Москва: ИВ РАН, 2019. С. 113

27 Ванин Ю. В. Окончание Второй мировой войны и Корея // История Кореи. Избранные статьи. Москва: ИВ РАН, 2016. С. 300.

28 Ким Н. Н. Южная Корея 1945-1948 гг.: политическая история, Москва: Восточная литература, 2015. С. 32.

29 Cumings B. The Origins of the Korean War. Vol. 1. Princeton: Princeton University Press, 1981. P. 127-129.

30 Богатуров А. Д. Великие державы на Тихом океане. История и теория международных отношений в Восточной Азии после Второй мировой войны (1945-1995 гг.). Москва: Конверт — МОНФ, 1997. С. 71.

31 Садаков Д. А. Принципы организации и результаты советско-американского взаимодействия в процессе корейского урегулирования в 1943-1947 гг. // Известия Уральского федерального университета (Сер. 2: Гуманитарные науки). 2018. Т. 20. № 2 (175). С. 26

32 Ванин Ю. В. Советский союз и Северная Корея, 1945-1948. Москва: ИВ РАН, 2006. С. 41.

33 История Кореи: (Новое прочтение) / Ред. А. В. Торкунов, М. В. Ильин, Ю. М. Колосов и др. Москва: РОССПЭН, 2003. С. 335.

34 Ванин Ю. В. Окончание Второй Мировой войны и Корея. С. 301.

35 Ванин Ю. В. Корейская война (1950-1953 гг.) и ООН. С. 24.

36 Курбанов С. О. История Кореи: с древности до начала XXI в. 3-е изд., испр. СПб.: Изд-во С.-Петерб. ун-та, 2018. С. 443.

37 Ванин Ю. В. Изучение истории Кореи в СССР и России. Предварительные замечания // Корея: История и современность. К 90летию со дня рождения профессора Михаила Николаевича Пака. Сборник статей / Отв. ред. А.В. Воронцов, Чжон Хён Су. Москва — Сеул: ИВ РАН, 2008. С. 67.

38 История Кореи (с древнейших времен до наших дней). В 2 т. Т. 2 / Ф. И.Шабшина, Г. Ф. Ким, В. И. Иванова [и др.]; ред. тома В. Д. Тихомиров. Москва: Наука, 1974. С. 170.

39 Современная Корея (справочное издание) / Под ред. Б. Л. Модель. Москва: Наука, 1971. С. 123.

40 Шабшина Ф. И. Южная Корея. 1945-1946 гг. Записки очевидца. Москва: Наука, 1974. С. 171.

41 Ванин Ю. В. Окончание Второй мировой войны и Корея. С. 302.

42 Ванин Ю. В. Внутренние истоки раскола Кореи. С. 376; Ванин Ю. В. Окончание Второй мировой войны и Корея. С. 301.

43 Ванин Ю. В. Изучение истории Кореи в СССР и России. Предварительные замечания // Корея: История и современность. К 90-летию со дня рождения профессора Михаила Николаевича Пака. Сборник статей / Отв. ред. А. В. Воронцов, Чжон Хён Су. Москва — Сеул: ИВ РАН, 2008. С. 67.

44 Ким Н. Н. Указ. соч. С. 3

45 Proclamation to the People of Korea Issued by General Douglas MacArthur, September 7, 1945 // Se-Jin Kim (ed.) Korean Unification: Source materials with an introduction. Vol. 1. Research Center for Peace and Unification, 1976. P. 86-87.

46 Ким Н. Н. Указ. соч. С. 137.

47 Курбанов С. О. История Кореи: с древности до начала XXI в. 3-е изд., испр. Санкт-Петербург: Изд-во СПб.У, 2018. С. 443, 458-459.

48 Ким Н. Н. Указ. соч. С. 3.

49 Там же. С. 266-267.

50 Ким Н. Н. Указ. соч. С. 375.

51 Ванин Ю. В. Советский союз и Северная Корея, 1945-1948 гг. С. 213.

52 Ванин Ю. В. Внутренние истоки раскола Кореи. С. 365.

53 Ванин Ю. В. Советский союз и Северная Корея, 1945-1948. С. 5.

54 Там же. С. 42-43.

55 Ванин Ю. В. Советский союз и Северная Корея, 1945-1948. С. 126-127.

56 Ванин Ю. В. Некоторые аспекты корректировки исследований по истории Кореи (1945-1955) // История Кореи. Избранные статьи. Москва: ИВ РАН, 2016. С. 603.

57 Лебедев В. В. Начальный этап установления советской и американской администраций на Корейском полуострове и вопрос о Корее в мировой политике в 1945 г. // Дипломатия на Востоке и Западе: взгляд из Сибири. Материалы Всерос. науч. конф., Иркутск, 13 мая 2016 г. / Редкол. С. И. Кузнецов (гл. ред.) и др. Иркутск: Изд-во ИГУ, 2016. С. 139.

58 Лебедев В. В. Указ. соч. С. 138-139.

59 Ванин Ю. В. Предисловие // Колониальная Корея из публикаций в СССР 1920-х — 1930-х гг.

Сборник статей (Сер.: Российское корееведение в прошлом и настоящем). Москва: Гриф и Ко, 2007. С. 11.

60 1 Об идее формирования корейскими революционными и патриотическими силами блока с реакционными слоями, в частности — с прояпонской национальной буржуазией см.: Ли-Канг. О национал-реформизме в Корее, 1933 г. // Колониальная Корея. Москва: ИВ РАН, 2006. С. 169-170.

61 Асмолов К. В. Корейская политическая культура: Традиции и трансформация. 2-е изд., перераб. и дополн. Москва: Изд-во Ун-та Дм. Пожарского, 2017. С. 21-24.

62 Тихомиров В. Д. Корейская проблема и международные факторы (1945 — начало 1980-х годов). Москва: Восточная литература, 1998. С. 21.

63 Сполной версией этого документа можно ознакомиться по ссылке: Acheson Speech on the Far East— 12 January 1950 // Электронный ресурс: URL: https://archive.org/stream/AchesonSpeechontheFarEast12January1950/Acheson+Speech+on+the+Far+East+-+12+January+1950_djvu.txt (Дата обращения: 01.10.2021).

64 Ванин Ю. В. Корейская война (1950-1953) и ООН. Глава 1. С. 56-57.

65 Ванин Ю. В. Корейская война (1950-1953) и ООН. С. 31.

제2장 한반도 통일: 방법의 모색

1 Тихомиров В. Д. Указ. соч. С. 43.

2 Тихомиров В. Д. Указ. соч. С. 44-45.

3 Тихомиров В. Д. Указ. соч. С. 47.

4 Мазуров В. М. Республика Корея на этапе перехода к демократии // Республика Корея: опыт модернизации. Москва: Восточная литература, 1996. С. 5.

5 Постановление XXII Съезда КПСС, пункт 2 // Известия. № 258(13805), вторник 31 октября 1961 г.

6 Ланьков А. Н. КНДР вчера и сегодня. Неформальная история Северной Кореи. Москва: Восток-Запад, 2005. С. 121.

7 Автор концепции — Ким Ир Сен — формулировал ее суть так: независимость в политике, самостоятельность в экономике и самооборона при защите страны от внешних врагов. Подр. см.: Жебин А. З. Эволюция политической системы КНДР в условиях глобальных перемен / Отв. ред. М. В. Демченко. Москва: Русская панорама, 2006. С. 26.

8 История Кореи (с древнейших времен до наших дней). В 2 т. Т. 2 / Ф. И. Шабшина, Г. Ф. Ким, В. И. Иванова [и др.]; ред. тома В. Д. Тихомиров]. Москва: Наука, 1974. С. 301-312.

9 Ткаченко В. П. Корейский полуостров и интересы России. С. 79.

10 Там же. С. 77.

11 Мазуров В. М. Республика Корея на этапе перехода к демократии. С. 26.

12 Ткаченко В. П. Корейский полуостров и интересы России. С. 46-47.

13 Ткаченко В. П. Корейский полуостров и интересы России. С. 46.

14 Там же. С. 48.

15 Чосон Ильбо 23.06.1992 (цит. по: Ткаченко В. П. Корейский полуостров и интересы России. С. 48).

16 Аносова Л. А., Матвеева Г. С. Южная Корея. Взгляд из России. Москва: Наука, 1994. С. 21.

17 Тихомиров В. Д. Указ. соч. С. 72.

18 Грязнов Г., Казакевич М., Синицын Б. Сравнительная характеристика экономического развития Северной и Южной Кореи // Специальный бюллетень. № 9. Москва: ИВ РАН; Наука, 1969. С. 7-8.

19 Тихомиров В. Д. Указ. соч. С. 71.

20 Ткаченко В. П. Корейский полуостров и интересы России. С. 30.

21 Тихомиров В. Д. Указ. соч. С. 75.

22 Ткаченко В. П. Корейский полуостров и интересы России. С. 33.

23 Тихомиров В. Д. Указ. соч. С. 77.

24 Ткаченко В. П. Уроки Корейского кризиса 1968 года // Проблемы Дальнего Востока. 2008. № 1. Москва: ИДВ РАН, 2008. С. 85.

25 Ткаченко В. П. Уроки Корейского кризиса. С. 87.

26 Толстокулаков И. А. Современная политическая система Республики Корея. законодательство в сфере национальной безопасности // Россия и АТР. 2007. № 4. С. 94.

27 Тихомиров В. Д. Указ. соч. С. 80-81.

28 Ткаченко В. П. Корейский полуостров и интересы России. С. 50.

29 Тихомиров В. Д. Указ. соч. С. 79-80

30 Ванин Ю. В. Корея на трудном пути к воссоединению // Корея на рубеже веков. Москва: ИВ РАН, 2002. С. 317.

31 Ткаченко В. П. Корейский полуостров и интересы России. С. 50.

32 Предложения КНДР по Объединению страны. Пхеньян: Изд-во литературы на иностранных языках, 1982. С. 152-154.

33 Захарова Л. В. Влияние санкций Совета Безопасности ООН на экономику КНДР // Вестник международных организаций. 2019. Т. 14. № 2. С. 229.

34 Жизнь и труд посвятившие Корее: российские корееведы 2й половины XX в. Сборник статей / Сост. Ю. В. Ванин. Москва: Первое Марта, 2004. С. 244-245.

35 Курбанов С. О. Указ. соч. С. 343.

36 Россия и страны Востока в постбиполярный период. Учеб. Пособие / Под ред. Д. В. Стрельцова. Москва: Аспект Пресс, 2014. С. 324.

37 Ким Ир Сен. Программа по великой консолидации всей нации для объединения Родины из десяти пунктов, 6 апреля 1993 года. Москва: Общество дружбы и развития сотрудничества с зарубежными странами, 2008.

38 Ким Ир Сен. Новогодняя речь 1 января 1991 года // Корея сегодня. 1991. № 1. С. 6.

39 Горелый И. О. Корея. Концепции объединения. Москва: Восточная литература, 1997. С. 53.

40 Там же.

41 Горелый И. О. Указ. соч. С. 95

42 Ткаченко В. П. Корейский полуостров и интересы России. С. 53

43 Горелый И. О. Указ. соч. С. 112

44 Там же. С. 113.

45 Там же. С. 114.

46 Там же. С. 114.

47 Горелый И. О. Указ. соч. С. 117

48 Горелый И. О. Указ. соч. С. 117.

49 Ванин Ю. В. Корея на трудном пути к воссоединению. С. 334.

50 Там же. С. 392.

제3장 한반도 해빙: 교류와 대치

1 Ким Бен Кук. Президент Республики Корея Ким Дэ Чжун. Правозащитник. Политик. Ученый [авториз. пер. с англ. Н. П. Гераскиной]. Москва: Республика, 1998. С. 5. 2 Т.

2 Толстокулаков И. А. Посттрадиционное общество Южной Кореи и проблемы политической модернизации // Известия Восточного Института Дальневосточного государственного университета. 2010. № 16. С. 67.

3 Басни Эзопа / Пер. М. Л. Гаспарова. Москва: Наука, 1968. С. 77.

4 Moon Chung-in. The Sunshine policy. In Defense of Engagement as a path to peace in Korea. Seoul: Yonsei University press, 2012. С. 40.

5 Why Sunshine Policy was never going to succeed Kim Jong-pil Remembers // Электронный ресурс: URL: http://koreajoongangdaily.joins.com/news/article/article.aspx?aid=3014250 (Дата обращения: 01.10.2021)

6 The Korean Problem: Nuclear crisis, Democracy and Reunification. A collection of Essays, Speeches and Discussions by Kim Dae Jung. Seoul, Korea: KDJ Peace Foundation 1994. P. 48-49.

7 Нам С. Г. Первичность внутренних факторов в объединительном процессе Кореи на современном этапе // Перспективы межкорейского диалога. Внутренние и внешние аспекты. Москва: ИДВ РАН, 2002. С. 35.

8 Дмитриевская Н. В. Северокорейская политика Ким Дэчжуна // Вестник Центра корейского языка и культуры. Вып. 12. СПб.: СПбГУ, 2010. С. 180-181.

9 Захарова Л. В. Межкорейские экономические отношения: от истоков до современности. Москва: ИДВ РАН, 2014. С. 52.

10 Kim Dae-jung. Address Delivered in the 50-th Anniversary of the Republic of Korea. // New Review.

11 Ланцова И. С. Политика 《Солнечного тепла》 как модель управления межкорейским конфликтом: истоки, итоги, перспективы // Вестник Московского университета. Серия 12: Политические науки. 2012. № 6. Москва: МГУ, 2012. С. 93.

12 Захарова Л. В. Межкорейские экономические отношения: от истоков до современности. С. 52.

13 Ванин Ю. В. Корея на трудном пути к воссоединению. С. 385.

14 Казарьян Р. Л. К вопросу об актуальности политики 《солнечного тепла》 // Корея: десятилетие новых возможностей. Доклады, представленные на XV научной конференции корееведов России и стран СНГ (Москва, 24-25 марта 2011 г. Москва: ИДВ РАН, 2011. С. 83.

15 Norman D. Levin and Yong-Sup Han, Sunshine in Korea // The South Korean Debate over Policies Toward North Korea, RAND's National Security Research Division by the Center for Asia Pacific Policy, 2002. P. 24.

16 한국의 거대 금융산업 형태를 가리키는 재벌은 특정 집안이 행정적·재정적 통제 아래 소유하고 있는 공식적으로는 독립적인 기업들의 연합체이다.

17 Son Key-young. South Korean Engagement Policies and North Korea. Identities, norms and the Sunshine Policy. Routledge. 2006. P. 84.

18 Son Key-young. Op. cit. P. 84.

19 Суслина С. С. Межкорейский экономический диалог и южнокорейский крупный бизнес //

Перспективы межкорейского диалога. Внутренние и внешние аспекты. Москва: ИДВ, 2002. С. 94-95.

20 Ванин Ю. В. Корея на трудном пути к воссоединению. С. 343.

21 Там же.

22 Захарова Л. В. Межкорейские экономические отношения: от истоков до современности. С. 74.

23 Федоровский А. Н. Феномен Чэболь. Государство и крупный бизнес в Республике Корея. Москва: ИМЭМО РАН; Изд. дом 《Стратегия》, 2008, С. 288.

24 Абдулов Р. А., Джабборов Д. Б., Комолов О. О., Маслов Т. Д., Степанова Г. А. Деглобализация: кризис неолиберализма и движение к новому миропорядку. Научный доклад. Москва: Научная лаборатория современной политэкономии, 2021. С. 198-199.

25 Курбанов С. О. Указ. соч. С. 527.

26 Son Key-young. Op. cit. P. 111-112.

27 Корейское урегулирование и интересы России / Ред. В. И. Денисов, А. З. Жебин. Москва: ИДВ РАН, 2008. С. 63-64.

28 Там же. С. 48.

29 Ким Ён Ун. Политика 《сансэн гонен》: цели и перспективы // Корейский полуостров. Время новых вызовов. Москва: ИДВ РАН, 2009. С. 102.

30 Захарова Л. В. Политика 《Сосуществования и сопроцветания》 Ли Мён Бака и межкорейские экономические отношения в первый год его президентства // Корейский полуостров. Время новых вызовов. Москва: ИДВ, 2009. С. 114-115.

31 Ким Ён Ун. Политические перемены в Северо-Восточной Азии и перспективы объединения Кореи // Корейский полуостров: накануне перемен. Москва: ИДВ РАН, 2012. С. 78.

32 Захарова Л. В. Политика 《Сосуществования и сопроцветания》 Ли Мён Бака. С. 116.

33 2008년 7월 11일 이른 아침에 금강산 관광 단지에서 53세의 한국 여성 박왕자 씨가 살해되었다. 박왕자 씨는 관광지구에 인접한 군사시설에서 경비를 서고 있던 북한군에 의해 총살된 것으로 곧이어 밝혀졌다. 그녀는 출입 금지를 알리는 팻말이 있었는데도 약 1km 떨어진 금지구역 안으로 깊이 들어갔다. 그녀가 멈추라는 명령을 듣고도 도망가자 북한군 병사는 한 차례 경고 사격을 했다. 그래도 계속해서 도망가자 병사는 그녀를 향해 발포하여 살해했다. 사고 조사를 둘러싼 상황은 복잡했다. 당시 남북 관계가 긴장된 상태에서 북측이 모든 접촉을 일방적으로 중단한 가운데 박왕자 씨 피살 사태 조사를 위해 남한에서 파견된 전문가들은 관광 단지 출입이 허용되지 않았다. 북측의 주장에 따르면, 경비병은 자신이 발포한 사람이 어떤 사람인지 명확하게 알 수 없었다고 한다. 결과적으로 금강산 관광지구 여행은 1년간 중단되었다. 2008년 7월 17일 자 〈서울 베스트니크〉

34 Ким Ён Ун. Политика 《сансэн гонен》: цели и перспективы. С. 107.

35 Gowans S. The sinking of the Cheonan: Another Gulf of Tonkin incident // Электронный ресурс: URL: https://gowans.blog/2010/05/20/the-sinking-of-the-cheonananother-gulf-of-tonkin-incident/ (Дата обращения: 01.10.2021).

36 Address by President Lee Myung-bak on the 65th Anniversary of Liberation. August 15, 2010. Полный текст см.: Электронный ресурс: URL: https://vostokmedia. com/news/2010-08-16/lee-myung-bak-seeks-reunification-with-north-korea-607433 (Дата обращения: 01.10.2021).

37 Воронцов А. В. Объединение Кореи: ускользающие возможности // Фонд стратегической культуры. Электронное издание. — Электронный ресурс: URL: http://www.fondsk.ru/news/2014/11/09/obedinenie-korei-uskolzajuschie-vozmozhnosti-30329.html (Дата обращения: 01.10.2021)

38 Kang Shinhye. South Korea Calls for Unity Tax as North Slams Drills. — Электронный ресурс: URL: http://www.bloomberg.com/news/articles/2010-08-15/lee-says-south-koreamay-need-extra-tax-to-pay-for-eventual-reunification (Дата обращения: 01.10.2021).

39 Tara O. The Collapse of North Korea Challenges, Planning and Geopolitics of Unification. London: Macmillan Publishers Ltd, 2016. P. 20.

40 Frank R. The Costs of Korean Unification: Realistic Lessons from the German Case // Korea's Economy. Vol. 30. Washington DC: Korea Economic Institute of America, 2015. P. 95.

41 Frank R. Op. cit. P. 95-97.

42 Асмолов К. В. К возможным сценариям будущего КНДР // Корейский полуостров: накануне перемен. Москва: ИДВ РАН, 2012. С. 65-66.

43 Ким Ён Ун. Правый поворот в РК: состояние и перспективы межкорейских отношений // Корейский полуостров в эпоху перемен. Москва: ИДВ РАН, 2016. С. 38.

44 Ким Ён Ун. Раскол Кореи: уроки и перспективы // Корея: уроки истории и вызовы современности. Москва: ИДВ РАН, 2013. С. 46, 48.

45 Ким Ён Ун. 《Процесс доверия》 президента Пак Кын Хе: цели, содержание и перспективы // Россия и Корея в меняющемся мире. Москва: ИДВ РАН, 2014. С. 56-57.

46 Медведева Н. С. Объединение Кореи: взгляд из Сеула в год 70-летия освобождения // Россия и Корея в меняющемся мире. Москва: ИДВ РАН, 2014. С. 88.

47 Воронцов А. В. Объединение Кореи: ускользающие возможности. (Дата обращения: 01.10.2021)

48 Ким Ён Ун. 《Процесс доверия》 президента Пак Кын Хе… С. 58.

49 2016년 12월 9일 국회 탄핵 표결 결과에 따라 박근혜의 대통령 권한이 중지되었고 2017년 3월 헌법재판소가 탄핵을 가결하면서 박근혜의 대통령 권한은 공식적으로 중지되었다. 박근혜는 뇌물수수죄와 권력 남용죄, 공무원이 아닌 사람들에게 기밀정보를 전달한 죄로 체포되었다.

50 Ким Ён Ун. Правый поворот в РК: состояние и перспективы межкорейских отношений. С. 42.

51 Суслина С. С. 70 лет экономического соревнования КНДР и РК: некоторые итоги // КНДР и РК — 70 лет. Москва: ИДВ РАН, 2018. С. 152.

52 Маркс К. К критике политической экономии // Маркс К., Энгельс Ф. Сочинения. 2е изд. Т. 1. Москва: Государственное издательство политической литературы, 1955. С. 7.

53 Ткаченко В. П. Проблемы взаимопонимания в Корее // Корейский полуостров: мифы, ожидания и реальность. Материалы IV науч. конф., Москва, 15-16.03.2000 г. Ч. 2 / [Подгот. Р. В. Савельев (отв. ред.) и др.]. Москва: ИДВ РАН, 2001. С. 94-95.

54 Pastreich E. Meditations on the word 'unification' // The Korea Times. July, 7. 2021 // Электронный ресурс: URL: http://m.koreatimes.co.kr/pages/article.asp?newsIdx=260811 (Дата обращения: 01.10.2021).

55 См. например: Программа развития Организации Объединенных Наций // Электронный ресурс: URL: https://www.un.org/ru/ga/undp/ (Дата обращения: 01.10.2021)

56 Республика Корея: успехи и проблемы развития. Вып. № 43, апрель 2019 // Аналитический центр при Правительстве Российской Федерации. С. 17. — Электронный ресурс: РИА Новости. — URL: https://ria.ru/world/20170830/1501431837.html (Дата обращения: 01.10.2021).

57 Frank R. Op. cit. P. 94-95.

58 Тертицкий Ф. К. Северокорейские беженцы в Южной Корее // Вестник российского корееведения. 2011. № 3. Москва: Наука; ГРВЛ, 2011. С. 114.

59 Перебежчик из КНДР задержан при попытке вернуться в Северную Корею // Российская газета, 20.09.2020 // Электронный ресурс: URL: https://rg.ru/2020/09/20/perebezhchik-iz-kndr-zaderzhan-pri-popytke-vernutsia-v-severnuiu-koreiu.html (Дата обращения: 01.10.2021).

60 Тертицкий Ф. К. Указ. соч. С. 113.

61 Тертицкий Ф. К. Указ. соч. С. 113.

62 Ланьков А. Н. Как КНДР поступает с перебежчиками из Южной Кореи // URL: https://regnum.ru/news/polit/3076965.html (Дата обращения: 01.10.2021).

63 Donga-Ilbo. 27.09.2022 // Электронный ресурс: URL: https://www.donga.com/news/Politics/article/all/20220927/115680429/1 (Дата обращения: 01.10.2022).

64 Толстокулаков И. А. Современная политическая система Республики Корея. законодательство в сфере национальной безопасности. С. 95.

65 Ванин Ю. В. Изменения конституционного строя КНДР // Проблемы Дальнего Востока. 1999. № 2. С. 47.

66 Ким Ён Ун. 《Процесс доверия》 президента Пак Кын Хе… С. 61.

67 В Сеуле заявили о рекордном за 17 лет росте экономики КНДР // Электронный ресурс: URL: https://www.rbc.ru/economics/21/07/2017/5971fd7f9a794715f1a2b845 (Дата обращения: 01.10.2021).

68 Ким Бен Кук. Указ. соч. С. 134.

69 Ванин Ю. В. Внутренние истоки раскола Кореи // История Кореи. Избранные статьи. Москва: Институт востоковедения РАН, 2016. С. 377.

제4장 한반도 통일 정책: 소련에서 러시아까지

1 Договор о дружбе, добрососедстве и сотрудничестве между Российской Федерацией и Корейской Народно-Демократической Республикой от 9 февраля 2000 года. Статья 4 // Корейское урегулирование и интересы России / Ред. В. И. Денисов, А. З. Жебин. Москва: ИДВ РАН, 2008. С. 305.

2 См.: Торкунов А. В. Загадочная война: корейский конфликт 1950-1953 годов. 2000.

3 Договор о дружбе, добрососедстве и сотрудничестве между РФ и КНДР. Статья 4. — Цит. по: Корейское урегулирование и интересы России / Ред. В. И. Денисов, А. З. Жебин. Москва: ИДВ РАН, 2008. С. 172.

4 Забровская Л. В. Корейские концепции объединения страны и позиция России // Россия и АТР. Владивосток, 2014. № 2(84). С. 82.

5 Ткаченко В. П. Корейский полуостров и интересы России. С. 33.

6 Ткаченко В. П. Корейский полуостров и интересы России. С. 56.

7 Там же. С. 79.

8 Ткаченко В. П. Корейский полуостров и интересы России. С. 77.

9 Там же. С. 82-83.

10 Там же. С. 56.

11 Там же. С. 83-84.

12 Ткаченко В. П. Корейский полуостров и интересы России. С. 41.

13 Там же. С. 82.

14 Ванин Ю. В. Из истории установления дипломатических отношений СССР с РК. Участие Института востоковедения РАН // Россия и Корея: новая встреча старых соседей [다시 만나는 이웃 : 2010 한러 수교 20주년 기념전]: юбилейная выставка к 20-летию установления дипотношений РФ и РК. Каталог фотовыставки, посвященной 20летию установления дипотношений между Республикой Корея и Российской Федерацией. Seoul: Korea-Russian Dialogue, 2010. С. 2.

15 Забровская Л. В. Россия и Республика Корея. От конфронтации к сотрудничеству (1970-1990 гг.). Владивосток: Ин-т истории, археологии и этнографии народов Дальнего Востока, 1996. С. 25.

16 Корейское урегулирование и интересы России / Ред. В. И. Денисов, А. З. Жебин. Москва: ИДВ РАН, 2008. С. 72.

17 Денисов В. И. Россия на Корейском полуострове: проблемы и перспективы // Аналитические записки. Вып. 5(45), июнь 2009. Москва: МГИМО(У), 2009. С. 18.

18 Ткаченко В. П. Корейский полуостров и интересы России. С. 147.

19 Корейское урегулирование и интересы России. С. 72-73.

20 Денисов В. И. Россия на Корейском полуострове: проблемы и перспективы // Аналитические записки. Вып. 5(45), июнь 2009. Москва: МГИМО(У), 2009. С. 3.

21 Корейское урегулирование и интересы России. С. 87-88.

22 итаренко М. Л. О российской политике в отношении КНДР // Корейский полуостров: мифы, ожидания, реальность. Часть 2. Москва: ИДВ РАН, 2001. С. 81.

23 Концепция внешней политики Российской Федерации 2013 г. Общие положения, ст. 1, пункт 《г》 // Электронный ресурс: URL: http://www.scrf.gov.ru/documents/2/25.html (Дата обращения: 01.10.2021).

24 Жебин А. З. Россия в поисках мира и согласия в Корее // Вестник российского корееведения. 2014. № 6. С. 21.

25 Совместная российско-корейская декларация, от 20 июля 2000 года (Статья 3: Корейское урегулирование и интересы России) // Корейское урегулирование и интересы России / Ред. В. И. Денисов, А. З. Жебин. Москва: ИДВ РАН, 2008. С. 307.

26 Концепция внешней политики Российской Федерации (утверждена Президентом Российской Федерации В. В. Путиным 30 ноября 2016 г.) // Электронный ресурс: URL: http://www.kremlin.ru/acts/bank/41451 (Дата обращения: 01.10.2021). Статья 34. — См.: URL: https://www.mid.ru/foreign_policy/official_documents/-/asset_publisher/CptICkB6BZ29/content/id/2542248 (Дата обращения: 01.10.2021).

27 О консультациях заместителя Министра иностранных дел России И. В. Моргулова со спецпредставителем МИД Республики Корея по вопросам мира и безопасности на Корейском полуострове Ким Хон Гюном. — Электронный ресурс: URL: http://www.mid.ru/web/guest/maps/kr/-/asset_publisher/PR7UbfssNImL/content/id/2478655 (Дата обращения: 01.10.2021).

28 Выступление Министра иностранных дел Российской Федерации С. Лаврова на 71-й сессии Генеральной Ассамблеи ООН, 23.09.2016, http://www.mid.ru/web/guest/general_assembly/-/asset_publisher/lrzZMhfoyRUj/content/id/2468262 (Дата обращения: 01.10.2021).

29 Совместная российско-корейская декларация, от 20 июля 2000 года (Пункт 5) // Корейское урегулирование и интересы России / Ред. В. И. Денисов, А. З. Жебин. Москва: ИДВ РАН, 2008. С. 308.

30 Договор о дружбе, добрососедстве и сотрудничестве между Российской Федерацией и Корейской Народно-Демократической Республикой от 9 февраля 2000 года (Статья 3) // Корейское урегулирование и интересы России /Ред. В. И. Денисов, А. З. Жебин. Москва: ИДВ РАН, 2008. С. 304.

31 Московская декларация Российской Федерации и Корейской НародноДемократической Республики (Пункт 7) // Корейское урегулирование и интересы России / Ред. В. И. Денисов, А. З. Жебин. Москва: ИДВ РАН, 2008. С. 312.

32 Титаренко М. Л. Указ. соч. С. 86.

33 Договор о дружбе, добрососедстве и сотрудничестве между Российской Федерацией и Корейской

Народно-Демократической Республикой от 9 февраля 2000 года (Статья 4) // Корейское урегулирование и интересы России / Ред. В. И. Денисов, А. З. Жебин. Москва: ИДВ РАН, 2008. С. 305.

34 Ким Н. Н. Указ. соч. С. 241.

35 Концепция внешней политики Российской Федерации. Пункт 84 // Электронный ресурс: URL: http://www.scrf.gov.ru/documents/2/25.html (Дата обращения: 01.10.2021).

36 Концепция внешней политики Российской Федерации (утверждена Президентом Российской Федерации В. В. Путиным 30 ноября 2016 г. Пункт 89 // Электронный ресурс: URL: https://www.mid.ru/foreign_policy/official_documents/-/asset_publisher/CptICkB6BZ29/content/id/2542248 (Дата обращения: 01.10.2021).

37 Ким Ён Ун. Концепция внешней политики России и Корея // Корея перед новыми вызовами. Москва: ИДВ РАН, 2017. С. 57.

38 Интервью Президента Российской Федерации В. В. Путина телерадиокомпании《KBS》// Электронный ресурс: URL: https://ria.ru/world/20131112/976354311.html (Дата обращения: 01.10.2021).

39 Там же.

40 Тихомиров В. Д. Указ. соч.

41 Забровская Л. В. Корейские концепции объединения страны и позиция России // Россия и АТР. Владивосток, 2014. № 2(84). С. 82.

42 Ткаченко В. П. Корейский полуостров и интересы России. Москва: Восточная литература РАН, 2000. С. 145-146.

43 Россия и урегулирование ситуации на Корейском полуострове // Электронный ресурс: URL: http://www.mid.ru/uregulirovanie-situacii-na-korejskom-poluostrove (Дата обращения: 01.10.2021).

44 Захарова: Совбезу ООН следует смягчить санкции против КНДР за ее шаги по денуклеаризации // https://tass.ru/politika/7430819, а также Лавров призвал СБ ООН снять или ослабить санкции в отношении КНДР, https://www.interfax.ru/world/651882 (Дата обращения: 01.10.2021).

45 Толорая Г. Д., Яковлева Л. Н. Корейский полуостров: место в азиатской стратегии России в условиях кризиса // Корейский полуостров в эпоху перемен. Москва: ИДВ РАН, 2016. С. 16.

46 Совместная российско-корейская декларация, от 20 июля 2000 года // Корейское урегулирование и интересы России / Ред. В. И. Денисов, А. З. Жебин. Москва: ИДВ РАН, 2008. С. 308.

47 Россия и урегулирование ситуации на Корейском полуострове // Электронный ресурс: URL: http://www.mid.ru/uregulirovanie-situacii-na-korejskom-poluostrove (Дата обращения: 01.10.2021).

48 Путин: в КНДР《траву будут есть》, но не откажутся от ядерной программы, ТАСС, 05.09.2017 // Электронный ресурс: URL: https://tass.ru/politika/4532288 (Дата обращения: 01.10.2021).

49 Асмолов К. В. КНДР представляет новую ядерную доктрину // Электронный ресурс: URL: https://russiancouncil.ru/analytics-and-comments/analytics/kndr-predstavlyaetnovuyu-yadernuyu-doktrinu/ (Дата обращения: 01.10.2022).

제5장 러시아와 북핵 문제

1 Многоступенчатые амбиции. Северокорейские ракетчики продолжают удивлять мир // Электронный ресурс: URL: http://conjuncture.ru/lenta-ru-06-10-2016/ (Дата обращения: 01.10.2021).

2 Заявление правительства КНДР в связи с успешным испытательным запуском межконтинентальной баллистической ракеты нового типа // Электронный ресурс: URL: http://www.mfa.gov.kp/en/dprk-government-statement-on-successful-test-fire-ofnew-type-icbm/(Дата обращения: 01.10.2021).

3 Электронный ресурс: URL: http://www.pircenter.org/media/content/files/9/13508298760.pdf и http://www.pircenter.org/static/yadernaya-programma-kndr (Дата обращения: 01.10.2021).

4 Служба внешней разведки РФ, Договор о нераспространении ядерного оружия. Проблемы продления // Электронный ресурс: URL: http://svr.gov.ru/material/4-korea. htm (Дата обращения: 01.10.2021).

5 Военная ядерная программа Республики Корея // Электронный ресурс: URL: http://www.pircenter.org/sections/53-voennaya-yadernaya-programma-respublikikoreya (Дата обращения: 01.10.2021).

6 Торкунов А. В., Толорая Г. Д., Дьячков И. В. Современная Корея: метаморфозы турбулентных лет (2008-2020 гг.). Москва: Просвещение, 2021. С. 185.

7 Ткаченко В. П. Корейский полуостров и интересы России. С. 114-115.

8 Там же. С. 113.

9 1976년부터 1993년까지 한반도에서 시행된 미군과 한국군의 대규모 연합 군사훈련.

10 Письмо Постоянного представителя КНДР при ООН от 24 января 2003 года на имя Председателя Совета Безопасности, Приложение 1 // Электронный ресурс: URL: https://digitallibrary.un.org/record/486016/files/S_2003_91-RU.pdf?version=1 (Дата обращения: 01.10.2021).

11 Ткаченко В. П. Корейский полуостров и интересы России. С. 118.

12 한반도에너지개발기구(Korean Peninsula Energy Development Organization)는 이 기구의 집행 위원회를 구성한 미국과 한국, 일본이 설립했다. 1997년에는 유럽연합(EU)도 여기에 가입했다. 1995~2000년에는 호주와 아르헨티나, 인도네시아, 캐나다, 뉴질랜드, 폴란드, 우즈베키스탄, 체코, 칠레가 기구에 가입했다. 이 밖에 KEDO는 브루네이, 카타르, 멕시코, 오만, 스위스 등 19개 비회원국으로부터 재정과 물자 지원을 받았다.

13 Курбанов С. О. Указ. соч. С. 407.

14 Жебин А. З. Ядерная проблема и пути ее решения на Корейском полуострове // Новые вызовы и механизмы безопасности в Восточной Азии. Москва: ИДВ РАН, 2016. С. 266.

15 Рамсфелд пригрозил Пхеньяну ядерным оружием // Электронный ресурс: URL: https://iz.ru/news/283980 (Дата обращения: 01.10.2021).

16 Электронный ресурс: URL: https://www.iaea.org/sites/default/files/27203592932_ru.pdf (Дата обращения: 01.10.2021). 2 Жебин А. З. Ядерная проблема и пути ее решения на Корейском полуострове. С. 266-267.

17 Письмо Постоянного представителя КНДР при ООН от 24 января 2003 года на имя Председателя Совета Безопасности // https://digitallibrary.un.org/record/486016/files/S_2003_91-RU.pdf?version=1 (Дата обращения: 01.10.2021).

18 Ланцова И. С. Ядерная программа Северной Кореи: история развития и современное состояние // Электронный ресурс: URL: http://www.politex.info/content/view/324/30/ (Дата обращения: 01.10.2021). Полный текст Совместного заявления см.: Электронный ресурс: URL: http://nautilus.org/wp-content/uploads/2011/12/CanKor_VTK_1993_06_11_joint_statement_dprk_usa.pdf (Дата обращения: 01.10.2021).

19 Рамочное соглашение между Соединенными Штатами Америки и Корейской Народно-

Демократической Республикой. Женева, 21 октября 1994 г., текст приведен по: Электронный ресурс: URL: http://xn----jtbhwghdp7a.xn--p1ai/data/resources/framework.pdf (Дата обращения: 01.10.2021).

20 См., например: Шестисторонние переговоры по ядерной программе КНДР. Справка // Электронный ресурс: URL: https://ria.ru/spravka/20110824/422914168.html (Дата обращения: 01.10.2021).

21 Там же.

22 Мнение: экономические санкции США против КНДР препятствуют переговорам // Электронный ресурс: URL: https://ria.ru/world/20051111/42059843.html (Дата обращения: 01.10.2021).

23 Электронный ресурс: URL: https://www.undocs.org/S/RES/1718%20(2006) (Дата обращения: 01.10.2021).

24 Северная Корея бросила вызов США, Российская газета, 10.02.2005 // Электронный ресурс: URL: https://rg.ru/2005/02/10/atom-kndr-anons.html?ysclid=lah5paoz97519389566 (Дата обращения: 01.10.2021).

25 The Washington Post. Monday, November 17, 2003. Nukes option by U.S. in Korea // Электронный ресурс: URL: https://www.washingtontimes.com/news/2003/nov/17/20031117-115816-2478r/ (Дата обращения: 01.10.2021).

26 Жебин А.З. Указ. соч., С. 273.

27 Воронцов А. В. Призрак войны над Корейским полуостровом // Электронный ресурс: URL: https://www.fondsk.ru/news/2017/11/14/prizrak-vojny-nad-korejskimpoluostrovom-45035.html (Дата обращения: 01.10.2021).

28 Пхеньян грозится превратить Сеул в 《море огня》 // Электронный ресурс: URL: http://www.vesti.ru/doc.html?id=433133&tid=79133 (Дата обращения: 01.10.2021).

29 КНДР пообещала жесткий ответ в случае усиления санкций со стороны США // Электронный ресурс: URL: http://tass.ru/mezhdunarodnaya-panorama/4449963 (Дата обращения: 01.10.2021).

30 Совместное заявление Министерства иностранных дел Российской Федерации и Министерства иностранных дел Китайской Народной Республики по проблемам Корейского полуострова // Электронный ресурс: URL: http://www.mid.ru/foreign_policy/news/-/asset_publisher/cKNonkJE02Bw/content/id/2807662 (Дата обращения: 01.10.2021).

31 См. например: Электронный ресурс: URL: https://ria.ru/world/20110317/354804145.html, https://russian.rt.com/article/10795 (Дата обращения: 01.10.2021).

32 Новый вызов после 《холодной войны》: распространение оружия массового уничтожения: Доклад Службы внешней разведки Российской Федерации / Служба внешней разведки РФ. Москва, 1993. С. 12-13 // Электронный ресурс: URL: http://www.pircenter.org/sections/view/section_id/163 (Дата обращения: 01.10.2021).

33 РИА Новости // Электронный ресурс: URL: https://ria.ru/world/20170908/1502065337.html (Дата обращения: 01.10.2021).

34 Там же.

35 См. например: Электронный ресурс: URL:http://world.kbs.co.kr/russian/news/news_Po_detail.htm?No=40378, http://www.koreaherald.com/view.php?ud=20171010000828 (Дата обращения: 01.10.2021).

36 《Оперативный план-5016》: кто будет следующим объектом для угроз? // Электронный ресурс: URL: http://www.1national.ru/news_smi.php?rubric=view&name=kto_sleduuschij_v__operativnom_plane_5016 (Дата обращения: 01.10.2021).

37 Совместное заявление Министерства иностранных дел Российской Федерации и Министерства

иностранных дел Китайской Народной Республики по проблемам Корейского полуострова // Электронный ресурс: URL: http://www.mid.ru/ru/foreign_policy/news/-/asset_publisher/cKNonkJE02Bw/content/id/2807662 (Дата обращения: 01.10.2021).

38 Россия и урегулирование ситуации на Корейском полуострове // Электронный ресурс: URL: http://www.mid.ru/uregulirovanie-situacii-na-korejskom-poluostrove (Дата обращения: 01.10.2021).

39 특히 조약 제3조는 이렇게 명시하고 있다. 러시아와 북한은 "제삼국들과의 조약·협정 체결을 자제해야 하고 상대방의 주권과 자주성, 영토적 통일성에 반하는 어떤 행동이나 조치에 참여하는 것을 자제해야 한다."

40 Ванин Ю. В. Корейский кризис: позиция России // Правда. № 118 (30615) 24-25 октября 2017. — Электронный ресурс: URL: http://gazeta-pravda.ru/issue/118-30615-24-25-oktyabrya-2017-goda/koreyskiy-krizis-pozitsiya-rossii/ (Дата обращения: 01.10.2021).

41 Казарьян Р. Л. Проблема объединения Кореи и интересы России // Корея перед новыми вызовами. Москва: ИДВ РАН, 2017. С. 63-64.

42 Путин: в КНДР 《траву будут есть》, но не откажутся от ядерной программы, ТАСС, 05.09.2017 // Электронный ресурс: URL: https://tass.ru/politika/4532288 (Дата обращения: 01.10.2021). 1998, August 22. P. 7.

참고문헌

Абдулов Р. А., Джабборов Д. Б., Комолов О. О., Маслов Т. Д., Степанова Г. А. Деглобализация: кризис неолиберализма и движение к новому миропорядку. Научный доклад. Москва: Научная лаборатория современной политэкономии, 2021. 270 с.

Аносова Л. А., Матвеева Г. С. Южная Корея. Взгляд из России. Москва: Наука, 1994. 252 с.

Асмолов К. В. К возможным сценариям будущего КНДР // Корейский полуостров: накануне перемен. Москва: ИДВ РАН, 2012. С. 65-75.

Асмолов К. В. Корейская политическая культура: Традиции и трансформация. 2е изд., перераб. и доп. Москва: Изд-во Университета Дмитрия Пожарского, 2017. 705 с.

Басни Эзопа / Пер. М. Л. Гаспарова. Москва: Наука, 1968. 330 с.

Богатуров А. Д. Великие державы на Тихом океане. История и теория международных отношений в Восточной Азии после Второй мировой войны (1945-1995 гг.). Москва: Конверт — МОНФ, 1997. 353 с.

Богатуров А. Д., Аверков В. В. История международных отношений. 1945-2008. Учебное пособие для студентов вузов. Москва: Аспект Пресс, 2010. 520 с. Вайнцвайг Н. К. Разгром фашистского блока и освобождение Кореи // Корейская Народно-Демократическая Республика / Ред. Н. К. Вайнцвайг, В. В. Лезин. Москва: Изд. АН СССР, 1954. С. 197-219.

Ванин Ю. В. Изменения конституционного строя КНДР // Проблемы Дальнего Востока. 1999. № 2. С. 43-52.

Ванин Ю. В. Корея на трудном пути к воссоединению // Корея на рубеже веков. Москва: ИВ РАН, 2002. С. 315-398.

Ванин Ю. В. Фаня Исааковна Шабшина (Куликова) // Жизнь и труд посвятившие Корее. Российские корееведы 2-й половины XX века. Сборник статей. Т. 1. Москва: Первое Марта, 2004. С. 236-259.

Ванин Ю.В. Корейская война (1950-1953) и ООН. Москва: Наука; Институт востоковедения РАН, 2006. 286 с.

Ванин Ю. В. Советский союз и Северная Корея, 1945-1948. Москва: ИВ РАН, 2006. 286 с.

Ванин Ю. В. Предисловие // Колониальная Корея из публикаций в СССР 1920-х — 1930-х гг. Сборник статей (Сер.: Российское корееведение в прошлом и настоящем). Москва: Гриф и Ко, 2007. С. 9-13.

Ванин Ю. В. Изучение истории Кореи в СССР и России. Предварительные замечания // Корея: История и современность. К 90-летию со дня рождения профессора Михаила Николаевича Пака. Сборник статей / Отв. ред. А. В. Воронцов, Чжон Хён Су. Москва — Сеул: ИВ РАН, 2008. С. 48-71.

Ванин Ю. В. Из истории установления дипломатических отношений СССР с РК. Участие Института востоковедения РАН // Россия и Корея: новая встреча старых соседей [다시 만나는 이웃: 2010 한러 수교 20주년 기념전]: юбилейная выставка к 20-летию установления дипотношений РФ и РК. Каталог фотовыставки, посвященной 20-летию установления дипотношений между Республикой Корея и Российской Федерацией. Seoul: Korea-Russian Dialogue, 2010. С. 277-283. (На рус. и кор. яз.)

Ванин Ю. В. Внутренние истоки раскола Кореи // История Кореи. Избранные статьи. Москва: Институт востоковедения РАН, 2016. С. 363-377.

Ванин Ю. В. Некоторые аспекты корректировки исследований по истории Кореи (1945-1955) // История Кореи. Избранные статьи. Москва: ИВ РАН, 2016. С. 600-614.

Ванин Ю. В. Окончание Второй мировой войны и Корея // История Кореи. Избранные статьи. Москва: ИВ РАН, 2016. С. 296-312.

Ванин Ю. В. Корейский кризис: позиция России // Правда. № 118 (30615) 24-25 октября 2017. — Электронный ресурс: URL: http://gazeta-pravda.ru/issue/118-30615-24-25-oktyabrya-2017-goda/koreyskiy-krizis-pozitsiya-rossii/ (Дата обращения: 01.10.2021).

Война и память / Автор-составитель Н. Г. Романова, Москва: ИВ РАН, 2019. 580 с., ил.

Воронцов А. В. Роль института востоковедения АН СССР / РАН в первоначальном этапе подготовки к установлению дипломатических отношений между СССР / Российской Федерацией и Республикой Корея // Россия и Корея: добрые соседи. Сборник материалов международной научно-практической конференции, посвященной 30-летию установления дипломатических отношений между СССР / Российской Федерацией и Республикой Корея. Москва: Аванлайн, 2020. С. 21-28.

Воронцов А. В. Объединение Кореи: ускользающие возможности // Фонд стратегической культуры. Электронное издание. — Электронный ресурс: URL: http://www.fondsk.ru/news/2014/11/09/obedinenie-korei-uskolzajuschie-vozmozhnosti-30329.html (Дата обращения: 01.10.2021).

Воронцов А. В. Призрак войны над Корейским полуостровом // https://www.fondsk.ru/news/2017/11/14/prizrak-vojny-nad-korejskim-poluostrovom-45035.html (Дата обращения: 01.10.2021).

Горелый И. О. Корея. Концепции объединения. Москва: Восточная литература, 1997. 127 с.

Грязнов Г., Казакевич М., Синицын Б. Сравнительная характеристика экономического развития Северной и Южной Кореи // Специальный бюллетень. № 9. Москва: ИВ РАН; Наука, 1969. С. 5-97.

Декларация во имя развития отношений, мира и процветания Севера и Юга, от 4 октября 2007 г. // Захарова Л. В. Межкорейские экономические отношения: от истоков до современности. Москва: ИДВ РАН, 2014. С. 228-232.

Денисов В. И. Корейская проблема: пути урегулирования. 70-80-е годы. Москва: Международные отношения, 1988. 139 с.

Денисов В. И. Россия на Корейском полуострове: проблемы и перспективы // Аналитические записки. Вып. 5(45), июнь 2009. Москва: МГИМО(У), 2009. С. 3-21.

Дмитриевская Н. В. Северокорейская политика Ким Дэчжуна // Вестник Центра корейского языка и культуры. Вып. 12. СПб.: СПбГУ, 2010. С. 167-197.

Договор о дружбе, добрососедстве и сотрудничестве между Российской Федерацией и Корейской Народно-Демократической Республикой от 9 февраля 2000 года // Корейское урегулирование и интересы России / Ред. В. И. Денисов, А. З. Жебин. Москва: ИДВ РАН, 2008. С. 304-306.

Договор о дружбе, сотрудничестве и взаимной помощи между Союзом Советских Социалистических Республик и Корейской Народно-Демократической Республикой от 6 июля 1961 г. // Ткаченко В. П. Корейской полуостров и инте- ресы России. Москва: Восточная литература, 2000. С. 171-172.

Договор об основах отношений Российской Федерации и Республики Корея от 19 ноября 1992 г. // Ткаченко В. П. Корейской полуостров и интересы России. Москва: Восточная литература, 2000. С. 204-207.

Жебин А. З. Эволюция политической системы КНДР в условиях глобальных перемен / Отв. ред. М. В. Демченко. Москва: Русская панорама, 2006. 216 с.

Жебин А. З. Геополитические интересы США в СВА и некоторые аспекты корейского урегулирования // Корея: десятилетие новых возможностей. Москва: ИДВ РАН, 2011. С. 13-20.

Жебин А. З. Россия в поисках мира и согласия в Корее // Вестник российского корееведения. 2014. № 6. С. 20-36.

Жебин А. З. Ядерная проблема и пути ее решения на Корейском полуострове // Новые вызовы и механизмы безопасности в Восточной Азии. Москва: ИДВ РАН, 2016. С. 264-284.

Жебин А. З. Две истории одного праздника на Корейском полуострове // Независимая газета. 16.08.2021. — Электронный ресурс: URL: https://www.ng.ru/vision/2021-08-16/6_8226_vision.html (Дата обращения: 01.10.2021).

Жизнь и труд посвятившие Корее: российские корееведы 2-й половины XX в. Сборник статей / Сост. Ю. В. Ванин. Москва: Первое Марта, 2004. 274 с.

Забровская Л. В. Россия и Республика Корея. От конфронтации к сотрудничеству (1970-1990 гг.). Владивосток: Ин-т истории, археологии и этнографии народов Дальнего Востока, 1996. 127 с., [1] л. карт.

Забровская Л. М. Стратегия и основные направления политики России в отношении КНДР после завершения 《холодной войны》. Москва: Морской ун-т адм. Г. Н. Невельского, 2011. 299 с.

Забровская Л. В. Корейские концепции объединения страны и позиция России // Россия и АТР. Владивосток, 2014. № 2(84). С. 80-90.

Захарова Л. В. Политика 《Сосуществования и сопроцветания》 Ли Мён Бака и межкорейские экономические отношения в первый год его президентства // Корейский полуостров. Время новых вызовов. Москва: ИДВ, 2009. С. 42-52.

Захарова Л. В. Межкорейские экономические отношения: от истоков до современности. Москва: ИДВ РАН, 2014. 250 с.

Захарова Л. В. Влияние санкций Совета Безопасности ООН на экономику КНДР // Вестник международных организаций. 2019. Т. 14. № 2. С. 223-244.

История Кореи: (Новое прочтение) / Ред. А. В. Торкунов, М. В. Ильин, Ю. М. Колосов и др. Москва: РОССПЭН, 2003. 429 с.

История Кореи (с древнейших времен до наших дней). В 2 т. Т. 1 / М. В. Воробьев, М. Н. Пак, Л. Е. Еременко [и др.]; ред. тома Ю. В. Ванин. Москва: Наука, 1974. 469 с.

История Кореи (с древнейших времен до наших дней). В 2 т. Т. 2 / Ф. И. Шабшина, Г. Ф. Ким, В. И. Иванова [и др.]; ред. тома В. Д. Тихомиров]. Москва: Наука, 1974. 479 с.

Казарьян Р. Л. К вопросу об актуальности политики 《солнечного тепла》 // Корея: десятилетие новых возможностей. Доклады, представленные на XV научной конференции корееведов России и стран СНГ (Москва, 24-25 марта 2011 г. Москва: ИДВ РАН, 2011. С. 82-91.

Казарьян Р. Л. Проблема объединения Кореи и интересы России // Корея перед новыми вызовами. Москва: ИДВ РАН, 2017. С. 61-69.

Ким Бен Кук. Президент Республики Корея Ким Дэ Чжун. Правозащитник. Политик. Ученый [авториз. пер. с англ. Н. П. Гераскиной]. Москва: Республика, 1998. 206 с.

Ким Дэ Чжун. Южная Корея: драмы и надежды демократии. Москва: Дипломат. акад. МИД РФ; Республика, 1992. 319 с.

Ким Ён Ун. Политика 《сансэн гонен》: цели и перспективы // Корейский полуостров. Время новых вызовов. Москва: ИДВ РАН, 2009. С. 101-112.

Ким Ён Ун. Политические перемены в Северо-Восточной Азии и перспективы объединения Кореи // Корейский полуостров: накануне перемен. Москва: ИДВ РАН, 2012. С. 76-86.

Ким Ён Ун. Раскол Кореи: уроки и перспективы // Корея: уроки истории и вызовы современности. Москва: ИДВ РАН, 2013. С. 39-50.

Ким Ён Ун. 《Процесс доверия》 президента Пак Кын Хе: цели, содержание и перспективы // Россия и Корея в меняющемся мире. Москва: ИДВ РАН, 2014. С. 54-65.

Ким Ён Ун. Правый поворот в РК: состояние и перспективы межкорейских отношений // Корейский полуостров в эпоху перемен. Москва: ИДВ РАН, 2016. С. 34-44.

Ким Ён Ун. Концепция внешней политики России и Корея // Корея перед новыми вызовами. Москва: ИДВ РАН, 2017. С. 51-60.

Ким Ир Сен. Новогодняя речь 1 января 1991 года // Корея сегодня. 1991. № 1. С. 6.

Ким Ир Сен. Программа по великой консолидации всей нации для объединения Родины из десяти пунктов, 6 апреля 1993 года. Москва: Общество дружбы и развития сотрудничества с зарубежными странами, 2008. 4, [1] с.

Ким Н. Н. Южная Корея 1945-1948 гг.: политическая история. Москва: Восточная литература, 2015. 453, [1] с.

Кирьянов О. В. Базовые договоры России и КНДР и Республикой Корея: сравнительный анализ // Корея в поисках мира и процветания. Москва: ИДВ РАН, 2004. С. 194-203.

КНДР и РК — 70 лет. Москва: ИДВ РАН, 2018. 376 с.

Колониальная Корея: из публикаций в СССР 1920-х — 1930-х гг. / Сост. Ю. В. Ванин. Москва: Первое марта, 2007. 406 с.

Корейский полуостров: вызовы и возможности для России: коллективный доклад экспертов для Рос. нац. комитета АТССБ / В. А. Никонов, Г. Д. Толорая, А. В. Воронцов и др. Москва: Изд-во МГУ, 2011. 80 с.

Корейский полуостров в эпоху перемен. Москва: ИДВ РАН, 2016. 416 с.

Корейский полуостров в поисках мира и процветания. В 2 т. Т. 1. Москва: ИДВ РАН, 2019. 352 с.

Корейский полуостров и вызовы XXI века. Доклады, представленные на VI научной конференции корееведов. Москва, 26-27 марта 2002 г. / Москва: ИДВ РАН, 2003. 192 с.

Корейский полуостров: история и современность. Москва: ИДВ РАН, 2020. 456 с.

Корейский полуостров: мифы, ожидания и реальность. Материалы IV науч. конф., Москва, 15-16.03.2000 г. Ч. 1 / [Подгот. Р. В. Савельев (отв. ред.) и др.]. Москва: ИДВ РАН, 2001. 179 с.

Корейский полуостров: мифы, ожидания и реальность. Материалы IV науч. конф., Москва, 15-16.03.2000 г. Ч. 2 / [Подгот. Р. В. Савельев (отв. ред.) и др.]. Москва: ИДВ РАН, 2001. 163 с.

Корейский полуостров: накануне перемен. Доклады, представленные на XVI научной конференции корееведов России и стран СНГ. Москва, 29-30 марта 2012 г. Москва: ИДВ РАН, 2012. 354 с.

Корейский полуостров: уроки истории. Доклады, представленные на XIV научной конференции корееведов России и стран СНГ (Москва, 30-31 марта 2010 г.). Москва: ИДВ РАН, 2010. 362 с.

Корейский полуостров: уроки истории и вызовы современности. Москва: ИДВ РАН, 2013. 456 с.

Корейское урегулирование и интересы России / Ред. В. И. Денисов, А. З. Жебин. Москва: ИДВ РАН, 2008. 343 с.

Корея: взгляд из России. Доклады, представленные на XI научной конференции корееведов России и стран СНГ. Москва, 29-30 марта 2007 г. Москва: ИДВ РАН, 2007. 350 с.

Корея: десятилетие новых возможностей. Доклады, представленные на XV научной конференции корееведов России и стран СНГ (Москва, 24-25 марта 2011 г. Москва: ИДВ РАН, 2011. 280 с.

Корея: история и современность. К 90-летию со дня рождения профессора Михаила Николаевича Пака. Сборник статей / Отв. ред. А. В. Воронцов, Чжон Хён Су. Москва - Сеул: ИВ РАН, 2008. 292 с.

Корея перед новыми вызовами. Москва: ИДВ РАН, 2017. 448 с. Корея: 70 лет после освобождения. Москва: ИДВ РАН, 2015. 456 с.

Курбанов С. О. История Кореи: с древности до начала XXI в. 3-е изд., испр. СПб.: Изд-во С.-Петерб. ун-та, 2018. 744 с.

Ланцова И. С. Ядерная программа Северной Кореи: история развития и современное состояние // Политическая экспертиза: Политэкс. Т. 3, № 1. Санкт-Петербург: СПбГУ, 2007. С. 113-130.

Ланцова И. С. Политика 《Солнечного тепла》 как модель управления межкорейским конфликтом: истоки, итоги, перспективы // Вестник Московского университета. Серия 12: Политические науки. 2012. № 6. Москва: МГУ, 2012. С. 91-98.

Ланцова И. С. Государства Корейского полуострова в международных отношениях (конец XX — начало XXI в.) / Под науч. ред. Б. А. Ширяева. Санкт-Петербург: СПбГУ, 2013. 247 с.

Ланьков А. Н. КНДР вчера и сегодня. Неформальная история Северной Кореи. Москва: Восток-Запад, 2005. 445, [2] с., [8] л. ил.

Лебедев В. В. Начальный этап установления советской и американской администраций на Корейском полуострове и вопрос о Корее в мировой политике в 1945 г. // Дипломатия на Востоке и Западе: взгляд из Сибири. Материалы Всерос. науч. конф., Иркутск, 13 мая 2016 г. / Редкол. С. И. Кузнецов (гл. ред.) и др. Иркутск: Изд-во ИГУ, 2016. С. 128-140.

Ли-Канг. О национал-реформизме в Корее, 1933 г. // Колониальная Корея. Москва: ИВ РАН, 2006. С. 146-179.

Мазуров В. М. Создание антинародного режима в Южной Корее: (1945-1950 гг.). Москва: Наука, 1963. 195 с.

Мазуров В. М. От авторитаризма к демократии (Практика Южной Кореи и Филиппин). Москва: Восточная литература, 1996. 197 с.

Мазуров В. М. Республика Корея на этапе перехода к демократии // Республика Корея: опыт модернизации. Москва: Восточная литература, 1996. С. 20-47.

Мазуров В. М., Шабшина Ф. И. Освободительное демократическое движение в Южной Корее // Южная Корея. Экономическое и политическое положение (1945-1958 гг.). Москва: Восточная литература, 1959. С. 206-252.

Маркс К. К критике политической экономии // Маркс К., Энгельс Ф. Сочинения. 2е изд. Т. 13. Москва: Государственное издательство политической литературы, 1959. С. 1-167.

Медведева Н. С. Объединение Кореи: взгляд из Сеула в год 70-летия освобождения // Россия и Корея в меняющемся мире. Москва: ИДВ РАН, 2014. С. 86-98. Минкова К. В. Советско-американские противоречия в решении корейского вопроса (1944-1945 гг.) // Вестник Российского университета дружбы народов (Серия: Международные отношения). 2017. Т. 17. № 4. С. 839-856.

Московская декларация Российской Федерации и Корейской Народно-Демократической Республики // Корейское урегулирование и интересы России / Ред. В. И. Денисов, А. З. Жебин. Москва: ИДВ РАН, 2008. С. 310-312.

Нам С. Г. Первичность внутренних факторов в объединительном процессе Кореи на современном этапе // Перспективы межкорейского диалога. Внутренние и внешние аспекты. Москва: ИДВ РАН, 2002. С. 33-43.

Отношения Советского Союза с народной Кореей, 1945-1980. Документы и материалы / Сост. И. Ф. Чернов [и др.]. Москва: Наука, 1981. 424 с.

Пак М. Н. История и историография Кореи. Избранные труды. Москва: Наука, 1987. 510 с.

Перспективы межкорейского диалога. Внутренние и внешние аспекты: Материалы V науч. конф., Москва, 21-22 марта 2001 г. / Отв. ред. К. В. Асмолов. Москва: ИДВ РАН, 2002. 179 с.

Постановление XXII Съезда КПСС, пункт 2 // Известия. № 258(13805), вторник 31 октября 1961 г.

Предложения КНДР по объединению страны. Пхеньян: Изд-во лит-ры на иностр. яз. (99 Чучхе), 1982. 202 с.

Рамочное соглашение между Соединенными Штатами Америки и Корейской Народно-Демократической Республикой Женева, 21 октября 1994 г // Корейское урегулирование и интересы России / Ред. В. И. Денисов, А. З. Жебин. Москва: ИДВ РАН, 2008. С. 314-316.

Республика Корея: опыт модернизации. Сборник статей / Отв. ред. и авт. пре- дисл. В. М. Мазуров. Москва: Восточная литература, 1996. 209 с.

Республика Корея: успехи и проблемы развития. Вып. № 43, апрель 2019 // Аналитический центр при Правительстве Российской Федерации. С. 17. — Электронный ресурс: РИА Новости. — URL: https://ria.ru/world/20170830/ 1501431837.html (Дата обращения: 01.10.2021).

Россия и Корея в меняющемся мире. Москва: ИДВ РАН, 2014. 292 с.

Россия и Корея в меняющемся мировом порядке. Доклады, представленные на VII научной конференции корееведов. Москва, 26-27 марта 2003 г. Москва: ИДВ РАН, 2003. 200 с.

Россия и страны Востока в постбиполярный период. Учеб. пособие / Под ред. Д. В. Стрельцова. Москва: Аспект Пресс, 2014. 368 с.

Садаков Д.А. Развитие и причины провала советско-американского диалога Совместной комиссии в Корее (1946-1947 гг.) // Сотрудничество России с государствами Восточной Азии. Доклады, представленные на II международной конференции молодых востоковедов в ИДВ РАН (Москва, 22-23 октября 2014 г.). Москва: ИДВ РАН, 2015. С. 151-160.

Садаков Д. А. Принципы организации и результаты советско-американского взаимодействия в процессе корейского урегулирования в 1943-1947 гг. // Известия Уральского федерального университета (Сер. 2: Гуманитарные науки). 2018. Т. 20. № 2 (175). С. 26-37.

Санакоев Ш. П., Цибулевский Б. Л. Тегеран. Ялта. Потсдам. Сборник документов, Москва: Международные отношения, 1970. 416 с.

Сеульский вестник. 17.07.2008.

Синицын Б. В. Финансово-экономический кризис в Республике Корея // Корея на рубеже веков. Москва: ИВ РАН, 2002. С. 78-92.

Совместная декларация Севера и Юга, от 15 июня 2000 года // Захарова Л. В. Межкорейские экономические отношения: от истоков до современности. Москва: ИДВ РАН, 2014. С. 193-194.

Совместная российско-корейская декларация, от 20 июля 2000 года // Корейское урегулирование и интересы России / Ред. В. И. Денисов, А. З. Жебин. Москва: ИДВ РАН, 2008. С. 306-309.

Современная Корея (справочное издание) / Ред. Б. Л. Модель. Москва: Наука, 1971. 417 с.

Современные проблемы Корейского полуострова. Москва: ИДВ РАН, 2021. 320 с.

Соглашение о примирении, ненападении, сотрудничестве и обмене между Севером и Югом, от 13 декабря 1991 года // Ткаченко В. П. Корейской полуостров и интересы России. Москва: Восточная литература, 2000. С. 174-176.

Сотрудничество России с государствами Восточной Азии. Доклады, представленные на II международной конференции молодых востоковедов в ИДВ РАН (Москва, 22-23 октября 2014 г.). Москва: ИДВ РАН, 2015. 178 с.

Социалистическая Конституция Корейской Народно-Демократической Республики. Пхеньян: Изд-во лит-ры на иностр. яз. (99 Чучхе), 2010. 31 с.

Специальный бюллетень №9 /100. Москва: ИВ АН СССР; Наука, 1969. 205 с.

СССР и Корея / Под ред. М. С. Капицы, А. Л. Нарочницкого, Е. М. Примакова [и др.]; Отв. ред. Ю. В. Ванин. Москва: Наука, 1988. 414 с.

Суслина С. С. Республика Корея на постиндустриальной стадии развития (конец 80-х — начало 90-х годов). Москва: Восточная литература, 1997. 224 с.

Суслина С. С. Межкорейский экономический диалог и южнокорейский крупный бизнес // Перспективы межкорейского диалога. Внутренние и внешние аспекты. Москва: ИДВ, 2002. С. 92-100.

Суслина С. С. 70 лет экономического соревнования КНДР и РК: некоторые итоги // КНДР и РК — 70 лет. Москва: ИДВ РАН, 2018. С. 151-163.

Тертицкий Ф. К. Северокорейские беженцы в Южной Корее // Вестник российского корееведения. 2011. № 3. Москва: Наука; ГРВЛ, 2011. С. 107-119.

Титаренко М. Л. О российской политике в отношении КНДР // Корейский полуостров: мифы, ожидания, реальность. Часть 2. Москва: ИДВ РАН, 2001. С. 80-93.

Тихомиров В. Д. Корейская проблема и международные факторы (1945 — начало 1980-х годов). Москва: Восточная литература, 1998. 279 с.

Тихонов В. М., Кан Мангиль. История Кореи. В 2 т. Т. 2: Двадцатый век / Пер. с кор., сост. хронол. табл. Т. М. Симбирцева. Москва: Наталис, 2011. 504 с.

Ткаченко В. П. Корейский полуостров и интересы России. Москва: Восточная литература РАН, 2000. 206, [1] с.: табл.

Ткаченко В. П. Проблемы взаимопонимания в Корее // Корейский полуостров: мифы, ожидания и реальность. Материалы IV науч. конф., Москва, 15-16.03.2000 г. Ч. 2 / [Подгот. Р. В. Савельев (отв. ред.) и др.]. Москва: ИДВ РАН, 2001. С. 94-120.

Ткаченко В.П. Уроки Корейского кризиса 1968 года // Проблемы Дальнего Востока. 2008. № 1. Москва: ИДВ РАН, 2008. С. 82-102.

Торорая Г. Д. (отв. ред.) Неспокойное соседство. Проблемы Корейского полуострова и вызовы для России / Торорая Г. Д., Торкунов А. В., Тригубенко М. Е. Москва: МГИМО(У), 2015. 346 с.

Торорая Г. Д. У восточного порога России: эскизы корейской политики начала XXI века. Москва: Дашков и К°, 2019. 424 с.

Торорая Г. Д., Тригубенко М. Е. Корейский полуостров: вызов для российской региональной стратегии

XXI века. Москва: ИЭ РАН, 2008. 44 с.

Толорая Г. Д., Яковлева Л. Н. Корейский полуостров: место в азиатской стратегии России в условиях кризиса // Корейский полуостров в эпоху перемен. Москва: ИДВ РАН, 2016. С. 16-27.

Толстокулаков И. А. Современная политическая система Республики Корея. законодательство в сфере национальной безопасности // Россия и АТР. 2007. № 4. С. 91-103.

Толстокулаков И. А. Посттрадиционное общество Южной Кореи и проблемы политической модернизации // Известия Восточного Института Дальневосточного государственного университета. 2010. № 16. С. 54-70.

Торкунов А. В. Загадочная война: корейский конфликт 1950-1953 годов. Москва: РОССПЭН, 2000. 312 с.

Торкунов А. В. По дороге в будущее / Ред.-сост. А. В. Мальгин, А. Л. Чечевишников. Москва: Аспект Пресс, 2010. 476 с.

Торкунов А. В., Денисов В. И., Ли Вл. Ф. Корейский полуостров. Метаморфозы послевоенной истории. Москва: Олма Медиа Групп, 2008. 560 с.

Торкунов А. В., Толорая Г. Д., Дьячков И. В. Современная Корея: метаморфозы турбулентных лет (2008-2020 гг.). Москва: Просвещение, 2021. 446 с.

Торкунов А. В., Уфимцев Е. П. Корейская проблема: новый взгляд. Москва: Анкил, 1995. 255 с.

Трактовка некоторых проблем корейской истории в историографии КНДР (Академия наук СССР. Институт народов Азии. Специальный бюллетень № 43). Москва: Б. и., 1963. 111 с.

Чосон Ильбо. 23.06.1992.

Федоровский А. Н. Феномен Чэболь. Государство и крупный бизнес в Республике Корея. Москва: ИМЭМО РАН; Изд. дом《Стратегия》, 2008. 319 с.

Шабшина Ф. И. Захватническая политика США в Корее и борьба народных масс Южной Кореи за независимость (август 1945 г. — июнь 1950 г.) // Корейская Народно-Демократическая Республика / Ред. Н. К. Вайнцвайг, В. В. Лезин. Москва: Изд. АН СССР, 1954. С. 258-305.

Шабшина Ф. И. Очерки новейшей истории Кореи: (1918-1945 гг.). Москва: Восточная литература, 1959. 276 с.

Шабшина Ф. И. Южная Корея. 1945-1946 гг. Записки очевидца. Москва: Наука, 1974. 270 с.

Шабшина Ф. И. Можно ли распутать корейский узел? Мнение советского ученого // Известия. 01.09.1989.

The Constitution of Korea. Seoul, Korea: ILBIT Publishing Co, 2002. 284 p.

Choi Jinwook, Park Sun-Song. The Making of a Unified Korea. Policies, positions and proposals. Seoul, Korea: Korea Institute for National Unification, 1997. 133 p.

Cumings B. The Korean War: A History (Modern Library chronicles. Vol. 33). New York: Modern Library, 2011. 288 p.

Cumings B. The Origins of the Korean War. Vol. 1. Princeton: Princeton University Press, 1981. 606 p.

Frank R. The Costs of Korean Unification: Realistic Lessons from the German Case // Korea's Economy. Vol. 30. Washington DC: Korea Economic Institute of America, 2015. P. 93-100.

Kim Dae-jung. Address Delivered in the 50-th Anniversary of the Republic of Korea. // New Review. 1998, August 22. P. 7.

Kim Dae-jung. Government and Sunshine Policy. Promises and challenges / Ed. Chung-in Moon, David I. Steinberg. Seoul, Korea: Yonsei Univ. Press, 1999. 292 p.

Kim Dae-jung. The Korean Problem: Nuclear Crisis, Democracy and Reunification. A collection of essays, speeches and discussions. Seoul, Korea: KDJ Peace Foundation Press, 1994. 226 p.

The Korean Problem: Nuclear crisis, Democracy and Reunification. A collection of Essays, Speeches and Discussions by Kim Dae Jung. Seoul, Korea: KDJ Peace Foundation 1994. 190 p.

Korean unification. Source materials with an introduction. Vol. 1 / Ed. by Kim Se Jin, Chong-Shik Chung. Seoul: Research Center for Peace and Unification, 1976. 420 p.

Moon Chung-in. The Sunshine policy. In Defense of Engagement as a path to peace in Korea. Seoul: Yonsei University press, 2012. 268 p.

Norman D. Levin and Yong-Sup Han, Sunshine in Korea // The South Korean Debate over Policies Toward North Korea, RAND's National Security Research Division by the Center for Asia Pacific Policy, 2002. 143 p.

Park Chung Hee. Korea Reborn. A Model for Development. New Jersey, USA: Prentice-Hall, Inc., Englewood Cliffs, 1979. 153 p.

Pastreich E. Meditations on the word 'unification' // The Korea Times. July 7. 2021 // Электронный ресурс: URL: http://m.koreatimes.co.kr/pages/article.asp?newsIdx= 260811 (Дата обращения: 01.10.2021).

Proclamation to the People of Korea Issued by General Douglas MacArthur, September 7, 1945 // Se-Jin Kim (ed.) Korean Unification: Source materials with an introduction. Vol. 1. Research Center for Peace and Unification, 1976. 420 p.

The Prospects for Korean reunification / Ed. by Jay Speakman, Chase-Jin Lee, The Keck Center for International and Strategic Studies, California, 1993. 135 p.

Soviet Policy towards Korean Peninsula and the Prospect of Economic Relations between Korea and the Soviet Union. The First Joint Korean-Soviet International Conference / Edited by Yoo Se-Hee. Seoul, Korea: The Institute for Sino-Soviet Studies, Hanyang Univ, 1989. 88 p.

Son Key-young. South Korean Engagement Policies and North Korea. Identities, norms and the Sunshine Policy. Routledge. 2006. 268 p.

Tara O. The Collapse of North Korea Challenges, Planning and Geopolitics of Unification. London: Macmillan Publishers Ltd, 2016. 168 p.

Two Koreas — One Future / Ed. by John Sullivan, Roberta Foss. University Press of America, 1987. 167 p.

The Washington Post. Monday, November 17, 2003. Nukes option by U.S. in Korea // Электронный ресурс: URL: https://www.washingtontimes.com/news/2003/nov/17/20031117-115816-2478r/ (Дата обращения: 01.10.2021).

한반도 분단과 통일 전망

러시아의 시각

초판 인쇄	2023년 12월 22일
초판 발행	2023년 12월 29일
지은이	루벤 카자리안
옮긴이	라승도
발행인	고윤성
기획	신선호 박경민
편집장	장혜정
도서편집	박미현
디자인	정정은 김대욱 최재영
인사행정	이근영
재무회계	정예찬 김문규
전자책·사전	이지현
캐릭터	변혜준
발행처	한국외국어대학교 지식출판콘텐츠원 02450 서울특별시 동대문구 이문로 107 전화 02)2173-2494~7 FAX 02)2173-3363 홈페이지 http://press.hufs.ac.kr 전자우편 press@hufs.ac.kr 출판등록 제6-6호(1969. 4. 30)
인쇄·제본	(주)케이랩 053)583-6885

ISBN 979-11-7199-058-0 [93340] 정가: 24,000원

* 잘못된 책은 교환하여 드립니다.

HUINE 은 한국외국어대학교출판부의 어학도서, 사회과학도서, 지역학 도서 Sub Brand 이다. 한국외대의 영문명인 HUFS, 현명한 국제전문가 양성(International+Intelligent)의 의미를 담고 있으며, 휴인(携引)의 뜻인 '이끌다, 끌고 나가다'라는 의미처럼 출판계를 이끄는 리더로서, 혁신의 이미지를 담고 있다.